中国中小企业2013蓝皮书

——进一步发挥中小企业促进社会就业增长的重要作用

The Blue Book of Small and Medium Enterprises in China

Strengthen The Role of Small and Medium Enterprises on Promoting Social Employment Growth

主　编　李子彬
副主编　白景明　李鲁阳

图书在版编目（CIP）数据

中国中小企业2013蓝皮书——进一步发挥中小企业促进社会就业增长的重要作用/李子彬主编. —北京：中国发展出版社，2013.10

ISBN 978-7-5177-0015-9

Ⅰ.①中… Ⅱ.①李… Ⅲ.①中小企业—概况—中国—2013 Ⅳ.①F279.243

中国版本图书馆CIP数据核字（2013）第221488号

书　　名：中国中小企业2013蓝皮书——进一步发挥中小企业促进社会就业增长的重要作用
主　　编：李子彬
出版发行：中国发展出版社
（北京市西城区百万庄大街16号8层　100037）
标准书号：ISBN 978-7-5177-0015-9
经 销 者：各地新华书店
印 刷 者：三河市东方印刷有限公司
开　　本：889mm×1194mm　1/16
印　　张：13.75
字　　数：290千字
版　　次：2013年10月第1版
印　　次：2013年10月第1次印刷
定　　价：80.00元

联系电话：（010）68990630　68990692
购书热线：（010）68990682　68990686
网络订购：http：//zgfzcbs.tmall.com//
网购电话：（010）88333349　68990639
本社网址：http：//www.develpress.com.cn
电子邮件：bianjibu16@vip.sohu.com

蓝皮书编委会

编 委 会 名 单

序　言

今年上半年经济运行总体平稳，下行压力加大。一是经济企稳回升的基础尚不牢固。6月份制造业采购经理人指数（PMI）为50.1%，比上月回落0.7个百分点，逼近景气临界值。2013年二季度中国中小企业发展指数（SMEDI）为93.1，比一季度下降2.1点，比景气临界值低6.9点。二是外贸进出口面临严峻挑战。上半年进出口总值19976.9亿美元，增长8.6%，但6月份进出口额、出口额和进口额三项指标均出现负增长。人民币持续升值削弱出口竞争力。今年前5个月，人民币实际有效汇率升值5.6%。今年以来，一半企业出口利润率下降，调查结果显示，80%的出口企业认为人民币升值是影响企业利润的主要因素。国际贸易摩擦高发。上半年，15个国家和地区对我发起39起贸易救济调查。欧盟和美国对我战略性新兴产业的打压升级。三是企业生产经营困难，中小企业压力加大。产能过剩问题突出，钢铁、水泥等主要行业产能利用率仅为72%左右。装备制造业除汽车以外，利润率仅为5.43%。规模以上中小企业增加值增长12.2%，回落0.7个百分点。在二季度中国中小企业发展指数中，8个分行业指数2升6降，8个分项指数3升5降。广大中小企业对经济景气预期信心不足、投资意愿不强。四是财政收支压力加大。上半年，全国财政收入增长7.5%，同比回落4.7个百分点，特别是中央财政收入仅增长1.5%。而社保和医疗卫生、教育、科技等民生领域的刚性支出加大。同期全国财政支出增长10.8%，比财政收入增幅高出3.3个百分点。地方财政困难，财权和事权不对等，许多省、市政府靠出卖土地的收入和地方融资平台的借债实现本级财政收支。

当前，广大中小微企业面临融资难、税费负担重、人民币持续升值、中央政策落实不到位等多重困难。但是，中小微企业发展中遇到的最大瓶颈莫过于融资难、融资贵了。我国金融体制改革的步伐仍与实体经济发展、中小微企业的实际需求存在较大差距，中小企业特别是小微企业融资难、融资贵问题仍未得到根本改善。

下面是我对中小企业融资困境的一些了解以及对改善小微企业融资状况的一些思考。

一、中小企业的重要地位及面临的融资困境

截至2012年底，在全国各地工商部门注册的中小微企业超过1300万户。广大中小企业创造了我国80%以上的社会就业，60%的GDP，50%的税收，专利申请数和发明专利拥有数的比例也达到50%。广大中小企业在发展经济、扩大城镇社会就业、推动科技创新、改善民生等经济社会发展中具有重要的战略地位。然而广大中小企业仍是弱势群体，既有企业自身的诸多问题，也有企业外部环境方面的诸多困难。2007年下半年，美国的房贷危机引发了国际金融危机。2008年上半年，我国几十万户中小企业由于资金断链和国际市场萎缩而破产或停产，3000余万农民工返乡，引起各级政府的高度关注，加大了对中小企业的财税支持，采取有力措施改善中小企业融资环境。国务院于2010年5月颁布《关于鼓励和引导民间投资健康发展的若干意见》（国发〔2010〕13号，即“新36条”），2012年4月又发布《关于进一步支持小型微型企业健康发展的意见》（国发〔2012〕14号），各部委相继推出“新36条”的42个实施细则。银监会于2008年底发布《关于银行建立小企业金融服务专营机构的指导意见》（银监发〔2008〕82号），2010年提出“两个不低于”目标，即对于小企业信贷投放，增速不低于全部贷款增速，增量不低于上年。鼓励小商业银行在一些县域、大的集镇设立村镇银行。截至2012年9月末，全国共组建农村金融机构858家。2009年“创业板”在深圳挂牌交易，中小企业集合债、集合票据、VC和PE、融资租赁、产权柜台交易等融资工具也进一步发展。近几年来，我国中小企业的融资困境有了相当程度的改善。但是，中小企业的发展中仍然存在自身及外部的诸多困难和问题。“十二五”期间，面对国际、国内严峻的经济环境，中小企业的外部条件更加复杂，中小企业唯一的出路是加强自主创新，加快转型升级。而实现这一目标，既需要企业自身的努力，也需要各级政府的大力支持和引导。

在中小微企业外部环境的许多困难中，融资难、融资贵的问题首当其冲。有些人说，中小企业融资难是国际性的问题，中国有，外国也有。其实这些同志不了解这两种“难”是有巨大差别的。发达国家的企业融资，70%是直接融资，上市、发债、股权投资、产权交易是主要融资渠道，银行贷款仅占30%。而我国的资本市场发育得比较晚，规模小、融资能力低，企业的直接融资渠道不畅。我国的中小企业直接融资比例更低，只占5%左右，银行贷款是融资的主要渠道。另外，我国民间借贷市场的总体规模超过4万亿元，中小企业超过1/3的融资来自

民间借贷，其中小微企业的比重更大。我国商业银行现行的金融服务产品、审贷标准、审贷流程、风险防范技术、组织架构和员工队伍的配置，都是面向大企业、大项目设计的，完全不适应中小企业特别是小微企业的现状。小微企业的大多数没有足够的抵押资产，许多小微企业没有规范可信的会计账目，缺少信用记录。在商业银行以资产抵押为主的风险防控的机制下，广大中小企业特别是小微企业很难获得银行贷款。大中型商业银行这几年正在努力改善对小微企业的金融服务，但是由于给小微企业贷款成本高、风险大，所以大中型商业银行缺少给小微企业贷款的内动力。到目前为止，大中型商业银行的中小微企业贷款所占的比重不超过20%。据银监会2012年发布的报告，银行信贷的覆盖面，大型企业是100%，中型企业是90%，小型企业是20%，微型企业几乎没有。全国工商联在2013年初的调查结果，规模以下的小企业90%没有与金融机构发生任何借贷关系，小微企业95%没有与金融机构发生任何借贷关系。相比中小企业为社会创造的价值，其获得的金融资源明显不匹配。

二、进一步改善小微企业融资状况的创新路径

（一）加快金融体制改革，加快转变大中型商业银行的体制机制

我国金融资产的70%集中在银行，而银行资产的80%以上集中在大中型商业银行。所以，研究我国中小企业融资创新路径，首先是要深化改革，加快转变我国大中型商业银行的体制、机制。我国商业银行现行的体制、机制，使得银行追求的首要目标是其自身资产的安全性、效益性、流动性。2011年，规模以上的工业企业利润由上年的6%下降到5.02%，企业亏损面由16%上升到20.4%，亏损额同比上升82.8%。据国务院发展研究中心2011年11月发布的调研报告，停产、半停产企业占17.6%，比2010年同期提高了6.4个百分点。而商业银行2011年净利润总额达到10421亿元，比2010年增长36.3%，日平均利润28.5亿元。工业企业和广大中小企业的困境与银行业利润的暴涨形成鲜明的对比，这还不足以引起我们的深思吗？五大国有商业银行、12家股份制银行及几百家中型银行，应该继续加强其中小企业贷款的专营机构建设，开发新的金融服务产品，研发小微企业贷款的风险防范技术。人民银行和银监会应该进一步优化信贷结构，为小微企业和实体经济服务。比如，现在的房地产业创造的GDP只占全国的5%，而其占有25%的信贷资源。应该单设小微企业的贷款规模，加强对小微企业金融服务的引导、监督和单独考核。同时从市场细分和成本收益的角度研究，国有商业银行和股份制银行应当成为中小金融机构的资金批发行，让中小银行成

为小微企业贷款的主力军。现有的近150家城市商业银行的发展方向不应该是做成全国性的大银行，而应该重点为本地区、本城市的中小微企业服务。

（二）完善我国银行体系，依法加快设立乡镇银行等小型金融机构

绝大多数的小型、微型企业没有足够的抵押资产，达不到大中型商业银行的审贷标准。另外，小微企业单笔贷款额度小、要求急，银行的成本高、风险大，现有银行的审贷流程、组织架构也不适应小微企业的要求。所以大中型商业银行缺少给小微企业贷款的内生动力，也缺少小微企业贷款的风险防范技术。尽管由于政府的压力以及银行家们的政治觉悟，各大中银行正在努力扩大中小微企业的金融服务，但还会坚持“好中选优，小中选大”。各银行给中小微企业的贷款的比重一般不超过20%。而小银行和小金融机构是小微企业的天然盟友。小银行由于实力不强，攀不上大企业、大项目，只能就近为中小微企业服务，这恰好是它们的长处。我国的银行业总体上开放度不高，美国有8000家银行，香港也有1000家银行。我国的经济总量世界第二，中小企业总数1300多万户，相比之下，我国的小银行及其他小金融机构数量太少。我国民间资本数额巨大，利用民间资本发展小型金融机构是解决小微企业融资难的有效途径。应在建立存款保险机制和加强监管的前提下，放宽准入，鼓励、引导和规范民间资本投资设立小型金融机构，主要支持小微企业发展，与现有各类金融机构相互补充，培育形成商业性、合作性和政策性相结合的小微企业金融服务组织体系。我国现有2000多个县，3万多个乡镇、社区，如果每个县都设立一个农村合作银行或农村商业银行，平均三四个乡镇设立一个小的金融机构，今后5～10年可发展一万家左右小银行、小金融机构，为小微企业和“三农企业”提供金融服务，我国的小微企业的融资环境就可以大为改观。小金融机构应当切实研发为小微企业服务的金融产品和风险防范技术，国家要进一步加大对小微企业金融服务的政策支持。

借鉴德国、日本、美国成立专门为中小企业服务的政策性银行的做法，结合我国的实际情况，建议研究成立专门服务小微企业的政策性金融机构——中国中小企业发展银行。“两会”期间，许多代表以及学术界，特别是广大小微企业热切期盼这个全新体制、机制的银行成立和发展。这家银行将只为小微企业服务，单笔贷款额度在300万元以下。针对小微企业的现状，开发以信用为主要内容的多种金融产品，研发小微信贷的风险防范技术。通过利率适当上浮，保障这家银行不以盈利为主要目标，但是能够自我生存和发展。

（三）积极稳妥地发展多层次资本市场体系，拓宽中小企业直接融资渠道

中小企业数量庞大，分布于各行各业。从发展阶段上又可分为创业期、成长期、成熟期。银行不可能也不应该把处于不同发展阶段和不同形态的中小企业融资问题全部包下来。比如创业期的高科技中小企业，产业化规模很小，没有或很少有可作为抵押的资产，几乎没有经营业绩，还来不及建立信用记录。一般说来，这类企业的第一笔、第二笔融资只能从风险投资基金获得股权融资。因此，要满足广大中小企业多元化的融资需求，必须积极稳妥地培育和健全多层次资本市场体系，使得一部分企业能够从证券市场、债券市场、股权投资基金、产权交易市场上获得资金。一是在近年中小企业集合债发行已有进展的基础上，加大对小企业发行集合债、集合票据的支持力度。二是尽快修改中小企业板和创业板公司上市标准要求，使其与新颁布的中小企业划型标准相衔接。同时大力发展三板市场和企业产权柜台交易，支持更多的优质小型企业上市。三是促进风险投资基金和产业投资基金发展。经济发达国家的经验表明，加快基础产业、高新技术产业发展以及催生战略新兴产业，都离不开 VC 和 PE。股权投资不仅为科技型创业企业、小型企业提供资金，也为这类企业提供后续服务，推动建立现代企业制度，加强规范管理，提供资源对接，拓宽市场，培育品牌，为这些企业在成长期、成熟期获得银行贷款和上市融资创造有利条件。鉴于我国出现 VC 和 PE 历史短、社会各界对此认知度不高、相关的法律法规不够健全、缺乏基金管理的专业人才、投资人（LP）发育不成熟等原因，目前我国 VC 和 PE 规模很小，远远不能满足实际需求，与国际水平差距很大，需要尽快制定相关的法律法规和鼓励政策，理顺各方关系，促进风险投资和产业投资基金规范发展。四是加快发展融资租赁业。现代融资租赁在发达市场经济国家是仅次于银行信贷的融资工具。那些缺少抵押品的中小企业和高科技企业，可以将融资变为融物，既满足添置设备的需求，又不必增加固定资产投资，有利于缓解融资难题。

李子彬

2013 年 8 月 5 日

目　录

第一部分　2012 年中国中小企业发展

第二部分 进一步发挥中小企业促进社会就业增长的重要作用

第一部分

2012 年中国中小企业发展

第1章

2012年中小企业发展概况

- 中小企业实有户数情况
- 中小企业的行业分布情况
- 中小型企业景气指数变化情况

2012年，欧债危机继续发酵，世界经济增速放缓，国际贸易进一步回落，国内经济长期积累的不平衡、不协调、不可持续的矛盾仍然突出，经济发展面临的内外部困难明显增多。

面对复杂多变的国内外环境，我国采取了一系列促进经济持续健康发展的政策措施，进一步加强和改善宏观调控，及时进行预调微调，积极扩大内需和稳定外贸，经济社会发展呈现出“缓中趋稳，稳中有进”的良好态势。国内生产总值（GDP）达到519322亿元，同比增长7.8%，比上年回落1.5个百分点；分季度看，一季度增长8.1%，二季度增长7.6%，三季度增长7.4%，四季度增长7.9%，呈缓中趋稳走势。居民消费价格指数（CPI）同比上涨2.6%，涨幅比上年回落2.8个百分点，物价上涨压力随着经济增速回落得到有效缓解。贸易顺差改变了2008年以来逐年回落的趋势，全年达到2311亿美元，比上年扩大48.1%。全国城镇新增就业1266万人，比上年同期增加45万人，完成全年目标任务（900万人）的141%。全国规模以上工业增加值同比增长10.0%，增速比上年回落3.9个百分点。规模以上工业企业实现利润同比增长5.3%，比上年回落20.1个百分点。

2012年，中小企业发展环境整体趋稳，发展速度处于合理区间内，整体规模稳步增长，转型升级进程加快，但是结构性矛盾仍然存在，局部性困难突出，尤其是部分行业小微型企业面临严峻形势。一方面，在复杂多变的国内外宏观经济形势下，劳动密集型、加工贸易型和处于初创期的中小企业特别是小微型企业生产经营难度加大。另一方面，传统的粗放增长方式在原材料、用工、能源等成本持续上升的局面下难以为继，强大的市场倒逼机制将推动中小企业加快转型升级步伐。尤其值得关注的是，由于自身素质与竞争能力的差异，中小企业群体产生分化倾向。规模以上企业在新增企业数量、在职人员数量、营业收入增长率、利润增长率等方面表现均优于国内平均水平，而规模以下的小微型企业境况堪忧。

面对困难局面，我国出台了多项扶持中小企业尤其是小微企业发展的政策，颁布实施了一系列鼓励引导民间投资的实施细则，受到了广大中小企业的欢迎。在各项政策的扶持下，作为市场主体的各类企业特别是中小企业克服重重困难，积极应对市场因素变化，不断提高管理水平，努力增加经营效益，保持了平稳较快发展。

1.1 中小企业实有户数情况

我国中小企业实有户数①包括全国实有企业户数和全国实有个体工商户户数。

1.1.1 全国实有企业数量变化情况

截至2012年底，全国实有企业1366.60万户（含分支机构，下同），比上年底增长9.05%（见图1.1）。内资企业（不含私营）实有236.82万户，比上年底减少3.98万户，降低1.65%；注册资本（金）39.61万亿元，增长11.38%。私营企业1085.72万户，增长12.20%，注册资本（金）31.10万亿元，增长20.59%。外商投资企业44.06万户，减少1.32%，注册资本（金）1.88万亿美元，增长8.79%。

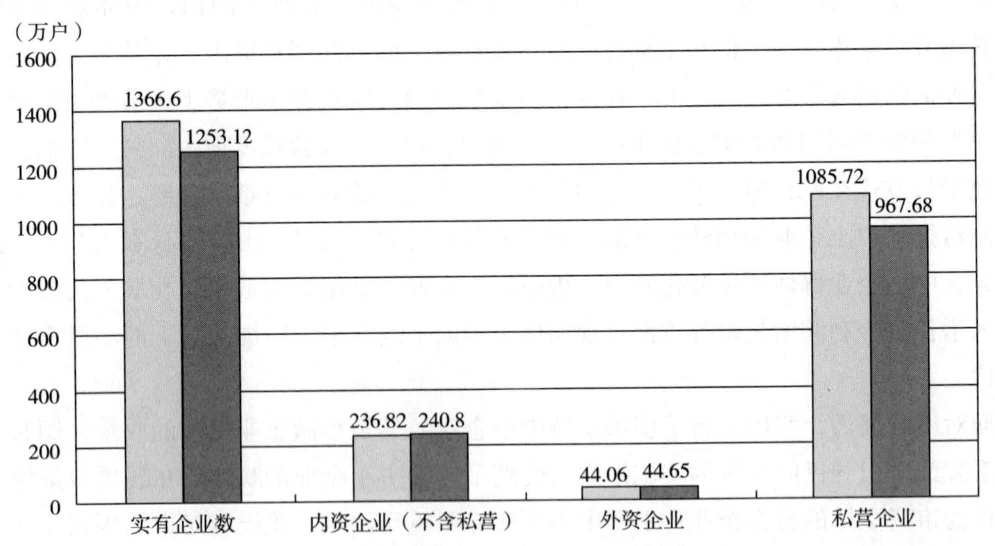

图1.1 2012年我国中小企业户数发展情况

资料来源：国家工商总局统计资料。柱状图中前者为2012年数据，后者为2011年数据。

2012年，全国新登记注册企业196.10万户，比上年同期减少2.04%，注册资本（金）6.51万亿元，比上年同期减少15.25%。其中，内资企业（不含私营）登记注册13.31万

① 目前尚不存在中小企业户数统计，由于99%数量的企业为中小企业，故这里用总企业户数加上个体工商户户数作为一个替代指标，通过该指标的变化趋势反映中小企业户数变动情况。

户，减少4.31%；私营企业登记注册179.04万户，减少1.66%；外商投资企业登记注册3.74万户，减少11.16%。

（1）内资企业（不含私营）

截至2012年底，全国内资企业实有236.81万户，比上年减少3.98万户，下降1.65%。其中国有企业实有39.50万户，比上年底减少2.71万户，下降6.43%；集体企业53.67万户，比上年底减少5.45万户，下降9.22%；股份合作企业13.26万户，比上年底减少0.86万户，下降6.08%；公司（含有限责任公司和股份有限公司）124.26万户，比上年底增加5.14万户，增长4.31%；其他企业6.13万户，比上年底减少934户，下降1.50%。各企业类型所占比重见图1.2。

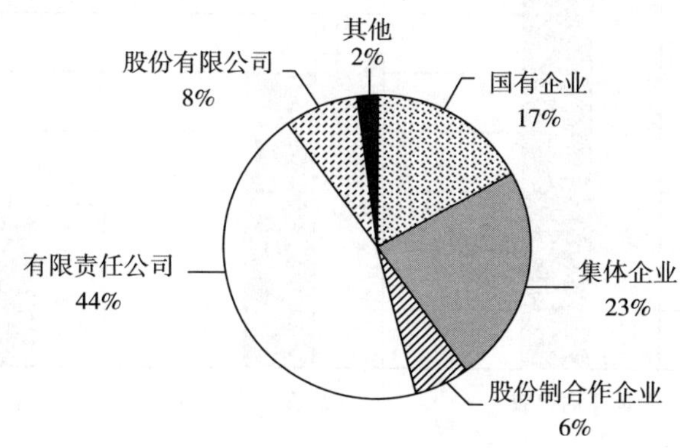

图1.2　2012年内资企业中各类型企业占比

资料来源：国家工商总局统计资料。

（2）私营企业

截至2012年底，全国内资企业私营企业实有1085.71万户，比上年增加118.03万户，同比增长12.20%。其中独资企业实有160万户，比上年底增加17.73万户，增长12.46%；合伙企业15.25万户，比上年底增加1.41万户，增长10.18%；有限责任公司906.55万户，比上年底增加97.87万户，增长12.10%；股份有限公司3.92万户，比上年底增加1.03万户，增长35.67%。

（3）外资企业

2012年全国外商投资企业实有户数没有延续2011年的增长态势，出现企业户数下降的局面。截至2012年底，外商投资企业44.06万户，下降1.32%。其中分支机构14.86万户，同比下降5.70%；公司法人28.96万户，增长0.74%。本年新登记外商投资企业3.74万户。外商投资企业实有投资总额3.26万亿美元，比上年底增长8.95%。总注册资本（金）1.88万亿美元，增长8.79%；其中外方认缴出资额1.49万亿美元，增长7.92%，外方认缴出资额占注册资本的79.26%。

1.1.2　全国实有个体工商户的发展情况

2012年，我国继续实施清理不合理税费、鼓励创业就业等措施，不断深化个体工商户分层分类登记管理改革，利用信息化手段，促进登记和监管功能的整合，不断提高监管效能和服务水平，有效改善个体工商户发展环境。新登记个体工商户增长较快，实有户数、资金数额均保持快速增长趋势。全国个体工商户实有 4059.27 万户，比上年底增长 8.06%，资金数额 1.98 万亿元，增长 22.19%。个体工商户当年新注册 732.89 万户，比上年同期增长 2.45%，资金数额 0.53 万亿元，比上年同期增长 12.77%。

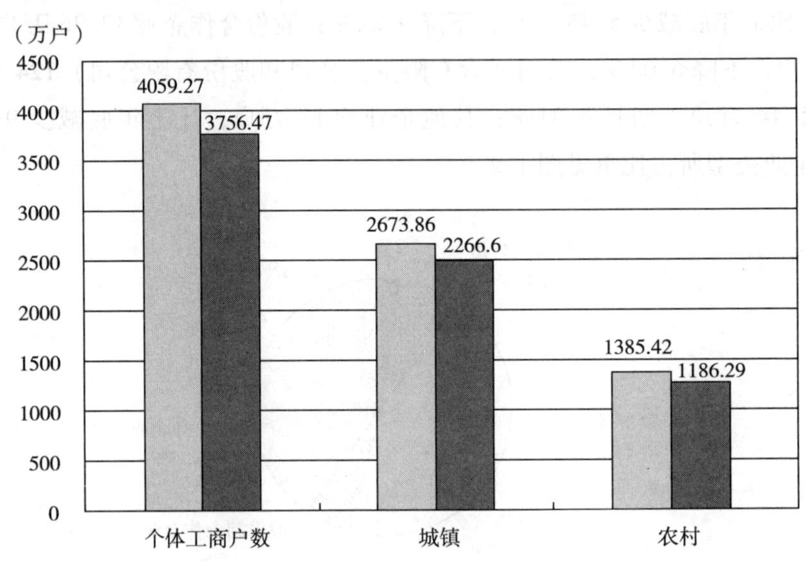

图 1.3　2012 年个体工商户数情况

资料来源：国家工商总局统计资料。柱状图中前者为 2012 年数据，后者为 2011 年数据。

1.2　中小企业的行业分布情况

1.2.1　内资企业的行业分布

从内资企业行业实有户数看，批发和零售业依然位居首位，为 74.83 万户，其次是制造业 28.59 万户，再次为金融业 26.07 万户。内资企业行业中企业实有数量最少的三个行业分别是其他，教育业，卫生、社会保障和社会福利业，这三个行业的企业实有数量分别为 1.59 万户、0.51 万户和 0.46 万户。

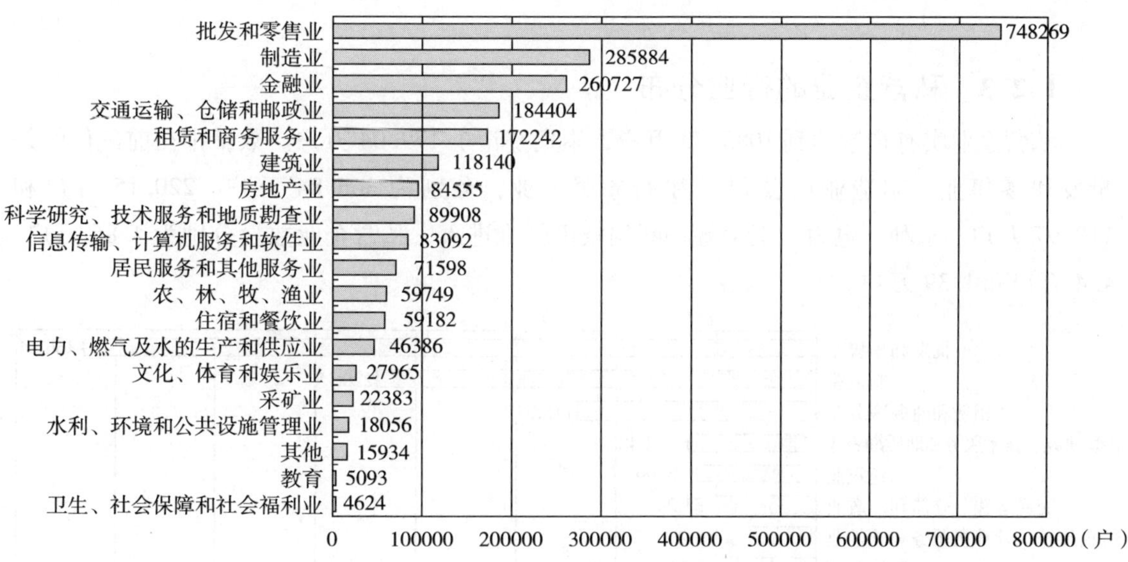

图 1.4　2012 年我国内资企业实有户数行业分布

资料来源：国家工商总局统计资料。

1.2.2　外资企业的行业分布

从外商投资企业的行业分布来看，以金融业为代表的现代服务业稳定快速增长。金融业实有户数达到 7107 户（含分支机构，下同），比上年底增长 9.36%。外商投资企业投资第三产业较多，租赁和商务服务业以及信息传输、计算机服务和软件业分别达到 3.95 万和 4.04 万户。企业数量最多的制造业有所下降，从 2010 年底的 18.76 万户下降到 2011 年底的 18.1 万户，2012 年继续回落到 17.48 万户。

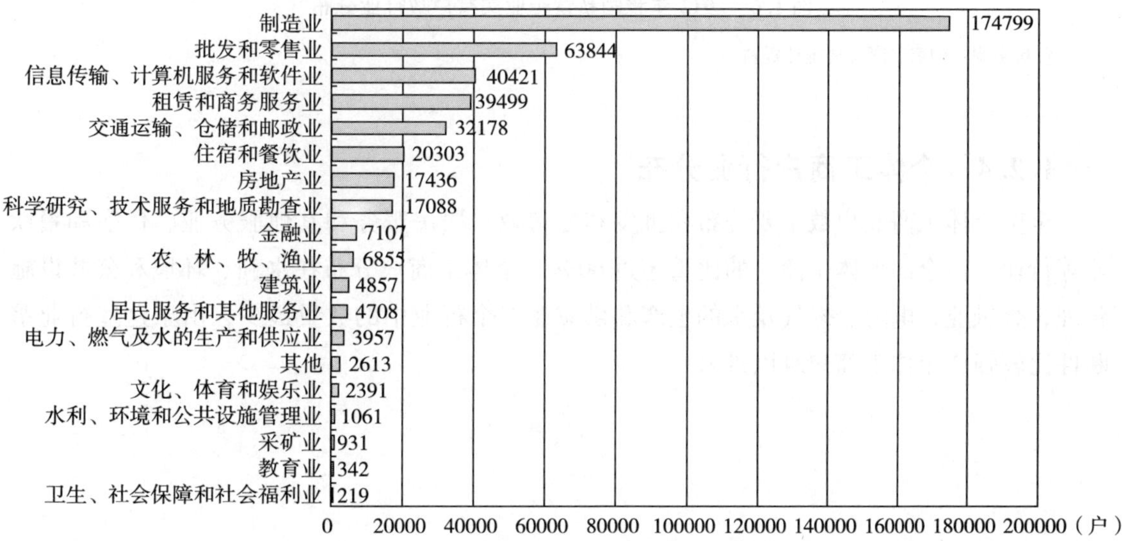

图 1.5　2012 年我国外资企业实有户数行业分布

资料来源：国家工商总局统计资料。

1.2.3 私营企业的行业分布

私营企业实有户数达到1085.72万户，本期登记了179.04万户。数量排在前三位的是批发和零售业、制造业以及租赁和商务服务业，分别为366.84万户、220.15万户和118.97万户。水利、电力、卫生等垄断领域仍较难进入，私营企业数量分别为4.86万户、4.4万户和1.39万户。

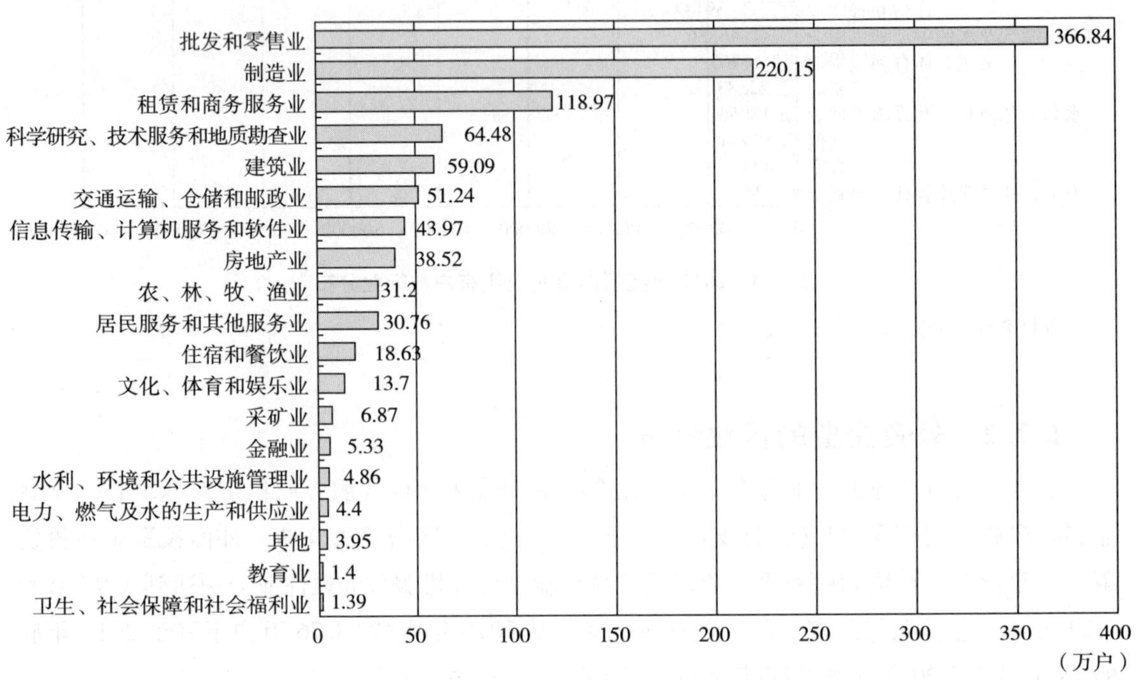

图1.6 2012年我国私营企业实有户数行业分布

资料来源：国家工商总局统计资料。

1.2.4 个体工商户行业分布

全国个体工商业户数主要分布在批发和零售业、居民服务和其他服务业、住宿和餐饮业等行业，占全部个体工商户的比重超过60%。个体工商户分布在水利、环境和公共设施管理，金融业，电力、燃气及水的生产和供应业三个行业中的数量最少，由于这些行业垄断性比较强，个体工商户难以进入。

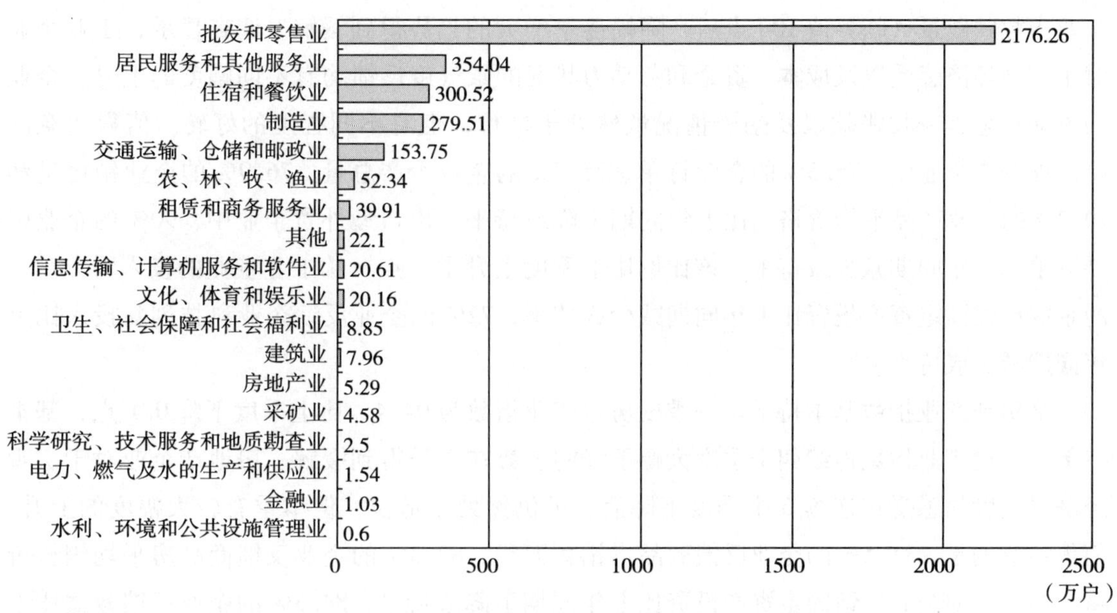

图 1.7　2012 年我国个体工商户实有户数行业分布

资料来源：国家工商总局统计资料。

1.3　中小型企业景气指数变化情况

为客观反映中小企业发展的景气情况，中国中小企业协会按季度编制发布了中小企业发展指数（SMEDI），较好地反映中小企业的景气状况。

1.3.1　第一季度中国中小企业发展指数

2012 年一季度中国中小企业发展指数（SMEDI）为 92.6，比上年四季度下降 0.9 点。在我国经济延续了稳中回落的态势下，中小企业发展指数处于较低位、较平稳的状态。自 2010 年四季度以来，中小企业发展指数每季的下降幅度超过 2 点，甚至达到 3.9 点，本季降幅明显收窄。

(1) 多数分行业指数降幅趋缓

从调查的 8 个分行业看，继续处于景气临界值 100 以下。建筑业指数为 87.4，下降 0.9 点；社会服务业指数为 98.5，上升 0.2 点，住宿餐饮业指数为 90.6，下降 0.5 点。

①工业指数降幅减小。一季度工业指数为 92.6，比上季度下降 0.3 点。自上年二季度

工业指数跌破景气临界值100点后，降幅逐季增大的趋势得到缓解。调查显示，工业企业对于宏观经济感受以及成本、资金和劳动力状况的景气度反馈均有不同幅度的上升，企业的流动资金、应收账款以及融资情况虽然处于低位，但有不同程度的好转。值得注意的是，被调查企业中，75.5%的企业订单、75.7%的企业生产总量、76.9%的企业销售量和79.7%的企业产品平均价格均比上年同期下降或持平。出口型外贸企业中，90%的企业国外订单比上年同期减少或持平，该比例比上季度上升了5点。从工业企业的投入看，70%的企业反馈固定资产投资比上年同期减少或持平，72%的企业反馈企业科技创新投入比上年同期减少或持平。

②房地产业指数基本持平。一季度房地产业指数为94.4，比上季度下降0.1点，基本持平。房地产业指数连续四个季度大幅下降的态势在本季得到缓解。房地产企业对于宏观经济景气度的感受在连续6个季度下降后，虽仍然处于低位，但本季有较大幅度的上升。值得注意的是，81.5%的企业反馈商品房销售面积、82.3%的企业反馈商品房平均销售价格、79.2%的企业反馈固定资产投资比上年同期下降或持平，84.5%的企业反馈效益比上年同期增亏、减盈或持平。

③交通运输邮政仓储业、批发零售业、信息传输计算机服务软件业指数降幅较大。一季度交通运输邮政仓储业指数为85.8，比上季度下降2.8点；批发零售业指数为92.4，比上季度下降2.9点；信息传输计算机服务和软件业指数为89，比上季度下降6点。在8个分行业中，这3个分行业指数下降幅度最大。调查显示，造成这三个分行业指数下降幅度较大的原因：一是市场不景气。从调查的细项看，交通运输邮政仓储业的国内订单指数下降5点，销售指数下降5.1点；批发零售业的销售指数下降22.7点；信息传输计算机服务软件业的国内订单指数下降15.2点，销售量指数下降11.5点，销售价格指数下降7.5点。二是效益不景气。从调查的细项看，交通运输邮政仓储业、批发零售业、信息传输计算机服务软件业的盈亏指数分别下降6.8点、6.7点、14.7点。此外，从交通运输邮政仓储业、信息传输计算机服务软件业的调查细项看，融资指数分别下降6.8点和5.9点；批发零售业的原材料购进价格指数下降12.8点；信息传输计算机服务软件业的企业综合经营指数下降5.3点，大专以上毕业生的劳动力需求指数下降7.5点。

（2）多数分项指数有所上升

从调查的8个分项指数看，多数处于景气临界值100以下，只有宏观经济感受指数、综合经营指数和劳动力指数处于景气临界值100以上。其中，宏观经济感受指数为100.1，上升3.4点；综合经营指数为103.4，上升0.4点。

①成本、资金指数继续上升好转。一季度成本指数为82.8，上升2.3点，保持了上季度以来的上升趋势。从调查细项看，55%的企业原材料及能源的购进价格比上年同期上涨，比上季度减少8个百分点；67%的企业劳动力成本增加，比上季度减少8个百分点。

一季度资金指数为91.8，比上季度上升了5点，为本季度上升幅度最大的分项指数。8个分行业的资金指数均比上季度有所上升，其中房地产业、住宿餐饮业、建筑业资金指数升幅更大一些。从调查细项看，43%的被调查企业反馈流动资金不足，48%的被调查企业反馈融资困难，上季度这两个百分比分别为51%和52%。企业的流动资金虽然有所好转，但融资的难度仍然很大，个别行业如交通运输邮政仓储业和信息传输计算机服务软件业的融资难度还在加大。

②投入、效益、市场指数继续下降。一季度投入指数为99.9，虽然位于景气临界值附近，但比上季度下降7.1点，下降幅度最大。调查显示，29%的企业反馈固定资产投资比上年同期增加，该比例比上季度下降9个百分点；28%的企业反馈科技投入比上年同期增加，该比例比上季度下降5个百分点。与上季度相比，只有住宿餐饮业的投入指数是上升的，其他分行业均出现不同幅度的下降，下降幅度最大的为批发零售业，下降了10.4点。

一季度效益指数74.0，比上季度下降3.2点。调查显示，49%的企业增亏或减盈，比上季度增加1个百分点。从分行业看，效益指数下降幅度最大的是房地产业、信息传输计算机服务软件业，分别下降16.0点和14.7点，分别降至69.8和62.7。

一季度市场指数94.3，比上季度下降2.1点。该指数自2010年四季度以来，一直处于下滑的态势，降幅在2011年四季度达到最大，下滑7.8点。本季下滑趋势变缓。从分行业看，建筑业和社会服务业上升，其他行业均不同程度下降，降幅最大的为信息传输计算机服务软件业和住宿餐饮业，为12.3点和10.6点。

③劳动力供需结构性矛盾突出。一季度劳动力指数为108.7，上升3.4点。从调查的细项看，劳动力需求指数为117，比上季度上升3个点；劳动力供应指数上升3.8点，为100.4。劳动力供需结构性矛盾突出，技术工人供不应求，技术工人供应指数虽上升3.2点，但仅为80.1，需求指数却高达123.8。大专以上毕业生供过于求，供应指数为131.1点，需求指数为115.4点。

(3) 东部和中西部指数差距缩小

一季度东、中、西部指数分别为92.5、92.5、96.1。与上季度相比，东部上升了2.2点，中部和西部继续下滑，分别下降了4.6点和7.4点。东部与西部的差距从上季度的13.2点缩小至3.6点。从市场指数来看，东部市场指数出现小幅回升，中部和西部市场指数仍在下滑，且中部下滑幅度大于西部。从工业指数来看，东部上升了2.2点，而中部和西部分别下滑5.6点和6.2点。本季显示东部出现好转，中部和西部仍在下滑。

1.3.2 第二季度中国中小企业发展指数

2012年二季度中国中小企业发展指数（SMEDI）为90.3，比一季度下降2.3点，比上季度0.9点的降幅有所扩大。中小企业的总体状况与国民经济运行缓中趋稳的态势基本一致，但下行压力更大一些。

(1) 分行业指数降幅总体上比上季度有所扩大

8个分行业指数仍在景气临界值100以下，除房地产业指数外，继续下降。信息传输计算机服务软件业指数为86.5，下降2.5点；住宿餐饮业指数为87.7，下降2.9点。

①工业指数有所下降。二季度工业指数为92.0，下降0.7点。工业指数的下降幅度已连续两个季度没有超过1点，出现下降幅度缓中趋稳的迹象。调查显示，工业企业生产成本指数上升16.4点，主要原材料及能源购进价格指数上升33.9点，可以看出，工业企业生产成本大幅下降。但是，企业产品订货量指数下降7点，企业生产总量指数、产品销售量指数、产品平均销售价格指数、产成品库存指数均有不同程度下降，从指数反映出来的工业企业的市场状况有待改善。工业宏观经济感受指数在8个分行业中下降幅度最大，下降9.4点，看来与工业企业的市场状况有一定的关联。

②建筑业下降幅度最大。二季度建筑业指数为80.8，下降6.7点。从调查的细项看，宏观经济感受指数下降9.3点，反映企业总体经营状况的企业综合经营指数下降7.3点，反映企业成本状况的企业工程结算成本指数下降8.6点，反映企业资金状况的流动资金指数下降10.3点，反映企业效益状况的效益指数下降6.4点。

③交通运输邮政仓储业和房地产业指数基本持平。二季度交通运输邮政仓储业指数为85.7，下降0.1点。交通运输邮政仓储业的成本和资金状况有所改善，企业盈利增加，企业效益指数增加7点。从调查的细项看，这个行业的主要问题在于宏观经济感受指数、销售价格指数、固定资产投资指数均出现大幅下降，分别下降11.7点、11.1点和8.7点。

二季度房地产业指数为94.9，上升0.5点，出现轻微反弹。这是房地产指数自2011年以来，首次出现上升。这种反弹和上升只是微弱的迹象，82.7%的企业反馈商品房销售面积、73.8%的企业反馈固定资产投资比上年同期下降或持平，82.3%的企业反馈效益比上年同期增亏、减盈或持平。

④批发零售业指数和社会服务业指数降幅较大。批发零售业指数为86.2，下降6.2点；社会服务业指数为92.5，下降5.9点。调查显示，造成这两个分行业指数下降幅度较大的原因：一是市场不景气。从调查的细项看，批发零售业的销售价格指数下降23.4点；社会服务业的销售量指数下降10.9点，销售价格指数下降16.0点。二是效益不景气。从调查的细项看，批发零售业、社会服务业的效益指数分别下降9.5点、10.1点。此外，从批发零售业的调查细项看，行业总体运行指数下降14.0点，流动资金指数下降12.1点，固定资产投资指数下降7.8点。

（2）多数分项指数下降

位于景气临界值100以上的分项指数继续减少，仅为劳动力指数。其中，除了成本指数和资金指数外，其他6个分项指数继续下降。综合经营指数为99.9，下降3.6点；效益指数为72.5，下降1.5点。

①宏观经济感受指数和投入指数降幅较大。二季度宏观经济感受指数为93.4，下降6.6点。宏观经济感受指数上季度还在景气临界值100以上，而且还上升了3.4点，但本季不仅跌破了景气临界值，而且在8个分项指数中降幅最大。

二季度投入指数为96.0，下降3.9点。尽管本季度投入指数的降幅比上季度7.1点有所收窄，但只有信息传输计算机服务软件业的投入指数是上升的，其他分行业指数均是下降的，而且下降幅度较大，其中建筑业投入指数下降了 11.1 点。投入指数下降幅度较大，反映企业担心眼前的投资在未来得不到较好的收益，这与宏观经济感受指数下降幅度较大所反映的问题是一致的。

②成本指数和资金指数有所上升。二季度成本指数为 91.9，上升 9.0 点，连续 3 个季度上升，显示企业成本持续下降。从调查细项看，反映企业原材料及能源购进价格比上年同期上涨的企业减少 9 个百分点，为 46%；反映生产成本比上年同期增加的企业减少 3 个百分点，为 69%。

二季度资金指数为 93.0，上升 1.3 点。从调查细项看，融资指数上升 8.9 点，除建筑业指数下降幅度较大外，其他分行业指数大部分上升幅度较大，显示企业融资难有所缓解。反映融资困难的被调查企业减少 10 个百分点，为 38%。但是，企业流动资金没有大的好转，流动资金指数下降 5.1 点，除交通运输邮政仓储业和住宿餐饮业分别上升 2.7 点和 10.9 点外，其他分行业都是下降的，有的下降幅度较大。反映企业融资状况的指数上升幅度较大，一方面与企业融资难的缓解有关，另一方面也是企业融资欲望不够强烈造成的。

③市场指数继续下降。二季度市场指数为 89.2，下降 5.2 点，已连续 7 个季度下滑。调查显示，81% 的企业生产总量、79% 的企业产品订货量、80% 的企业产品销售量、79% 的企业产品平均销售价格比上年同期减少或持平，79% 的企业产成品库存处于一般或不理想状态。

④劳动力需求相对不旺。二季度劳动力指数为 103.9，下降 4.8 点。从调查的细项看，劳动力需求指数为 105.2，下降 11.8 点；劳动力供应指数为 102.7，上升 2.2 点。从劳动力的供需结构看，普通劳动力需求指数为 97.0，下降 14.8 点，供应指数为 98.3，上升 8.1 点；技术工人需求指数为 113.5，下降 10.2 点，供应指数为 86.0，上升 5.9 点；大专以上毕业生需求指数为 105.1，下降 10.3 点，供应指数为 123.7，下降 7.3 点。可以看出，劳动力需求不旺，且存在结构问题。

(3) 总体上东部指数明显低于中西部指数

二季度东、中、西部指数分别为 88.4、95.4、96.3，与上季度相比，东部下降 4.0 点，中部和西部分别上升 2.8 点和 0.2 点。东部工业指数为 91.9，高于中部 5.2 点，低于西部 8.1 点。在其他 7 个分行业指数中，除社会服务业外，东部均低于中西部。8 个分项指数中，除成本指数外，东部均低于中西部。其中，东部宏观经济感受指数为 89.5，分别低于中部和西部 9.3 点和 14.8 点；东部综合经营指数为 95.8 点，分别低于中部和西部 13.7 点和 14.7 点；东部市场指数为 85.5，分别低于中部和西部 12.5 点和 11.9 点；东部投入指数为 93.1，分别低于中部和西部 12 点和 6.4 点。可以看出，中西部中小企业发展的景气状况要明显好于东部。

根据调查情况，当前企业面临的市场形势比较严峻，企业的产品订货量、产品销售量难有大的改观，将继续影响企业的宏观经济感受和投资意愿。同时，企业的生产成本将继续回落，一些行业如工业、房地产业将缓中趋稳。由这些因素决定，中国中小企业发展指数将继续呈现目前的低位状态。

1.3.3 第三季度中国中小企业发展指数

2012年三季度中国中小企业发展指数（SMEDI）为87.5，比二季度（下同）下降2.8点。中小企业发展指数自108.9的高位持续下滑的局面尚未扭转，仍然存在下行压力。

（1）分行业指数四升四降

三季度，在8个分行业中，建筑业、交通运输邮政仓储业、信息传输计算机服务软件业和住宿餐饮业指数均上升，是2011年以来分行业指数上升最多的季度。三季度，交通运输邮政仓储业指数为86.9，上升1.2点；信息传输计算机服务软件业指数为87.7，上升1.3点；社会服务业指数为89.9，下降2.7点；批发零售业指数为85.2，下降1.0点。

①工业指数降幅最大。三季度工业指数为86.6，下降5.4点。在当季的分行业指数中降幅最大，也是工业指数季度降幅的最大值。调查显示，在工业指数中，生产经营指数下降6.1点；生产总量指数下降10.6点；反映企业市场状况的产品平均销售价格指数、产成品库存指数分别下降5.0点和8.0点；固定资产投资指数下降6.9点；效益指数下降7.2点。

②建筑业指数升幅最大。三季度建筑业指数为88.0，上升7.2点，是本季度增幅最大的分行业。调查显示，在建筑业指数中，反映企业市场状况的工程合同指数、境外工程合同指数和建筑产品实物工程量指数分别上升12.8点、12.8点和13.3点；工程结算成本指数上升12.0点，显示成本下降幅度较大；效益指数上升10.5点。与此同时，建筑材料购进价格指数上升21.4点。

③房地产业指数在上季度轻微反弹后继续下降。三季度房地产业指数为90.9，下降4.0点。房地产指数在上季度出现轻微反弹后，本季度再次进入下行通道。房地产业的综合经营指数和市场指数本季度降幅最大，分别下降12.4点和11.1点。调查显示，在房地产业指数中，生产经营指数下降12.4点，商品房预售面积指数下降14.3点，商品房销售面积指数下降12.8点，商品房平均销售价格指数下降8.9点。反馈效益比上年同期增亏、减盈或持平的企业为85.5%，比上季度上升3.2个百分点。

④住宿餐饮业指数升幅较大。三季度住宿餐饮业指数为91.4，上升3.7点。从调查的细项看，业务预订量比上年同期增加或持平的企业为49.2%，比上季度增加4.9个百分点；营业收入比上年同期增加或持平的企业为47.5%，与上季度基本持平；反馈效益比上年同期增盈、减亏或持平的企业为53.5%，比上季度增加1个百分点。值得关注的是企业客房入住率指数下降14.4点。

（2）下降的分项指数有所增加

在8个分项指数中，只有劳动力指数继续位于景气临界值100以上。除了成本指数外，其他分项指数下降。

①市场指数继续大幅下降，效益指数继续处于最低位。三季度市场指数为84.2，在上

季度下滑5.2点的基础上，继续下降5.0点，累计降幅是2012年以来最大的。从本季度看，对于市场指数下滑影响最大的是房地产业和工业，分别下滑11.1点和7.9点。调查显示，反映产品订货量比上年同期减少或持平的企业为80%，比上季度增加1个百分点；反映产成品库存处于一般或不理想状态的企业为83%，比上季度增加4个百分点。

三季度效益指数为69.8，下降2.7点。2011年以来，效益指数始终处于最低位。从本季度看，对于效益指数下滑影响最大的是工业，工业的效益指数下滑7.2点。

②宏观经济感受指数和投入指数下降，综合经营指数降幅最大。三季度宏观经济感受指数为91.2，下降2.2点。在宏观经济感受指数中，除建筑业上升4.9点，社会服务业持平外，其他行业均下降，且降幅较大，其中信息传输计算机服务软件业下降8.0点，交通运输邮政仓储业下降7.5点。

三季度综合经营指数为94.5，下降5.4点。房地产业、信息传输计算机服务软件业、社会服务业和工业里面的许多企业，对于本企业总的生产经营情况不看好，综合经营指数分别下降了12.4点、9.7点、9.4点和6.1点。

三季度投入指数为93.2，下降2.8点。投入指数上升的行业从上季的1个增加至5个，其中建筑业从上季度下降11.1点变为本季度上升5.0点。由于这些积极变化，致使本季度投入指数比一季度7.1的降幅明显收窄。但是，由于企业对于经济运行和自身的发展不够满意，投入的积极性仍然有待进一步提高。

③成本指数持续上升，资金指数小幅下降。三季度成本指数为95.9，上升4.1点。成本指数已连续4个季度上升，显示企业成本持续下降。在8个分行业中，除工业的企业成本略有增加外，其他分行业的企业成本都是下降的，有的下降幅度很大。从调查细项看，反映企业原材料及能源购进价格比上年同期增加的企业为46%，与上季度持平；反映生产成本比上年同期上升的企业为67%，比上季度减少2个百分点。

三季度资金指数为91.9，下降1.1点。从调查细项看，反馈融资困难的企业为46%，比上季度上升8个百分点；反馈流动资金紧张的企业为49%，比上季度上升1个百分点。2012年前两个季度资金指数分别上升5.0点和1.3点，本季度虽然下降但在分项指数中降幅最小。从调查情况看，企业资金需求不旺是主要原因。

④劳动力供需有所减弱，存在供需结构性问题。三季度劳动力指数为102.3，下降1.6点。从调查的细项看，劳动力需求指数为103.6，下降1.7点；劳动力供应指数为101.0，下降1.6点。从劳动力的供需结构看，普通劳动力需求指数为94.1，下降2.9点，供应指数为90.7，下降7.6点；技术工人需求指数为112.8，下降0.8点，供应指数为85.7，下降0.2点；大专以上毕业生需求指数为103.8，下降1.4点，供应指数为126.7，上升3.0点。可以看出，劳动力需求和供应都在减弱，技术工人供需缺口最大，大专以上毕业生供过于求的问题更突出。

(3) 东部的状况与总的状况大致相同，中部和西部则有所不同

三季度东、中、西部指数分别为84.2、97.1、91.3。与上季度相比，东部继续下降，

降幅为 4.2 点；中部继续上升，增幅为 1.7 点；西部由升变降，降幅为 5.0 点。从分行业指数看，东部的状况与总的状况大致相同，中部和西部与总的状况存在较大差异。例如，中部工业指数升幅较大，住宿餐饮业降幅较大；西部建筑业降幅较大。从分项指数看，东部、中部和西部的综合经营指数和市场指数降幅较大，分别下降 4.0 点、3.5 点、14.6 点和 7.1 点、1.7 点、10.1 点；成本指数的升幅较大，分别上升 1.8 点、6.8 点、10.0 点；在投入指数方面，中部和西部升幅较大，分别上升 7.5 点、4.7 点，东部则完全相反，下降 7.0 点；在资金指数方面，中部和西部特别是西部降幅较大，东部则相反。

1.3.4 第四季度中国中小企业发展指数

2012 年四季度中国中小企业发展指数（SMEDI）为 90.8，比三季度上升 3.3 点。在国民经济呈现缓中企稳、稳中有进的局面下，中国中小企业发展指数中的分行业指数和分项指数绝大多数出现上升，发展指数自 108.9 的高位持续下滑的走势得到抑制，出现了 8 个季度以来的首次上升，但仍处低位。预计发展指数企稳的态势将逐步得到巩固，加大上升幅度尚面临压力。

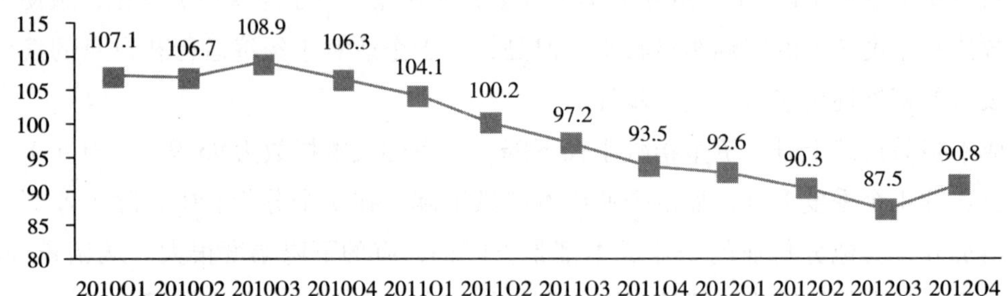

图 1.8 2012 年中国中小企业发展指数运行图

资料来源：中国中小企业协会。

（1）分行业指数上升的范围在逐步扩大

上升的分行业数从上季度的 4 个增加到 6 个。调查显示，8 个分行业的企业对当前宏观经济形势、本行业总体运行状况、本企业综合生产经营状况比较看好，相应的指数多数都是上升的。但绝大多数分行业的企业融资指数是下降的，表明企业融资难的问题仍很突出。建筑业指数为 91.0，上升 3.1 点；交通运输邮政仓储业指数为 89.6，上升 2.7 点。

①工业指数低位回升。四季度工业指数为 88.1，上升 1.6 点。工业指数自 2010 年二季度以来连续下滑的走势得到遏制。调查显示，企业生产量指数上升 4.5 点，订货量指数上升 5.3 点，产品销售量指数上升 4.1 点。值得关注的是，企业国外订单指数下降 12.8 点，盈利指数下降 0.7 点，说明实体经济要保持回稳的走势还要下很大的功夫。

②房地产业指数大幅上升。四季度房地产业指数为 101.3，上升 10.5 点，是 8 个分行业指数中唯一一个处于景气临界值 100 以上的。调查显示，企业完成土地开发面积指数上升 13.4 点，企业商品房平均销售价格指数上升 12.9 点，盈利指数上升 15.3 点。71.8% 的

企业反馈商品房预售面积比上年同期增加或持平，比上季度增加23.4点；69.4%的企业反馈商品房销售面积比上年同期增加或持平，比上季度增加26.7点。但是，成本指数下降14.9点，表明企业成本压力加大；融资指数下降2.7点，流动资金指数下降2.4点，导致资金指数下降5.5点，特别是应收账款指数增加较多。

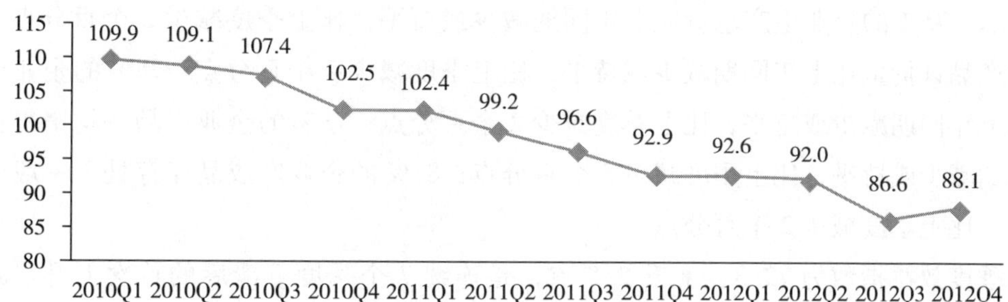

图1.9　2012年工业中小企业发展指数运行图

资料来源：中国中小企业协会。

③批发零售业指数和社会服务业指数升幅较大。四季度批发零售业指数为91.2，上升6.0点，在连续7个季度下降后首次出现上升。调查显示，购货合同指数上升8.4点，出口合同指数上升5.9点，商品销售指数上升9.7点，盈利指数上升8.2点。

四季度社会服务业指数为97.7，上升7.8点。调查显示，服务（业务）预订量指数上升13.2点，业务量指数上升8.0点，融资指数上升3.8点，固定资产投资指数上升10.1点，盈利指数上升12.9点。

④信息传输计算机服务软件业指数和住宿餐饮业指数有所下降。四季度信息传输计算机服务软件业指数为85.6，下降2.1点。调查显示，91.2%的企业反馈经营成本比上年同期增加或持平，比上季增加6.5个百分点；51.5%的企业反馈效益比上年同期增盈、减亏或持平，比上季度减少1.3个百分点。业务成本指数下降10.3个百分点，盈利指数下降8.9个百分点，流动资金和企业融资难度加大。

四季度住宿餐饮业指数为86.8，下降4.6点。调查显示，营业收入指数下降13.1点，盈利指数下降11.8点。

（2）绝大多数分项指数上升

需要指出的是，多个分项指数特别是市场指数、效益指数和投入指数是在多个季度连续下降以后首次出现上升。四季度资金指数为93.5，上升1.6点。

①宏观经济感受指数、综合经营指数和投入指数升幅较大。四季度企业宏观经济感受指数为99.8，上升8.5点，在分项指数中升幅最大。综合经营指数为99.0，上升4.5点。宏观经济感受指数前两个季度分别下降6.6点和2.2点，综合经营指数前两个季度分别下降3.6点和5.4点，这两个分项指数在本季度都出现了较大幅度的上升，表明企业对宏观经济运行和对行业的经营状况看好。

投入指数为99.3，上升6.1点，是连续7个季度下降后的首次上升。除了住宿餐饮业和批发零售业外，其他分行业指数都是上升的，上升幅度最大的是建筑业和房地产业，分别上升14.2点和12.1点。企业投入的积极性提高，反映企业对于发展的信心增强了。

②市场指数由多个季度的下降转为较大幅度的上升。四季度市场指数为88.8，上升4.6点，遏制了连续8个季度下滑的态势。除住宿餐饮业外，其他7个分行业指数均上升。调查显示，75%的企业生产总量比上年同期减少或持平，比上季度减少3个百分点；76%的企业产品订货量比上年同期减少或持平，比上季度减少2个百分点；78%的企业产品销售量比上年同期减少或持平，比上季度减少2个百分点；73%的企业产品平均销售价格比上年同期减少或持平，比上季度减少5个百分点；81%的企业产成品库存处于一般或不理想状态，比上季度减少2个百分点。

四季度效益指数为72.3，上升2.5点，是连续7个季度下滑后的首次上升。调查显示，52%的企业反馈企业增盈、减亏或持平，比上季度增加2个百分点。工业的效益指数下降0.7点，效益状况虽有好转但不理想。

③成本压力加大。四季度成本指数为91.9，下降4.1点，显示成本压力较大。从调查的情况看，除了交通运输邮政仓储业、批发零售业和信息传输计算机服务软件业以外，其他5个分行业的企业员工平均薪酬景气度指数下降，其中房地产、建筑业、工业、住宿餐饮业分别下降10.5点、7.8点、4.5点、8.2点。企业用工成本的上升是成本上升的重要因素。从调查的细项看，50%的企业原材料及能源购进价格比上年同期增加，比上季度上升5个百分点；70%的企业生产成本比上年同期增加，比上季度上升3个百分点。

④劳动力供需有所增强且存在供需的结构性问题。四季度劳动力指数为105.2，上升2.9点，是分项指数中唯一处于景气临界值100以上的。从调查的细项看，劳动力需求指数为107.3，上升3.8点；劳动力供应指数为103.1，上升2.1点。从劳动力的供需结构看，普通劳动力需求指数为100.9，上升6.8点，供应指数为96.2，上升5.6点；技术工人需求指数为113.6，上升0.9点，供应指数为87.5，上升5.6点；大专以上毕业生需求指数为107.4，上升3.7点，供应指数为125.6，下降1.1点。从中可以看出，一是除了大专以上毕业生的供应指数下降外，劳动力供需以及劳动力的分类供需指数都是上升的；二是劳动力以及劳动力分类的供应指数大于相应的需求指数；三是大专以上毕业生的供应指数小于需求指数。

(3) 东部和西部指数由降转升，中部指数由升转降

四季度东、中、西部指数分别为88.9、93.0、98.0。与上季度相比，东部和西部指数由降转升，升幅分别为4.7点和6.7点；中部由升转降，降幅为4.1点。从分行业指数看，东部的状况与总的分行业指数6升2降的状况大致相同，中部则存在较大差异。例如，在8个分行业中2升6降，其中除了房地产业和批发零售业外都是下降的。西部分行业7升1降，下降的分行业指数为房地产业。从分项指数看，东部除了成本指数下降6.3点外，其他都是上升的；中部除了资金指数上升2.0点，劳动力指数上升2.1点外，其他都是下降的；西部除了效益指数下降4.8点外，其他都是上升的。总的看，中部的指数状况差一些。

当前，对于广大中小企业来说，最大的积极变化就是企业对国家经济以及所处行业和企业自身发展的信心得到提振，这是中小企业发展指数保持缓中企稳势头的有利保证。根据调查预计，一些升幅较大的分行业和分项指数，如房地产、批发零售、社会服务业等，以及宏观经济感受指数、综合经营指数、投入指数等有可能保持目前的上升势头，实体经济的工业将力争企稳。

我国经济企稳回升的趋势明显，但是，世界经济复苏的进程艰难曲折，我国企业生产经营环境依然困难，特别是产能过剩矛盾十分突出。在这样的国内外经济形势下，为了把广大的中小企业难能可贵的生产积极性保护好、发展好，最为重要的是增强宏观调控的科学性，把握好宏观调控的重点、力度和节奏，继续实施促进经济持续健康发展的切实可行的政策措施，为中小企业的发展营造一个好的外部环境。

第 2 章

2012 年促进中小企业发展政策体系

- 综合性政策
- 鼓励引导民间投资政策
- 财税政策
- 金融政策
- 其他政策

2012年，我国相继出台了多项扶持中小企业特别是小型、微型企业发展的政策，内容涵盖了中小企业经营管理的各个方面，使得支持中小企业加快发展的政策体系更加完善，有效推动了我国中小企业的蓬勃发展。

2.1　综合性政策

针对中小企业经营环境日益趋紧、亟待扶持的局面，各级政府及时制定出台了相关政策措施，注重提高政策的针对性和有效性。2012年国务院出台了多项对中小企业发展至关重要的综合性政策。

2.1.1　《关于进一步支持小型微型企业健康发展的意见》

为应对2008年国际金融危机对我国中小企业的冲击，国务院2009年出台了《关于进一步促进中小企业发展的若干意见》（国发〔2009〕36号，简称36号文）等一系列政策措施，对支持中小企业率先实现企稳回升，有效应对国际金融危机冲击、保持经济平稳发展发挥了积极作用。2012年以来，受国内外复杂多变的经济形势影响，小型微型企业经营压力大、成本上升、融资困难和税费偏重等问题突出。为进一步支持小型微型企业健康发展，4月，国务院发布了《关于进一步支持小型微型企业健康发展的意见》（国发〔2012〕14号，以下简称《意见》）。《意见》以小型微型企业为重点，进一步突出了政策的针对性，这也是国务院首次专门针对小型微型企业出台的文件。《意见》在加大财税支持、缓解融资困难、推动创新发展、支持开拓市场、提高管理水平，促进集聚发展、加强公共服务等方面，提出了29条政策措施，重点突出、指向性强，政策明确具体，既帮助企业解决困难，又注重引导企业增强内生动力，还提出了支持企业长期平稳健康发展的长效机制。

《意见》提出进一步加大财税支持力度。在强调落实2011年10月12日国务院常务会议确定的支持小型微型企业发展9条财税金融政策的同时，进一步提出将2012年中小企业专项资金规模扩大到141.7亿元，并向小型微型企业倾斜；中央财政安排150亿元资金，依法设立国家中小企业发展基金，引导地方、创业投资机构及其他社会资金支持处于初创期的小型微型企业，对企事业单位、社会团体和个人等向基金捐赠资金，在一定比例内给予税收优惠。规定负有编制部门预算职责的各部门，应安排不低于年度政府采购项目预算总额18%的份额给小型微型企业，在政府采购评审中对小型微型企业产品给予6% ~10%的价格扣除。继续减免部分涉企收费并清理取消各种不合规收费等。

为缓解小型微型企业融资困难，《意见》提出了五方面的政策措施。一是通过对符合条件的小金融机构继续执行较低存款准备金率、建立小企业信贷奖励考核制度、落实差异化监管政策、适当提高对小型微型企业不良贷款的容忍度、完善小企业贷款呆账核销规定、支持商业银行发行专项用于小型微型企业贷款的金融债等，鼓励金融机构扩大对小型微型企业的信贷服务。二是推动小金融机构的发展。提出了适当放宽民间资本、外资、国际组织资金参股设立小金融机构的条件；适当放宽小额贷款公司单一投资者持股比例限制；鼓励银行业金融机构到中西部设立村镇银行；引导小金融机构增加服务网点，向县域和乡镇延伸；符合条件的小额贷款公司可根据有关规定改制为村镇银行等政策措施。三是拓宽小微企业融资渠道。提出了推进多层次债券市场建设，加快场外市场建设，扩大集合票据、集合债券、集合信托和短期融资券发行规模，发展私募股权投资和创业投资，提供设备融资租赁服务，发展贷款保证保险和信用保险等措施。同时，支持小企业上市融资、发行债券，鼓励小型微型企业采取质押、商业保理、典当等多种方式融资。四是鼓励担保机构提高对小型微型企业的担保业务规模，降低担保收费；积极发展再担保机构，强化分散风险、增加信用功能；加快推进企业信用体系建设。五是通过开展商业银行服务收费检查，清理纠正金融服务不合理收费等，规范对小型微型企业的融资服务。

“十二五”是小型微型企业转型成长的关键时期，《意见》专门提出了一些引导和鼓励政策，推动小型微型企业转型升级。在加强技术创新方面，一是支持企业技术改造，中央预算内投资扩大安排用于中小企业技术进步和技术改造资金规模，重点支持小型企业开发和应用新技术、新工艺、新材料、新装备；二是提升创新能力，完善企业研究开发费用所得税前加计扣除政策，实施中小企业创新能力建设计划，加快新技术和先进适用技术在小型微型企业的推广应用；三是提高小型微型企业知识产权创造、运用、保护和管理水平，加大对侵犯知识产权和制售假冒伪劣产品的打击力度，维护市场秩序，保护创新积极性。

在提升管理水平方面，一是支持管理创新，实施中小企业管理提升计划，帮助和引导小型微型企业加强财务、安全、节能、环保、用工等管理；二是提高质量管理水平，加强质量诚信体系建设，推广先进的质量管理理念和方法，严格执行国家标准和进口国标准；三是加强人力资源开发，拓宽用工渠道，实施国家中小企业银河培训工程和企业经营管理人才素质提升工程；四是对小型微型企业新招用高校毕业生，给予培训费补贴和社会保险补贴。

在拓展发展空间方面，一是鼓励小型微型企业创新营销和商业模式，运用电子商务、信用销售和信用保险，大力拓展经营领域；二是建设集中采购分销平台，支持小型微型企业通过联合采购、集中配送，降低采购成本；三是营造有利于企业开拓市场的环境，改善通关服务，简化加工贸易内销手续，开展集成电路产业链保税监管模式试点；四是促进企业集聚发展，规划建设小企业创业基地、科技孵化器、商贸企业集聚区等，各类园区要集中建设标准厂房，积极为小型微型企业提供生产经营场地，对新创办三年内租用经营场地和店铺的小型微型企业，给予一定比例的租金补贴。

在加快结构调整方面，《意见》一方面积极支持创新型、创业型和劳动密集型的小型微型企业发展，鼓励小型微型企业发展现代服务业、战略性新兴产业、现代农业和文化产业，走“专精特新”和与大企业协作配套发展的道路；实施创办小企业计划，努力扩大社会就业；支持劳动密集型企业稳定就业岗位，推动产业升级，加快调整产品结构和服务方式。另一方面，《意见》也明确提出，加快淘汰落后产能，严格控制高污染、高能耗和资源浪费严重的小型微型企业发展，防止落后产能异地转移；综合运用多种手段，支持小型微型企业加快淘汰落后技术、工艺和装备。

在促进中小企业长期平稳较快发展方面，《意见》提出了一些长效机制。我国目前还处于社会主义初级阶段，支持小型微型企业长期平稳健康发展，对于完善社会主义市场经济体制，增强经济发展活力、实现全面建设小康社会的战略目标具有重要意义。为此，《意见》强调，要把支持小型微型企业健康发展作为巩固和扩大应对国际金融危机冲击成果、保持我国经济平稳较快发展的重要举措，放在更加重要的位置上。提出了完善结构性减税政策，研究进一步支持小型微型企业发展的税收制度；完善涉企收费维权机制；研究制定防止大企业长期拖欠小型微型企业资金的政策措施；拓宽民间投资领域，促进民间投资便利化、规范化；完善小型微型企业职工社会保障政策；建立和完善小型微型企业统计调查、监测分析和定期发布制度等长效机制。

为落实好进一步支持小型微型企业健康发展的各项政策，《意见》明确了各地区、各部门的工作职责。一是要求各级政府和有关部门科学分析，正确把握，积极研究采取更有针对性的政策措施，支持小型微型企业健康发展。二是要求充分发挥领导小组的统筹规划、组织领导和政策协调作用，明确部门分工和责任，加强监督检查和政策评估，将小型微型企业有关工作列入各地区、各有关部门年度考核范围。三是要求各地区、各部门要结合实际，制定贯彻《意见》的具体办法，加大对小型微型企业的扶持力度，创造有利于小型微型企业发展的良好环境。

2.1.2 《关于大力支持小型微型企业创业兴业的实施意见》

为了大力支持小型微型企业创业兴业，努力扩大社会就业，促进经济平稳较快增长，2012年7月，工业和信息化部、财政部、国家工商行政管理总局联合发布《关于大力支持小型微型企业创业兴业的实施意见》。《意见》提出了一系列鼓励小微企业创业兴业的政策措施，主要包括：

（一）便捷市场主体准入。支持符合法律法规规定条件的各类人员自主创业，以多种形式设立市场主体，进入法律法规未明确禁止准入的行业和领域。对申请从事法律、行政法规或者国务院决定规定在登记前须取得前置许可的经营项目，并且已取得前置许可的，依法及时予以登记。

（二）拓宽创业出资方式。鼓励投资者依法以股权、债权、知识产权等非货币形式评估作价出资和增资，支持以不需要办理权属登记的自有技术作为公司股东的首次出资。

（三）放宽对经营场所的限制。按照法律法规规定的条件、程序和合同约定，允许创业者将家庭住所、租借房、临时商业用房等作为创业经营场所。申办个体工商户无法提交经营场所产权证明的，申请人可以持市场主办单位、各类园区的管委会（居委会、村委会）出具的同意在该场所从事经营活动的相关证明，办理注册登记。

（四）减免相关费用。落实国家有关规定，对小型微型企业免征企业注册登记费、税务发票工本费、海关监管手续费和货物原产地证明书费等行政事业性收费。

（五）进一步优化工商注册登记程序。各级工商行政管理部门要严格执行市场主体登记管理法律法规的规定，按照统一的登记标准、登记程序和登记要求，为投资设立各类市场主体提供公开公平、便捷高效的准入服务。不断完善注册登记“绿色通道”服务，积极推行网上登记服务。

（六）加大财政资金支持力度。国家中小企业发展基金重点引导地方、创业投资机构及其他社会资金支持处于初创期的小型微型企业。鼓励有条件的地区设立创业基金。逐年加大中小企业发展专项资金支持力度，重点支持小企业创业基地建设，小型微型企业的创业兴业项目，将资金总规模的80%以上用于小型微型企业和改善服务环境。中小企业信用担保资金重点支持中小企业信用担保机构为小型微型企业创业兴业开展的融资担保业务。

（七）加强对小型微型企业的信贷支持。以缓解小型微型企业融资难为重点，进一步落实工业和信息化部与工商银行、农业银行、中国银行、建设银行、交通银行和国家开发银行的合作，鼓励各大银行不断提高小型微型企业贷款规模和比重，在合规和风险可控基础上，对创业型小型微型企业优先予以支持。

（八）提高融资服务水平。各级中小企业主管部门要积极开展中小企业上市和集合债、集合票据、集合信托发行等中小企业直接融资培训及咨询服务。通过召开融资服务洽谈会、推介会等多种形式，组织小型微型企业与商业银行、券商、风险投资商等各类融资机构进行项目对接，推动融资机构和小型微型企业加强合作。各级工商行政管理部门要积极开展动产抵押、股权出质、注册商标专用权质押登记，完善相关工作机制，提供高效便捷的服务，指导小型微型企业利用抵押、质押担保进行融资，进一步拓宽小型微型企业的融资渠道。

（九）加强中小企业信用制度建设。促进适合小型微型企业特点的信用评级制度建设，构建守信受益、失信惩戒的信用约束机制，增强中小企业信用意识，不断提高小型微型企业融资信用等级，提高小型微型企业的融资能力。

（十）加强市场主体登记管理信息服务。各级工商行政管理部门要加强市场主体登记管理信息的分析和公开，及时反映市场主体发展动态，为政府决策、部门监管和公众投资创业提供参考。

（十一）支持建立小企业创业基地，促进集聚发展。“十二五”期间，重点支持3000

家小企业创业基地建设。鼓励各地优先安排小企业创业基地用地指标；鼓励社会各类投资主体参与小企业创业基地建设；鼓励各类专业服务机构进驻小企业创业基地提供服务。

（十二）建立健全创业服务体系。各级中小企业主管部门要推动建立健全创业服务体系，搭建创业兴业服务平台。加强创业兴业服务，不断创新服务模式，鼓励开展创业项目开发、风险评估、开业指导、融资服务、跟踪扶持等“一条龙”服务和“一帮一”服务。

（十三）强化创业兴业培训服务。在国家中小企业银河培训工程中重点安排创业兴业培训，培育创业人才。“十二五”期间，每年培训 5 万人，帮助有创业意愿并具备一定创业条件的人员了解创业兴业政策法规，掌握相关创业兴业知识，增强创业兴业能力。

（十四）各级中小企业主管部门、财政部门和工商行政管理部门要积极宣传创业兴业扶持政策，加强沟通与配合，组织开展各种创业兴业服务活动，加强对各类创业人员的指导和服务，营造小型微型企业创业兴业的良好环境。

2.2　鼓励引导民间投资政策

为落实《国务院关于鼓励和引导民间投资健康发展的若干意见》（国发〔2010〕13 号，简称“新 36 条”），促进民间投资发展，国务院有关部门先后出台了 42 项民间投资实施细则。从实施细则本身来看，有关部门在制定过程中力求有所突破、迈出实质性步伐。比如，《关于国有企业改制重组中积极引入民间投资的指导意见》，在明确了引入民间投资四项原则的同时，提出了产权市场、股票市场和股权投资基金等三种市场化方式，并规定“不得在意向受让人资质条件中单独对民间投资主体设置附加条件”。又如，《关于鼓励和引导民间资本进入银行业的实施意见》将村镇银行主发起行的最低持股比例由 20% 降低到 15%。再如，为提高政策措施的可操作性，鼓励社会资本举办医疗机构的实施细则印发后，卫生部等有关部门积极完善配套规则，相继发布 6 个文件，进一步健全了社会办医的政策法规体系。《关于鼓励和引导民间资本进一步扩大能源领域投资的实施意见》，除对“新 36 条”规定的政策措施进行了细化外，还提出了煤炭资源勘探、开采、经营、加工转化，以及电网、炼油和新能源等领域鼓励民间投资发展的政策措施，努力将鼓励民间资本进入能源领域的政策措施系统化。此外，鼓励民间资本进入农田水利、水土保持工程建设，以及市政公用事业、科技创新、体育、旅游、文化等领域的实施细则，也具有很强的系统性和可操作性。

42 项民间投资实施细则是对“新 36 条”所规定政策措施的具体细化，目前的首要任务是落实好“新36条”及相关实施细则。同时，国务院及有关部门还针对解决民营企业面临的生产成本上升、融资困难、税费负担偏重等困难，出台了一些其他政策措施。上述政策措施与党和政府关于深化重点行业领域改革，完善社会主义市场经济体制的要求是完全一致的。贯彻落实好上述细则的有利因素在于，国务院高度重视促进民间投资发展工作，各级政府部门对这项工作重要性的认识和自觉性也日益提高，加上广大民营企业和社会舆论对拓宽民间投资领域的热切期盼和有效监督，都将有利于将这些实施细则落到实处。要加快推进重点行业领域改革，进一步调整国有经济布局和结构，不断深化行政审批制度改革，全面清理不利于民间投资发展的投资审批事项和管理法规。民营企业也需要积极转变发展方式，主动积累资本、技术、人才和管理经验，切实提高“破门”、“进门”能力。以下将42项细则作概括介绍。

2.2.1 《关于国有企业改制重组中积极引入民间投资的指导意见》

5月23日，为了积极推动民间投资参与国有企业改制重组，国务院发布《关于国有企业改制重组中积极引入民间投资的指导意见》。《意见》明确，积极引入民间投资参与国有企业改制重组，发展混合所有制经济，建立现代产权制度，进一步推动国有企业转换经营机制、转变发展方式。《意见》规定，国有企业改制重组中引入民间投资，应当符合国家对国有经济布局与结构调整的总体要求和相关规定，遵循市场规律，尊重企业意愿，平等保护各类相关利益主体的合法权益；国有企业在改制重组中引入民间投资时，应当通过产权市场、媒体和互联网广泛发布拟引入民间投资项目的相关信息；国有企业改制重组引入民间投资，应当优先引入业绩优秀、信誉良好和具有共同目标追求的民间投资主体；民间投资主体参与国有企业改制重组可以用货币出资，也可以用实物、知识产权、土地使用权等法律、行政法规允许的方式出资；民间投资主体可以通过出资入股、收购股权、认购可转债、融资租赁等多种形式参与国有企业改制重组；民间投资主体之间或者民间投资主体与国有企业之间可以共同设立股权投资基金，参与国有企业改制重组，共同投资战略性新兴产业，开展境外投资；国有企业改制上市或国有控股的上市公司增发股票时，应当积极引入民间投资。国有股东通过公开征集方式或通过大宗交易方式转让所持上市公司股权时，不得在意向受让人资质条件中单独对民间投资主体设置附加条件；企业国有产权转让时，除国家相关规定允许协议转让者外，均应当进入由省级以上国资监管机构选择确认的产权市场公开竞价转让，不得在意向受让人资质条件中单独对民间投资主体设置附加条件；从事国有产权转让的产权交易机构，应当积极发挥市场配置资源功能，有序聚集和组合民间资本，参与受让企业国有产权；国有企业改制重组引入民间投资，要遵守国家相关法律、行政法规、国有资产监管制度和企业章程，依法履行决策程序，维护出资人权益；国有企业改制重组引入民间投资，应按规定履行企业改制重组民主程序，依法制定切实可行的职工安置方案，妥善安置职工，做好劳动合同、社会保险关系接续、偿还拖欠职工债务等工作，维护职工合法权益，维护企业和社会的稳定；改制企业要依法承继债权债务，维护社会信用秩序，保护金融债权人和其他债权人的合法权益。

2. 2. 2 《鼓励和引导民间投资健康发展的税收政策》

为便于各级税务机关全面贯彻落实鼓励和引导民间投资健康发展的税收政策，国家税务总局对现行税收政策规定中涉及民间投资的优惠政策进行了系统梳理，5 月 29 日，汇总公布了《鼓励和引导民间投资健康发展的税收政策》。税收政策规定了若干鼓励民间投资的优惠办法。

（一）鼓励和引导民间资本进入基础产业和基础设施领域的税收政策

1. 企业从事《公共基础设施项目企业所得税优惠目录》内符合相关条件和技术标准及国家投资管理相关规定，自 2008 年 1 月 1 日后经批准的公共基础设施项目，其投资经营的所得，自该项目取得第一笔生产经营收入所属纳税年度起，第一年至第三年免征企业所得税，第四年至第六年减半征收企业所得税。

2. 凡是在基建工地为基建工地服务的各种工棚、材料棚、休息棚和办公室、食堂、茶炉房、汽车房等临时性房屋，不论是施工企业自行建造还是由基建单位出资建造交施工企业使用的，在施工期间，一律免征房产税。

3. 单位和个人提供的污水处理劳务不属于营业税应税劳务，其处理污水取得的污水处理费，不征收营业税。

4. 对水利设施及其管护用地（如水库库区、大坝、堤防、灌渠、泵站等用地），免征土地使用税。

5. 销售自产的再生水免征增值税。再生水是指对污水处理厂出水、工业排水（矿井水）、生活污水、垃圾处理厂渗透（滤）液等水源进行回收，经适当处理后达到一定水质标准，并在一定范围内重复利用的水资源。再生水应当符合水利部《再生水水质标准》（SL368－2006）的有关规定。

6. 对污水处理劳务免征增值税。污水处理是指将污水加工处理后符合 GB18918－2002 有关规定的水质标准的业务。

7. 销售自产的以垃圾为燃料生产的电力或者热力实行增值税即征即退的政策。垃圾用量占发电燃料的比重不低于 80%，并且生产排放达到 GB13223－2003 第 1 时段标准或者 GB18485－2001 的有关规定。所称垃圾，是指城市生活垃圾、农作物秸秆、树皮废渣、污泥、医疗垃圾。

8. 销售自产的利用风力生产的电力实现的增值税实行即征即退 50% 的政策。

9. 属于增值税一般纳税人的县级及县级以下小型水力发电单位生产销售自产的电力，可选择按照简易办法依照 6% 征收率计算缴纳增值税。小型水力发电单位，是指各类投资主体建设的装机容量为 5 万千瓦以下（含 5 万千瓦）的小型水力发电单位。

（二）鼓励和引导民间资本进入市政公用事业和政策性住房建设领域的税收政策

10. 开发商在经济适用住房、商品住房项目中配套建造廉租住房，在商品住房项目中配套建造经济适用住房，如能提供政府部门出具的相关材料，可按廉租住房、经济适用住房建筑面积占总建筑面积的比例免征开发商应缴纳的城镇土地使用税、印花税。

（三）鼓励和引导民间资本进入社会事业领域的税收政策

11. 对非营利性医疗机构按照国家规定的价格取得的医疗服务收入，免征各项税收（2008年1月1日以后，不包括企业所得税）。

对非营利性医疗机构自产自用的制剂，免征增值税。

对非营利性医疗机构自用的房产、土地，免征房产税、城镇土地使用税。

12. 医院、诊所和其他医疗机构提供的医疗服务免征营业税。

13. 符合条件的非营利组织的收入，为免税收入。

14. 对从事学历教育的学校提供教育劳务取得的收入，免征营业税。对学校从事技术开发、技术转让业务和与之相关的技术咨询、技术服务业务取得的收入，免征营业税。对托儿所、幼儿园提供养育服务取得的收入，免征营业税。企业办的各类学校、托儿所、幼儿园自用的房产、土地，免征房产税、城镇土地使用税。对学校、幼儿园经批准征用的耕地，免征耕地占用税。

15. 对规定的科学研究机构和学校，以科学研究和教学为目的，在合理数量范围内进口国内不能生产或者性能不能满足需要的科学研究和教学用品，免征进口关税和进口环节增值税、消费税。

16. 养老院、残疾人福利机构提供的育养服务，免征营业税。

17. 养老院占用耕地，免征耕地占用税。

18. 对政府部门和企事业单位、社会团体以及个人等社会力量投资兴办的福利性、非营利性的老年服务机构自用的房产暂免征收房产税。

19. 纪念馆、博物馆、文化馆、文物保护单位管理机构、美术馆、展览馆、书画院、图书馆举办文化活动的门票收入，免征营业税。

20. 广播电影电视行政主管部门（包括中央、省、地市及县级）按照各自职能权限批准从事电影制片、发行、放映的电影集团公司（含成员企业）、电影制片厂及其他电影企业取得的销售电影拷贝收入、转让电影版权收入、电影发行收入以及在农村取得的电影放映收入免征增值税和营业税。出口图书、报纸、期刊、音像制品、电子出版物、电影和电视完成片按规定享受增值税出口退税政策。文化企业在境外演出从境外取得的收入免征营业税。

在文化产业支撑技术等领域内，依据《关于印发〈高新技术企业认定管理办法〉的通知》（国科发火〔2008〕172号）和《关于印发〈高新技术企业认定管理工作指引〉的通知》（国科发火〔2008〕362号）的规定认定的高新技术企业，减按15%的税率征收企业所得税；文化企业开发新技术、新产品、新工艺发生的研究开发费用，允许按国家税法规定在计算应纳税所得额时加计扣除。

出版、发行企业库存呆滞出版物，纸质图书超过五年（包括出版当年，下同）、音像制品、电子出版物和投影片（含缩微制品）超过两年、纸质期刊和挂历年画等超过一年的，可以作为财产损失在税前据实扣除。

为生产重点文化产品而进口国内不能生产的自用设备及配套件、备件等，按现行税收政策有关规定，免征进口关税。

21. 纳税人从事旅游业务的，以其取得的全部价款和价外费用扣除替旅游者支付给其他单位或者个人的住宿费、餐费、交通费、旅游景点门票和支付给其他接团旅游企业的旅游费后的余额为营业额。

（四）鼓励和引导民间资本进入金融服务领域的税收政策

22. 金融企业根据《贷款风险分类指导原则》（银发〔2001〕416 号），对其涉农贷款和中小企业贷款进行风险分类后，按照规定比例计提的贷款损失专项准备金，准予在计算应纳税所得额时扣除。

23.《国家税务总局关于发布〈企业资产损失所得税税前扣除管理办法〉的公告》（国家税务总局公告 2011 年第 25 号）。

24. 自 2009 年 1 月 1 日至 2013 年 12 月 31 日，对金融机构农户小额贷款的利息收入，免征营业税；对金融机构农户小额贷款的利息收入在计算应纳税所得额时，按 90% 计入收入总额。对保险公司为种植业、养殖业提供保险业务取得的保费收入，在计算应纳税所得额时，按 90% 比例减计收入。

自 2009 年 1 月 1 日至 2015 年 12 月 31 日，对农村信用社、村镇银行、农村资金互助社、由银行业机构全资发起设立的贷款公司、法人机构所在地在县（含县级市、区、旗）及县以下地区的农村合作银行和农村商业银行的金融保险业收入减按 3% 的税率征收营业税。

25. 列名的中小企业信用担保机构，按照其机构所在地地市级（含）以上人民政府规定标准取得的担保和再担保业务收入，自主管税务机关办理免税之日起，三年内免征营业税。

（五）鼓励和引导民间资本进入商贸流通领域的税收政策

26. 试点企业将承揽的运输业务分给其他单位并由其统一收取价款的，应以该企业取得的全部收入减去付给其他运输企业的运费后的余额为营业额计算征收营业税。试点企业将承揽的仓储业务分给其他单位并由其统一收取价款的，应以该企业取得的全部收入减去付给其他仓储合作方的仓储费后的余额为营业额计算征收营业税。

（六）推动民营企业加强自主创新和转型升级的税收政策

27.《国家税务总局关于印发〈企业研究开发费用税前扣除管理办法（试行）〉的通知》（国税发〔2008〕116 号）。

28. 企业开发新技术、新产品、新工艺发生的研究开发费用可以在计算应纳税所得额时加计扣除。

29. 企业的固定资产由于技术进步等原因，确需加速折旧的，可以缩短折旧年限或者采取加速折旧的方法。

30. 企业从事公共污水处理、公共垃圾处理、沼气综合开发利用、节能减排技术改造、海水淡化等环境保护、节能节水项目的所得，自项目取得第一笔生产经营收入所属纳税年度起，第一年至第三年免征企业所得税，第四年至第六年减半征收企业所得税。

31. 企业以《资源综合利用企业所得税优惠目录》规定的资源作为主要原材料，生产国家非限制和禁止并符合国家和行业相关标准的产品取得的收入，减按90%计入收入总额。前款所称原材料占生产产品材料的比例不得低于《资源综合利用企业所得税优惠目录》规定的标准。

32. 企业购置并实际使用《环境保护专用设备企业所得税优惠目录》、《节能节水专用设备企业所得税优惠目录》和《安全生产专用设备企业所得税优惠目录》规定的环境保护、节能节水、安全生产等专用设备的，该专用设备的投资额的10%可以从企业当年的应纳税额中抵免；当年不足抵免的，可以在以后5个纳税年度结转抵免。

2.2.3 《关于利用价格杠杆鼓励和引导民间投资发展的实施意见》

为贯彻落实《国务院关于鼓励和引导民间投资健康发展的若干意见》，深化价格改革，完善价格政策，发挥价格杠杆作用，鼓励和引导民间投资发展，国家发改委制定了《关于利用价格杠杆鼓励和引导民间投资发展的实施意见》。《意见》规定：

（一）深化资源性产品价格改革，促进民间资本在资源能源领域投资发展

1. 继续推进电力价格市场化改革。选择部分电力供需较为宽松的地区，开展竞价上网试点，发挥市场配置资源的基础性作用，促进各类企业平等竞争和健康发展。鼓励符合国家产业政策、体现转变经济发展方式要求、具备一定规模的非高耗能企业，按照有关规定与发电企业开展直接交易试点，交易电量、交易价格由双方自愿协商确定，增加电力用户选择权。

2. 进一步理顺天然气价格。建立反映资源稀缺程度和市场供求关系的天然气价格形成机制，逐步理顺天然气价格，为民营资本参与天然气勘探开发业务创造条件。页岩气、煤层气、煤制气出厂价格由供需双方协商确定，鼓励民营资本进入非常规天然气生产领域。

3. 完善水利工程供水价格形成机制。继续对民办民营的水利工程供水价格实行政府指导价，按照补偿成本、合理收益的原则，合理制定基准价格，扩大上下浮动幅度，为供水、用水双方提供更大的协商空间，吸引民间资本参与水利工程建设。

（二）完善公共事业价格政策，调动民间资本参与投资经营的积极性

4. 完善城市供水、供气、供热价格政策。民间资本按照国家有关规定通过特许经营的方式参与城市供水、排水和污水处理以及供气、供热设施建设与运营的，应与国有资本、外资同等对待，其价格水平按补偿成本、合理收益的原则制定。

5. 合理制定保障性住房价格。对廉租住房、公共租赁住房、经济适用住房等保障性住房免收行政事业性收费和政府性基金；合理制定保障性住房租金和销售价格，鼓励和引导

民间资本参与保障性住房建设。

6. 健全铁路特殊运价政策。对民间资本参与投资建设的铁路货物运输制定特殊运价，按照满足正常运营需要并有合理回报的原则，并充分考虑社会承受能力，合理确定特殊运价水平。

7. 落实鼓励社会资本办医的价格政策。进一步理顺医药价格，充分反映医务人员技术劳务价值，为鼓励社会资本办医创造良好条件。社会资本举办的非营利医疗机构用电、用水、用气、用热与公立医疗机构同价，提供的医疗服务和药品按照政府规定的相关价格政策执行；营利性医疗机构提供的医疗服务实行自主定价。

（三）清费治乱减负，优化民营企业经营环境

8. 加大涉企收费减免力度。落实中央和省级财政、价格主管部门已公布取消的行政事业性收费，贯彻好小微企业减免部分行政事业性收费等减轻企业负担的各项收费优惠政策。在全面梳理的基础上，再取消一批中央和省级设立的管理类、登记类、证照类等行政事业性收费项目，降低一批收费标准。

9. 研究建立收费管理长效机制。进一步完善和强化收费许可证年度审验工作，加大涉企收费审验力度。全面梳理规范涉企收费项目和标准，完善相关收费政策。严格规范企业纳税环节收费行为，并逐步实现税控产品和维护服务免费向企业提供，减轻企业负担。加强垄断性经营服务价格管理，规范涉及行政许可和强制准入的经营服务价格行为。

10. 规范金融服务价格行为。加强商业银行服务价格管理，规范商业银行价格行为，督促其履行明码标价和报告义务。鼓励商业银行提供免费服务，优化和调整银行卡刷卡手续费，开展商业银行收费专项检查，彻查违规行为，减轻商户负担，优化民营企业发展的金融环境。

（四）加强价格监管服务，维护市场正常秩序

11. 强化价格监管。指导行业组织加强价格自律，引导民营企业自觉规范价格行为，维护合理的价格秩序，营造诚信、公平的价格环境。大力加强反垄断执法，对达成垄断协议、滥用市场支配地位和滥用行政权力排除、限制竞争的行为，要依法严肃查处，保护民营企业公平竞争，保障民营企业合法权益。

12. 推进价格和收费信息公开。加快推进价格信息化建设，改进信息公开方式方法，依法及时、便捷公开政府制定价格和收费信息。支持并促进行业组织及时发布市场价格信息，为经营企业特别是民营企业提供方便、快捷、优质的信息服务。

2.2.4 《关于充分发挥工商行政管理职能作用鼓励和引导民间投资健康发展的意见》

为进一步发挥工商行政管理职能作用，鼓励和引导民间投资健康发展，国家工商总局颁布了《关于充分发挥工商行政管理职能作用鼓励和引导民间投资健康发展的意见》。《意见》规定：

（一）为进一步拓宽民间投资领域和范围营造公平公正的市场主体准入环境

1. 各级工商行政管理部门要严格执行市场主体登记管理法律法规的规定，按照统一的登记标准、登记程序和登记要求，为民间投资设立各类市场主体营造公开公平、便捷高效的准入环境。

2. 支持民间投资以多种形式设立市场主体，支持民间资本进入法律法规未明确禁止准入的行业和领域。

3. 拓宽非货币出资方式，鼓励投资者依法以股权、债权、知识产权等非货币形式评估作价出资，支持以不需要办理权属登记的自有技术作为公司股东的首次出资。

4. 落实有关中小企业注册登记费减免的政策规定，减轻企业负担。认真落实国家优惠政策，对符合政策法规规定条件的，在一定期限内免收登记类和证照类等有关行政事业性收费。

（二）为民间资本重组、联合、转型提供优质高效的登记管理服务

5. 按照“增加总量、扩大规模、鼓励先进、淘汰落后”的要求，配合做好淘汰落后产能工作，加大资源节约和环境保护力度，促进民间投资市场主体产业结构调整，提高民间投资质量。

6. 鼓励和引导民间投资市场主体通过参股、控股、资产收购等多种形式，参与国有企业的改制重组。

7. 支持符合国家产业政策、具有竞争优势的民间投资市场主体，通过跨地区、跨行业兼并、重组，组建大型企业集团。鼓励民间投资市场主体“走出去”，积极参与国际竞争，对民间投资市场主体之间、民间投资市场主体与国有企业之间组成联合体开展境外投资，需要组建企业的，依法做好登记衔接和服务。

8. 扶持小型微型企业发展，支持具有一定规模的个体工商户转变为企业。

9. 做好中西部地区承接产业转移中的工商登记衔接。积极支持中西部地区在承接产业转移中新设市场主体，增加市场主体总量。鼓励和支持东部地区的民间投资市场主体以多种方式向中西部地区投资发展，支持企业以整体迁移方式实现东部地区产业向中西部地区的有序转移，支持产业转移中企业资产整合和兼并重组，支持产业转移中的项目对接，促进区域经济协调发展。

10. 以参与主办和支持举办“中国中部投资贸易博览会”、“中国国际中小企业博览会”等经贸洽谈和展览展销活动为契机，为民间投资市场主体牵线搭桥、招商引资，促进东中西部地区民间投资市场主体加强经贸交流，实现优势互补、共赢发展，提高东中西部民间投资市场主体互利合作的实效性。

（三）充分运用工商行政管理职能帮助解决民间投资市场主体融资难题

11. 积极开展动产抵押、股权出质登记，完善相关工作机制，提供高效便利的服务，指导民间投资市场主体利用抵押、质押担保进行融资。

12. 鼓励和支持民间投资市场主体运用商标权出资、商标质押和商标许可等方式，实

现商标无形资产的资本化运作。

13. 支持公司以正常经营活动中产生的债权，以及人民法院生效裁判确认的债权、破产重整期间列入经人民法院批准重整计划的债权等转为公司股权，减轻债务负担，提高盈利能力，优化行业布局和资产结构，进一步拓宽民间投资市场主体的融资渠道，增强发展动力。

14. 积极搭建平台，促进金融机构与民间投资市场主体的对接合作，支持面向民间投资市场主体的金融服务体系和信用担保体系建设，不断改善民间投资市场主体的融资环境。

（四）在民间投资领域大力推进商标战略实施

15. 指导民间投资市场主体实施商标战略，鼓励其提高商标注册、运用、保护、管理能力。在确定国家商标战略实施示范企业时适当考虑民间投资企业的代表性。

16. 引导民间投资市场主体不断提升产品质量和商业信誉，培育驰名、著名商标。加大对创新型、科技含量高、市场占有量大、经济效益好、出口创汇多、抵御风险能力强的民间投资市场主体驰名商标、著名商标的认定和保护工作力度。

17. 引导和鼓励民间投资市场主体积极参与农业产业技术创新战略联盟，发展涉农新兴产业，注册农产品商标和地理标志，保护创新成果、扩大市场份额、提升市场竞争力。

18. 进一步完善商标确权机制，提高审查审理效能，缩短案件审理周期，切实保障民间投资市场主体商标权益。健全商标评审案件的提前审理制度，对涉及战略性新兴产业、现代服务业等重点行业的民间投资市场主体商标评审案件，根据案情予以加快审理。

19. 切实加强对商标专用权的保护，有效打击商标侵权行为，坚决遏制恶意抢注、恶意异议、恶意转让、恶意撤销等行为，扶持民间投资市场主体培育自主品牌。建立依法、规范、高效的商标保护长效机制，为民间投资市场主体创新发展和转型升级创造公平竞争的市场环境。

（五）大力支持民间投资市场主体培育国际知名品牌

20. 加强对民间投资市场主体马德里国际商标注册的指导、宣传和培训，引导民间投资市场主体增强商标国际注册和保护意识，有效支持和帮助民间投资市场主体利用自有品牌开拓国际市场。

21. 建立健全海外商标维权机制，在中国商标网上对马德里国际注册商标进行公告，方便国内民间投资市场主体对国际商标提出异议。加强与国际组织、外国政府商标主管机关合作，畅通海外维权投诉和救助渠道。加强对涉及面广、影响大的商标纠纷、争端和突发事件的应对和处理。

23. 加强商标国际注册统计工作，建立商标国际注册和维权数据库，为民间投资市场主体商标海外维权提供法律指导、案例参考和信息服务。

（六）充分发挥民间投资对广告产业的提升作用

24. 支持民间资本投资广告业。支持广告业民间投资市场主体加快提高自身专业化服务水平，积极扶持资质好、潜力大、有特色、经营行为规范的民间投资市场主体，促其向专、精、特、新方向发展，以独特专长建立品牌。积极引导广告业民间投资市场主体通过参股、控股、兼并、收购、联盟等方式做强做大，打造广告服务业知名品牌。

25. 支持广告业民间投资市场主体参与广告产业园区建设，到中西部地区拓展市场，参与广告科技研发，发挥民间资本在推动广告资源合理配置，培育广告产业链和广告产业集群，促进区域协调发展，加快广告业技术创新方面的积极作用。

26. 支持广告业民间投资市场主体外向发展，融入国际产业链条，为“中国制造”和“中国创造”商品与“中国服务”品牌开展自主营销、开拓国际市场提供国际化专业服务。

（七）加强对民间投资的市场监管和规范

27. 进一步推进市场主体信用体系建设，在深入推进企业、个体工商户信用分类监管的基础上，积极建立市场主体信用信息的公开机制，加强对市场主体信用和监管信息的披露，加大信用激励和信用约束力度，引导民间投资市场主体依法经营，切实履行社会诚信责任，推动社会信用制约机制的建立和完善。

28. 进一步加强反垄断、反不正当竞争、打击传销活动、打击合同欺诈、打击制售假冒伪劣商品、治理虚假违法广告、查处取缔无照经营等工作，加大执法力度，严厉查处违法经营行为，依法保护合法经营，维护公平竞争的市场秩序，为民间投资发展提供良好市场环境。

29. 充分发挥行政执法“预防、警示、教育”的功能，积极实施以行政提醒、行政预警、行政劝导和行政建议为主要内容的行政指导，加大对民间投资市场主体的规范和帮扶力度。

30. 发挥各级个私协会、广告协会、商标协会“教育引导、提供服务、反映诉求、规范自律”的作用，加强行业自律，引导民间投资市场主体不断提高自身素质和能力，树立诚信意识和责任意识，主动承担相应的社会责任。

（八）不断提升工商部门对民间投资的综合服务水平

31. 加强市场主体登记管理信息综合运用，通过市场主体登记管理信息的分析和公开，及时反映市场主体发展动态，为部门监管、政府决策、投资创业和社会公众提供参考。

32. 发挥各级个私协会、广告协会、商标协会桥梁纽带作用，积极参与民间投资相关政策法规制定，充分反映民间投资市场主体的合理要求。工商部门在制定涉及民间投资的政策时，也要积极听取民间投资市场主体的意见建议。

33. 发挥各级个私协会、广告协会、商标协会服务功能，通过维权保障、宣传教育、培训学习、经贸交流、公益活动等多种举措，为民间投资市场主体排忧解难，提供服务。

34. 充分发挥工商部门和个私协会、广告协会、商标协会紧密联系市场主体的优势，开展政策宣传工作，让更多的民间投资市场主体知晓国家有关扶持政策和获取政策扶持的渠道。

2.2.5 《关于安排政府性资金对民间投资主体同等对待的通知》

为了落实政府性资金，包括财政预算内投资、专项建设资金、创业投资引导资金，以及国际金融组织贷款和外国政府贷款等，对包括民间投资主体在内的各类投资主体同等对待。发展改革委和财政部发布了《关于安排政府性资金对民间投资主体同等对待的通知》。《通知》规定，各地方、各部门要从坚持和完善社会主义初级阶段基本经济制度的高度出发，充分认识鼓励和引导民间投资健康发展的重要意义，对符合政府性资金支持方向的民间投资主体同等对待，鼓励和引导民间资本参与公共服务、基础设施和扶贫开发等领域的投资。

一是要明确安排政府性资金支持民间投资发展的主要方式。各地方、各部门在安排财政预算内投资和专项建设资金时，根据法律法规和有关政策规定，对于符合条件的民间投资项目，主要采取投资补助、贷款贴息等方式予以支持，资金的财务管理按照国家有关规定执行。各地方、各部门在安排创业投资引导基金时，对于在中国境内设立、依照国家有关规定备案、包括民间投资在内的各类创业投资企业，均可以采用参股、融资担保和跟进投资等方式进行扶持。要坚持市场化运作，通过与社会资本共同发起设立创业投资企业等方式，积极引导民间投资。国务院有关部门按照国家相关规定安排国际金融组织和外国政府贷款。符合贷款条件的民间投资项目，可按规定程序申请使用国际金融组织和外国政府贷款，由财政部门和转贷银行进行转贷。

二是安排政府性资金要对民间投资主体同等对待。各地方、各部门在安排政府性资金时，要根据法律法规和有关政策规定，明确规则、统一标准，对民间投资主体同等对待，不得单独对民间投资主体设置附加条件。与政府性资金管理和使用有关的规章制度、标准定额、发展规划、产业政策等，要按照《中华人民共和国政府信息公开条例》要求予以公开，便于民间投资主体准确获取相关信息。各地方、各部门要依照政府性资金管理的相关规定，对各类投资主体提出的政府性资金申请进行认真审核。审核内容、审核标准、审核程序、审核规则等方面的具体要求应一视同仁。对于符合有关规定、通过审核的民间投资项目，在安排政府性资金时不得歧视。

三是加强政府性资金的监督管理。各地方、各部门要加强监督管理，督促各类投资主体认真执行政府性资金管理的各项规定，确保政府性资金使用的规范、安全、有效。各级发展改革、财政等部门依据职能分工，对使用政府性资金的项目进行监督检查。使用政府性资金要依法接受审计、监察等部门的监督。各地方、各部门要认真贯彻落实《国务院关于鼓励和引导民间投资健康发展的若干意见》（国发〔2010〕13号）和本通知要求，抓紧制订和修改完善本地区、本部门负责安排的政府性资金具体管理办法，明确规则、统一标准、同等对待、公开透明，为民间投资健康发展创造良好环境。

此外，国务院相关部委分别出台鼓励和引导民间投资进入本部门主管行业的开展投资的实施细则，主要包括：《关于鼓励和引导民间资本进一步进入电信业的实施意见》（工业和信息化部）；《关于鼓励和引导民间资本进入商贸流通领域的实施意见》（商务部）；《关于进一步鼓励和引导民间资本进入科技创新领域的意见》（科技部）；《关于鼓励和引导民间投资进入物流领域的实施意见》（多部委联合）；《关于鼓励和引导民间资本进入银行业的实施意见》（中国银监会）；《关于进一步鼓励和引导社会资本举办医疗机构的意见》（多部委联合）等等。

2.3 财税政策

2012年，国家进一步完善结构性减税政策，在减税、减费、设立专项基金、政府采购、进出口等方面，新出台了一批支持中小企业的具体财税政策。

2.3.1 修改《中小企业发展专项资金管理办法》

为了促进中小企业健康发展，进一步规范和完善中小企业发展专项资金管理，财政部、工业和信息化部日前对《中小企业发展专项资金管理办法》进行了修改。修改后的办法规定，专项资金的支持方式采用无偿资助、贷款贴息和资本金注入方式。项目单位可选择其中一种支持方式，不得同时以多种方式申请专项资金。

2.3.2 《中小企业国际市场开拓资金管理办法》

为了支持中小企业开拓国际市场，国家专门进一步完善中小企业国际市场开拓资金管理，并出台了《中小企业国际市场开拓资金管理办法》。《办法》规定，中小企业独立开拓国际市场的项目为企业项目；企、事业单位和社会团体组织中小企业开拓国际市场的项目为团体项目，都可以获得资金支持。申请企业项目的中小企业应符合下列条件：①在中华人民共和国关境内注册，依法取得进出口经营资格的或依法办理对外贸易经营者备案登记的企业法人，上年度海关统计进出口额在4500万美元以下；②近三年在外经贸业务管理、财务管理、税收管理、外汇管理、海关管理等方面无违法、违规行为；③具有从事国际市场开拓的专业人员，对开拓国际市场有明确的工作安排和市场开拓计划；④未拖欠应缴还的财政性资金。申请团体项目的项目组织单位应符合下列条件：①具有组织全国、行业或地方企业赴境外参加或举办经济贸易展览会资格；②通过管理部门审核具有组织中小企业培训资格；③申请的团体项目应以支持中小企业开拓国际市场和提高中小企业国际竞争力为目的；④未拖欠应缴还的财政性资金。市场开拓资金主要支持内容包括：境外展览会；企业管理体系认证；各类产品认证；境外专利申请；国际市场宣传推介；电子商务；境外广告和商标注册；国际市场考察；境外投（议）标；企业培训；境外收购技术和品牌等。

2.3.3　修改《中小企业信用担保资金管理办法》

为进一步规范和完善中小企业信用担保资金管理，财政部、工业和信息化部对《中小企业信用担保资金管理暂行办法》进行了修改。《办法》规定，担保资金采取以下几种支持方式：

（一）业务补助，鼓励担保机构和再担保机构为中小企业特别是小型微型企业提供担保（再担保）服务。对符合本办法条件的担保机构开展的中型、小型、微型企业担保业务，分别按照不超过年平均在保余额的 1%、2%、3% 给予补助。对符合本办法条件的再担保机构开展的中型和小型微型企业再担保业务，分别按照不超过年平均在保余额的 0.5% 和 1% 给予补助。

（二）保费补助，鼓励担保机构为中小企业提供低费率担保服务。在不提高其他费用标准的前提下，对担保机构开展的担保费率低于银行同期贷款基准利率 50% 的中小企业担保业务给予补助，补助比例不超过银行同期贷款基准利率 50% 与实际担保费率之差，并重点补助小型微型企业低费率担保业务。

（三）资本金投入，鼓励担保机构扩大资本规模，提高信用水平，增强业务能力。特殊情况下，对符合本办法条件的担保机构、再担保机构，按照不超过新增出资额的 30% 给予注资支持。

（四）其他。用于鼓励和引导担保机构、再担保机构开展中小企业信用担保（再担保）业务的其他支持方式。

《办法》还规定，申请担保资金的担保机构必须同时具备下列条件：

（一）依据国家有关法律、法规设立和经营，具有独立企业法人资格，取得融资性担保机构经营许可证。

（二）经营担保业务 2 年及以上，无不良信用记录。

（三）担保业务符合国家有关法律、法规、业务管理规定及产业政策，当年新增中小企业担保业务额占新增担保业务总额的 70% 以上或当年新增中小企业担保业务额 10 亿元以上。

（四）对单个企业提供的担保责任余额不超过担保机构净资产的 10%，对单个企业债券发行提供的担保责任余额不超过担保机构净资产的 30%。

（五）东部地区担保机构当年新增担保业务额达平均净资产（即：(年初净资产 + 年末净资产）/2，下同）的 3.5 倍以上，且代偿率低于 2%；中部地区担保机构当年新增担保业务额达平均净资产的 3 倍以上，且代偿率低于 2%；西部地区担保机构当年新增担保业务额达平均净资产的 2.5 倍以上，且代偿率低于 2%。

（六）平均年担保费率不超过银行同期贷款基准利率的 50%。

（七）内部管理制度健全，运作规范，按规定提取准备金，并及时向财政部门报送企业财务会计报告和有关信息。

（八）近 3 年没有因财政、财务或其他违法、违规行为受到县级以上财政部门及其他监管部门的处理处罚。

申请担保资金的再担保机构必须同时具备下列条件：

（一）依据国家有关法律、法规设立和经营，具有独立企业法人资格。

（二）以担保机构为主要服务对象，经营中小企业再担保业务1年及以上。

（三）再担保业务符合国家有关法律、法规、业务管理规定及产业政策，当年新增中小企业再担保业务额占新增再担保业务总额的70%以上。

（四）当年新增再担保业务额达平均净资产的5倍以上。

（五）平均年再担保费率不超过银行同期贷款基准利率的15%。

（六）内部制度健全，管理规范，及时向财政部门报送企业财务会计报告和有关信息。

（七）近3年没有因财政、财务或其他违法、违规行为受到县级以上财政部门及其他监管部门的处理处罚等。

2.3.4 《关于金融机构与小型微型企业签订借款合同免征印花税的通知》

为鼓励金融机构对小型、微型企业提供金融支持，促进小型、微型企业发展，财政部、国家税务总局发布《关于金融机构与小型微型企业签订借款合同免征印花税的通知》，自2011年11月1日开始对金融机构与小型、微型企业签订的借款合同免征印花税，享受这个印花税税收优惠的期限，从2011年11月1日起至2014年10月31日止，共三年。根据《中华人民共和国印花税暂行条例》规定，借款合同是按借款金额万分之零点五贴花，同一凭证，由两方或者两方以上当事人签订并各执一份的，应当由各方就所执的一份各自全额贴花。而财税〔2011〕105号文中所指的小型、微型企业的认定，则按照《工业和信息化部国家统计局国家发展和改革委员会财政部关于印发中小企业划型标准规定的通知》（工信部联企业〔2011〕300号）的有关规定执行，规定中指出小型、微型企业的认定具体标准是根据企业从业人员、营业收入、资产总额等指标，结合行业特点而制定的。

2.4 金融政策

2.4.1 提高外汇管理便利程度

为进一步鼓励和引导民间资本境外投资健康发展，国家外汇管理局发布了《关于鼓励和引导民间投资健康发展有关外汇管理问题的通知》。《通知》规定：一是简化境外直接投资资金汇回管理。境内企业已汇出投资总额与注册资本差额部分的对外直接投资资金，经所在地外汇局登记后，可以直接汇回境内，无需办理减资、撤资登记手续。二是简化境外放款外汇管理。放宽境外放款资金来源，允许境内企业使用境内外汇贷款进行境外放款。取消境外放款资金购付汇及汇回入账核准，境内企业开展境外放款业务，经所在地国家外汇管理局分局、外汇管理部核准放款额度并办理相关登记手续后，可直接到外汇指定银行办理境外放款专用账户资金收付。三是适当放宽个人对外担保管理。为支持企业“走出去”，境内企业为境外投资企业境外融资提供对外担保时，允许境内个人作为共同担保人，以保证、抵押、质押及担保法规允许的其他方式，为同一笔债务提供担保。境内个人应当委托同时提供担保的境内企业，向境内企业所在地外汇局提出担保申请。若外汇局按规定程序批准境内企业为此笔债务提供对外担保，则可在为企业办理对外担保登记的同时，为境内个人的对外担保办理登记。外汇局不对境内个人的资格条件、对外担保方式和担保财产范围等具体内容进行实质性审核。外汇局在为境内企业办理对外担保登记时，可在该企业对外担保登记证明中同时注明境内个人为同一笔债务提供对外担保的情况。境内个人办理对外担保履约时，所在地外汇局凭履行债务的相关证明文件办理。

从效果上看，《通知》则放宽境外放款资金来源，允许境内企业使用境内外汇贷款进行境外放款。业内人士分析，“走出去”的中资企业，尤其是民营企业，在境外存在不同程度的融资难和流动资金不足的问题，这阻碍其进一步发展壮大。放宽了境外放款资金的来源，有助于境内企业“走出去”，进一步促进投资贸易便利化。通知还简化了境外放款外汇管理。取消境外放款资金购付汇及汇回入账核准，境内企业开展境外放款业务，经所在地国家外汇管理局分局、外汇管理部核准放款额度并办理相关登记手续后，可直接到外汇指定银行办理境外放款专用账户资金收付。同时，大大简化了境外直接投资资金汇回管理。境内企业已汇出投资总额与注册资本差额部分的对外直接投资资金，经所在地外汇局登记后，可以直接汇回境内，无需办理减资、撤资登记手续。个人可以作为共同担保人，为企业境外融资提供对外担保。《通知》适当放宽了个人对外担保管理。为支持企业“走出去”，境内企业为境外投资企业境外融资提供对外担保时，允许境内个人作为共同担保人，以保证、抵押、质押及担保法规允许的其他方式，为同一笔债务提供担保。

2.4.2　扩大债务融资渠道

2012 年 8 月，中国银行间市场交易商协会发布了《银行间债券市场非金融企业资产支持票据指引》。根据《指引》规定，资产支持票据指非金融企业在银行间债券市场发行的，由基础资产所产生的现金流作为还款支持的，约定在一定期限内还本付息的债务融资工具。该创新产品突出“资产支持”，即通过对基础资产产生的现金流实施归集和管理，实现对基础资产产生的现金流的有效控制，为资产支持票据的还本付息提供有力支持。资产支持票据通常由大型企业、金融机构或多个中小企业把自身拥有的、将来能够生成稳定现金流的资产出售给受托机构，由受托机构将这些资产作为支持基础发行商业票据，并向投资者出售以换取所需资金。毫无疑问，该产品能够“盘活”国内非金融企业的低流动性资产，并以其还款能力在市场上进行债务融资。资产支持票据的发行，将有利于拓宽我国中小企业融资渠道，是未来我国金融市场发展的一个热点。2012年5月，央行、银监会、财政部联合发布《关于进一步扩大信贷资产证券化试点有关事项的通知》，成为信贷资产证券化，包括资产支持票据开闸的契机。新一轮试点扩大了基础信贷资产的种类，国家重大基础设施项目贷款、涉农贷款、中小企业贷款、经清理合规的地方政府融资平台公司贷款等均在鼓励之列。

2.4.3 鼓励民营企业参与资本市场

为落实“新36条”，充分发挥资本市场功能，中国证监会研究提出鼓励和促进民间投资健康发展的具体措施。主要包括：

（一）促进民营企业融资和规范发展

1. 支持民营企业发行上市和再融资。进一步深化新股发行体制改革，促进一级和二级市场均衡协调健康发展。修订首次公开发行股票并上市以及上市公司发行证券等管理办法，研究制定创业板再融资规则，积极支持符合条件的民营企业发行上市和再融资，推动民营企业发展壮大。

2. 支持民营企业债权融资。积极推动债券市场的统一规范和互联互通。修改完善公司债券发行试点办法和配套规则，简化公司债券发行条件和审核流程，推出中小企业私募债券试点，提高债券融资效率，拓宽民营企业占主体的中小企业融资渠道。

3. 加快场外交易市场建设。继续推进中关村公司股份转让试点工作，逐步扩大试点范围。抓紧做好统一监管的全国性场外交易市场筹建工作，制定出台相关法规制度和配套规则，为符合条件的非上市民营企业股权转让提供渠道和服务。研究出台区域性股权交易市场指导意见，促进区域性股权交易市场规范发展。

4. 支持民营企业境外上市。推动完善企业境外上市法规制度，适当降低境内企业到境外直接上市门槛，简化相关程序，促进民营企业境外上市规范化、便利化，拓宽境内企业境外直接融资渠道，提高利用境外资本市场效率。

5. 促进民营上市公司规范发展。强化以信息披露为核心的常规监管，引导民营上市公司形成良好的公司治理内生机制，加强对实际控制人的制衡和约束，推动民营上市公司实施企业内部控制规范试点工作，健全内部约束机制，提升民营上市公司规范运作水平。

6. 加强非上市公众公司监管。推出非上市公众公司监管办法及配套规则，引导并推动民营非上市公众公司完善治理结构、规范运作。支持民营中小企业股本融资、股份转让、资产重组等活动，促进资本市场更广泛地服务于民营企业，服务于实体经济。

7. 推动市场化并购重组。拓宽并购融资渠道，创新并购重组支付工具，完善并购重组审核流程，提高并购重组效率，支持民间资本通过资本市场进行并购重组，加快行业整合和产业升级。

8. 充分发挥中介机构服务功能。积极鼓励和引导证券期货经营机构进行业务、产品和服务创新，丰富金融产品和风险管理工具，为民营企业上市融资、重组整合，利用资本市场管理资产、保值增值、规避风险等提供专业化服务。

（二）鼓励民间资本参股证券期货经营机构

9. 简化证券公司增资扩股等行政许可事项，便利民间资本参与证券公司增资扩股。继续支持民间资本依法参股基金管理公司。

10. 支持民间资本通过增资入股、兼并重组等方式投资期货公司，支持符合条件的民营控股期货公司参与期货创新业务试点。

11. 鼓励和引导民营证券投资咨询机构、证券资信评级机构进一步增强资本实力，加快业务转型，提升专业服务能力，在服务市场发展的同时做优做强。

12. 鼓励民间资本投资设立独立基金销售机构，参与证券投资基金销售业务。

（三）为民营企业健康发展创造良好环境

13. 大力推进行政审批制度改革，积极转变监管理念和方式，减少行政审批项目，下放行政管理层级，规范和优化行政审批流程，提高行政审批效率，提高对民营企业等各类市场主体的服务质量。

14. 加强诚信和透明度建设，进一步推进政务公开，提高监管工作透明度，丰富诚信监管和约束手段，大力提升政务诚信和商务诚信水平，推动民营企业诚信运作、合规发展。

15. 加强和改进市场监管，依法严厉打击市场违法违规行为，继续推进打击非法证券期货活动，加强风险防范，切实维护市场运行秩序，保障市场稳定健康发展，为民营企业有效利用资本市场创造良好环境。

2.5 其他政策

2.5.1 促进外贸稳定增长政策

为促进外贸稳定增长，促进广大外贸型中小企业发展，国务院发布《关于促进外贸稳定增长的若干意见》。《意见》规定：

一是要做好出口退税和金融服务。①加快出口退税进度。在货物贸易外汇管理制度改革的基础上，进一步加快出口退税进度，确保准确及时退税。②扩大贸易融资规模。改善对进出口的金融服务，引导金融机构增加汇率避险产品。拓宽出口企业融资渠道，支持商业银行按照“风险可控、商业可持续”原则，增加对有订单、有效益、符合审慎信贷条件的出口企业贷款。鼓励商业银行开展进口信贷业务以及人民币贸易融资业务。③降低贸易融资成本。深入落实银行业金融机构不规范经营专项治理工作的各项要求，严禁银行业金融机构发放贷款时附加不合理条件，严禁违规收取服务费用。努力为小微企业提供融资便利。④加大出口信用保险支持力度。认真落实大型成套设备出口融资保险专项安排。扩大出口信用保险规模，提高出口信用保险覆盖面。发展对小微企业的信用保险，支持中小企业开拓国际市场。

二是要提高贸易便利化水平。①提高通关效率。进一步改进海关、质检等部门的监管服务，简化审批手续，提高通关效率，降低企业通关成本。调整AA级企业评定标准。全面推开海关分类通关改革，加快无纸化通关改革。在保障有效监管的前提下，放宽“属地申报、口岸验放”的适用范围。②落实外汇管理制度改革措施。认真落实货物贸易外汇管理制度改革的各项措施，进一步提高服务水平，促进贸易便利化，为外贸企业提供良好的政策支持和业务指导。③调减法定检验检疫目录。认真落实2012年8月1日起实施的取消部分商品进出口检验检疫的规定，在确保出口质量安全的前提下，研究进一步调减法定检验检疫目录。④规范和减少进出口环节收费。继续清理规范进出口环节行政事业性收费和经营服务性收费，取消不合理收费项目，减少收费环节，降低收费标准，减轻企业负担。认真落实取消出口收汇核销单、进口付汇单、出口报关单退税联打印费用的规定，取消海关监管手续费。自2012年10月1日起至2012年12月31日，对所有出入境货物、运输工具、集装箱及其他法定检验检疫物免收出入境检验检疫费。2013年1月1日起，执行新的降低后的检验检疫收费标准。

三是改善贸易环境。①积极应对贸易摩擦。做好贸易摩擦应对和世界贸易组织争端解决工作，引导企业和行业协会有效应对贸易摩擦，维护我出口企业合法权益。依法实施进口贸易救济，保护国内产业安全。②深化多双边关系。深入参与二十国集团、上海合作组织等多边和区域、次区域合作机制，鼓励企业用好区域、次区域合作机制和已经生效的自由贸易协定。充分利用高层对话和双边经贸联（混）委会等平台，加强与主要贸易伙伴的经贸合作。加快推进与有关国家和地区的自由贸易协定谈判。

四是优化贸易结构。①增加进口，促进贸易平衡。认真落实《国务院关于加强进口促进对外贸易平衡发展的指导意见》（国发〔2012〕15号）精神，促进进出口协调发展。积极扩大进口，重点增加进口先进技术设备、关键零部件以及与人民群众密切相关的生活用品。②优化外贸国际市场布局和国内区域布局。支持企业开拓非洲、拉美、东南亚、中东欧等新兴市场。鼓励地方、行业、企业到新兴市场参展办展，开展贸易促进活动。扩大中西部地区对外开放，支持中西部地区发展开放型经济，推动边境省区加强与周边国家的经贸合作。③加快建设外贸基地、贸易平台和国际营销网络。依托特色产业集聚区，培育外贸生产基地。培育一批基础条件好辐射能力强的会展平台、内外贸结合的商品市场平台、电子商务平台和进口促进平台，鼓励企业建立国际营销网络。④优化出口商品结构。深入实施科技兴贸和以质取胜战略，扩大技术和资金密集型的机电产品、高技术高附加值产品和节能环保产品出口。支持企业技术改造，提高劳动密集型产品出口质量、档次和附加值。控制高耗能、高污染产品出口。⑤优化贸易方式结构。逐步扩大一般贸易比重。引导加工贸易从沿海向内陆地区转移和向海关特殊监管区域集中，鼓励加工贸易企业延伸产业链、增值链，提高本地增值和本地配套的比重。积极发展边境贸易等。

2.5.2　降低企业物流成本负担

为贯彻落实《国务院关于深化流通体制改革加快流通产业发展的意见》，降低企业流通费用，提高流通效率，国务院专门召开会议，确定了以下政策措施：

（一）降低农产品生产流通用水用电价格。规模化生猪、蔬菜等生产的用水用电与农业同价。农产品批发市场、农贸市场的用电、用气、用热与工业同价，用水执行工商业用水价格的较低标准或非居民用水价格。农产品冷链物流的冷库用电与工业同价。尽快实现工商业电费同价。

（二）规范和降低农产品市场收费。政府投资建设或控股的市场按保本微利原则从低核定收费标准。全面实施收费公示制度。农产品批发市场、农贸市场要开设专门区域，供郊区农户免费进场销售自产鲜活农产品。

（三）清理整顿大型零售企业向供应商违规收费和恶意占压供应商货款。制定零售商供应商公平交易管理的法规。

（四）严格执行鲜活农产品运输绿色通道政策。深入推进收费公路专项清理，降低偏高的车辆通行费收费标准。抓紧修订《收费公路管理条例》，完善通行费形成机制。制定收费公路信息公开办法。逐步取消西部地区政府还贷二级公路收费。

（五）加强对公用事业延伸服务的收费监管，规范清理初装费、维修费、材料费、检验费、代理费等费用，公示收费标准。尽快优化和调整银行卡刷卡手续费标准。

（六）加强价格监督检查和反垄断监管。

（七）开展农产品增值税进项税额核定扣除试点，将免征蔬菜流通环节增值税政策扩大到部分鲜活肉蛋产品。2013年起三年内免征农产品批发市场、农贸市场城镇土地使用税和房产税。

（八）保障必要的流通行业用地，优先保障农产品市场和便民生活服务网点用地。鼓励各地开辟免费使用的早市、晚市、周末市场。

（九）规范交通运输领域执法行为。为物流配送车辆提供通行便利。

（十）建立健全流通费用调查统计制度。

第二部分

进一步发挥中小企业促进社会就业增长的重要作用

第3章

中小企业就业的总体发展状况

- 中小企业就业增长状况
- 中小企业就业增长率与经济增长率对比关系
- 中小企业就业增长在就业总量增长中的地位
- 中小企业就业总量增长的经济效应

2008年的国际金融危机对中国经济造成了一定的冲击，首当其冲的是外贸企业，外贸企业的不景气连带影响到相关行业的生产经营活动，中国经济增长开始出现下滑趋势。随着政府大规模投资计划启动，中国经济扭转了下滑的不利局面。中国政府在本轮危机中也意识到进行经济结构调整的必要性和重要性，于是新一轮的结构调整开始拉开，结构调整对于中国经济长期增长大有裨益，但是对于短期经济增长却会造成一定的不利影响。据统计，2012年以来中国经济增速有所放缓，国内生产总值同比增速从一季度的8.1%降至二季度的7.6%，再降至三季度的7.4%，四季度回升至7.9%，到2013年一季度又再次降至7.7%，二季度同比增长7.6%，经济下行压力严重。经济增速的放缓会导致就业需求的下降，而另一方面中国劳动供给数量依然庞大。据教育部统计，2013年全国普通高校毕业生规模为699万人，比上年增加19万人，高校毕业生就业形势复杂严峻；2013年，需在城镇就业的劳动力总量预计有2500万左右，农村还有约1亿富余劳动力需要转移就业，劳动力供大于求的矛盾仍然突出。中小企业是中国就业市场的主体，提供了80%的就业岗位，要解决中国的就业问题就必须大力发展中小企业；2008年实施的《中华人民共和国就业促进法》中明确规定促进就业是政府的责任，政府要通过经济发展拉动就业，首要任务是发展吸纳就业能力强的劳动密集型中小企业，要实行积极的就业政策，通过综合运用财政、货币政策等多种政策工具鼓励就业和创业，带动中国经济平稳增长。

3.1　中小企业就业增长状况

3.1.1　中小企业界定

2003年2月19日，由原国家经贸委、国家计委、财政部、国家统计局共同制定下发了《关于印发中小企业标准暂行规定的通知》，对我国中小企业作了进一步的清晰界定，但是其界定不够细化。

2011年为贯彻落实《中华人民共和国中小企业促进法》和《国务院关于进一步促进中小企业发展的若干意见》（国发〔2009〕36号），2011年6月工业和信息化部、国家统计局、发展改革委、财政部研究制定了《中小企业划型标准规定》（工业和信息化部联企业〔2011〕300号）。中小企业划分为中型、小型、微型三种类型，具体标准根据企业从业人员、营业收入、资产总额等指标，结合行业特点制定。

根据这一文件，表3.1给出了各个相关行业中小企业划分的标准。

表3.1 中小企业划分标准依据

行业	类型	标准
农、林、牧、渔业	营业收入20000万元以下的为中小微型企业	
	中型	营业收入500万~20000万元
	小型	营业收入50万~500万元
	微型	营业收入50万元以下
工业	从业人员1000人以下或营业收入40000万元以下的为中小微型企业	
	中型	从业人员300~1000人，且营业收入2000万~40000万元
	小型	从业人员20~300人，且营业收入300万~2000万元
	微型	从业人员20人以下或营业收入300万元以下
建筑业	营业收入80000万元以下或资产总额80000万元以下的为中小微型企业	
	中型	营业收入6000万~80000万元，且资产总额5000万~80000万元
	小型	营业收入300万~6000万元，且资产总额300万~5000万元
	微型	营业收入300万元以下或资产总额300万元以下
批发业	从业人员200人以下或营业收入40000万元以下的为中小微型企业	
	中型	从业人员20~200人，且营业收入5000万~40000万元
	小型	从业人员5~20人，且营业收入1000万~5000万元
	微型	从业人员5人以下或营业收入1000万元以下
零售业	从业人员300人以下或营业收入20000万元以下的为中小微型企业	
	中型	从业人员50~300人，且营业收入500万~20000万元
	小型	从业人员10~50人，且营业收入100万~500万元
	微型	从业人员10人以下或营业收入100万元以下
交通运输业	从业人员1000人以下或营业收入30000万元以下的为中小微型企业	
	中型	从业人员300~1000人，且营业收入3000万~30000万元
	小型	从业人员20~300人，且营业收入200万~3000万元
	微型	从业人员20人以下或营业收入200万元以下
仓储业	从业人员200人以下或营业收入30000万元以下的为中小微型企业	
	中型	从业人员100~200人，且营业收入1000万~30000万元
	小型	从业人员20~100人，且营业收入100万~1000万元
	微型	从业人员20人以下或营业收入100万元以下
邮政业	从业人员1000人以下或营业收入30000万元以下的为中小微型企业	
	中型	从业人员300~1000人，且营业收入2000万~30000万元
	小型	从业人员20~300人，且营业收入100万~2000万元
	微型	从业人员20人以下或营业收入100万元以下
住宿业	从业人员300人以下或营业收入10000万元以下的为中小微型企业	
	中型	从业人员100~300人，且营业收入2000万~10000万元
	小型	从业人员10~100人，且营业收入100万~2000万元
	微型	从业人员10人以下或营业收入100万元以下
餐饮业	从业人员300人以下或营业收入10000万元以下的为中小微型企业	
	中型	从业人员100~300人，且营业收入2000万~10000万元
	小型	从业人员10~100人，且营业收入100万~2000万元
	微型	从业人员10人以下或营业收入100万元以下

续表

信息传输业	从业人员 2000 人以下或营业收入 100000 万元以下的为中小微型企业	
	中型	从业人员 100～2000 人，且营业收入 1000 万～10000 万元
	小型	从业人员 10～100 人，且营业收入 100 万～1000 万元
	微型	从业人员 10 人以下或营业收入 100 万元以下
软件和信息技术服务业	从业人员 300 人以下或营业收入 10000 万元以下的为中小微型企业	
	中型	从业人员 100～300 人，且营业收入 1000 万～10000 万元
	小型	从业人员 10～100 人，且营业收入 50 万～1000 万元
	微型	从业人员 10 人以下或营业收入 50 万元以下
房地产开发经营	营业收入 200000 万元以下或资产总额 10000 万元以下的为中小微型企业	
	中型	营业收入 1000 万～200000 万元，且资产总额 5000 万～10000 万元
	小型	营业收入 100 万～1000 万元，且资产总额 2000 万～5000 万元
	微型	营业收入 100 万元以下或资产总额 2000 万元以下的为微型企业
物业管理	从业人员 1000 人以下或营业收入 5000 万元以下的为中小微型企业	
	中型	从业人员 300～1000 人，且营业收入 1000 万～5000 万元
	小型	从业人员 100～300 人，且营业收入 500 万～1000 万元
	微型	从业人员 100 人以下或营业收入 500 万元以下
租赁和商务服务业	从业人员 300 人以下或资产总额 120000 万元以下的为中小微型企业	
	中型	从业人员 100～300 人，且资产总额 8000 万～120000 万元
	小型	从业人员 10～100 人，且资产总额 100 万～8000 万元
	微型	从业人员 10 人以下或资产总额 100 万元以下
其他未列明行业	从业人员 300 人以下的为中小微型企业	
	中型	从业人员 100～300 人
	小型	从业人员 10～100 人
	微型	从业人员 10 人以下

资料来源：工业和信息化部网站。

为贯彻落实工业和信息化部、国家统计局、国家发展改革委、财政部《关于印发中小企业划型标准规定的通知》（工信部联企业〔2011〕300 号），结合统计工作的实际情况，国家统计局制定了《统计上大中小微型企业划分办法》。

表 3.2　　统计上大中小微型企业划分标准

行业名称	指标名称	计量单位	大型	中型	小型	微型
农、林、牧、渔业	营业收入（Y）	万元	Y≥20000	500≤Y＜20000	50≤Y＜500	Y＜50
工业*	从业人员（X）	人	X≥1000	300≤X＜1000	20≤X＜300	X＜20
	营业收入（Y）	万元	Y≥40000	2000≤Y＜40000	300≤Y＜2000	Y＜300
建筑业	营业收入（Y）	万元	Y≥80000	6000≤Y＜80000	300≤Y＜6000	Y＜300
	资产总额（Z）	万元	Z≥80000	5000≤Z＜80000	300≤Z＜5000	Z＜300
批发业	从业人员（X）	人	X≥200	20≤X＜200	5≤X＜20	X＜5
	营业收入（Y）	万元	Y≥40000	5000≤Y＜40000	1000≤Y＜5000	Y＜1000
零售业	从业人员（X）	人	X≥300	50≤X＜300	10≤X＜50	X＜10
	营业收入（Y）	万元	Y≥20000	500≤Y＜20000	100≤Y＜500	Y＜100

续表

行业名称	指标名称	计量单位	大型	中型	小型	微型
交通运输业*	从业人员（X）	人	X≥1000	300≤X<1000	20≤X<300	X<20
	营业收入（Y）	万元	Y≥30000	3000≤Y<30000	200≤Y<3000	Y<200
仓储业	从业人员（X）	人	X≥200	100≤X<200	20≤X<100	X<20
	营业收入（Y）	万元	Y≥30000	1000≤Y<30000	100≤Y<1000	Y<100
邮政业	从业人员（X）	人	X≥1000	300≤X<1000	20≤X<300	X<20
	营业收入（Y）	万元	Y≥30000	2000≤Y<30000	100≤Y<2000	Y<100
住宿业	从业人员（X）	人	X≥300	100≤X<300	10≤X<100	X<10
	营业收入（Y）	万元	Y≥10000	2000≤Y<10000	100≤Y<2000	Y<100
餐饮业	从业人员（X）	人	X≥300	100≤X<300	10≤X<100	X<10
	营业收入（Y）	万元	Y≥10000	2000≤Y<10000	100≤Y<2000	Y<100
信息传输业*	从业人员（X）	人	X≥2000	100≤X<2000	10≤X<100	X<10
	营业收入（Y）	万元	Y≥100000	1000≤Y<100000	100≤Y<1000	Y<100
软件和信息技术服务业	从业人员（X）	人	X≥300	100≤X<300	10≤X<100	X<10
	营业收入（Y）	万元	Y≥10000	1000≤Y<10000	50≤Y<1000	Y<50
房地产开发经营	营业收入（Y）	万元	Y≥200000	1000≤Y<200000	100≤Y<1000	Y<100
	资产总额（Z）	万元	Z≥10000	5000≤Z<10000	2000≤Z<5000	Z<2000
物业管理	从业人员（X）	人	X≥1000	300≤X<1000	100≤X<300	X<100
	营业收入（Y）	万元	Y≥5000	1000≤Y<5000	500≤Y<1000	Y<500
租赁和商务服务业	从业人员（X）	人	X≥300	100≤X<300	10≤X<100	X<10
	资产总额（Z）	万元	Z≥120000	8000≤Z<120000	100≤Z<8000	Z<100
其他未列明行业*	从业人员（X）	人	X≥300	100≤X<300	10≤X<100	X<10

注：①大型、中型和小型企业须同时满足所列指标的下限，否则下划一档；微型企业只需满足所列指标中的一项即可。

②各行业的范围以《国民经济行业分类》（GB/T4754－2011）为准。带＊的项为行业组合类别，其中，工业包括采矿业，制造业，电力、热力、燃气及水生产和供应业；交通运输业包括道路运输业，水上运输业，航空运输业，管道运输业，装卸搬运和运输代理业，不包括铁路运输业；信息传输业包括电信、广播电视和卫星传输服务，互联网和相关服务；其他未列明行业包括科学研究和技术服务业，水利、环境和公共设施管理业，居民服务、修理和其他服务业，社会工作，文化、体育和娱乐业，以及房地产中介服务，其他房地产业等，不包括自有房地产经营活动。

③企业划分指标以现行统计制度为准。其中，从业人员，是指期末从业人员数，没有期末从业人员数的，采用全年平均人员数代替。营业收入，工业、建筑业、限额以上批发和零售业、限额以上住宿和餐饮业以及其他设置主营业务收入指标的行业，采用主营业务收入；限额以下批发与零售业企业采用商品销售额代替；限额以下住宿与餐饮业企业采用营业额代替；农、林、牧、渔业企业采用营业总收入代替；其他未设置主营业务收入的行业，采用营业收入指标。资产总额，采用资产总计代替。

资料来源：国家统计局网站。

由于国内以前缺乏对中小企业的准确界定和统计，因此相关数据也比较缺乏，比较权威的《中小企业年鉴》采用的统计数据也多为规模以上工业企业中的中小企业，而且统计数据发布多数在年底。2012年的中小企业统计数据在2013年底才能公开发布。为了保证数据的权威性，本章选取的数据是已经公开出版发行的统计数据，可能有些数据时间上略有滞后，而且统计口径的变化会使得动态分析更加困难。

工业和信息化部中小企业司副司长狄娜①认为中小企业在中国中小企业和非公经济是互为主体的，相互占98%，就是非公经济当中98%属于中小企业，而中小企业当中98%都是非公经济。按照国家工商总局统计，私营企业、个体工商户、三资企业属于非公有制经济范畴，因此可以重点分析这些企业的就业情况。统计部门的非公有制经济统计主要包括三类：第一类是个体经济；第二类是私营企业，包括个人独资企业、合伙企业、私营有限责任公司、私营股份有限公司（非上市公司）、私人控股的股份有限公司（上市公司）；第三类是外商投资企业和港澳台投资企业。而除此之外的国有企业、国有控股企业、城乡集体企业以及股份合作企业等，均属公有制经济。

3.1.2　中小企业就业现状

根据iResearch艾瑞市场咨询最新发布《2007年中国中小企业B2B电子商务研究报告》数据显示，2006年中国中小企业总数为3151.8万家，在国家制度环境逐步改善、宏观经济环境发展良好、中国成为全球制造业中心等诸多有利因素的推动下，艾瑞预计未来5年中国中小企业将连续扩张，中小企业数量将保持7%～8%的年增长率，2012年中小企业总数将达到5000万家。

目前，城镇75%以上的就业岗位是由中小企业提供的，国有企业下岗失业人员大多在中小企业实现了再就业，大部分进城农民也在中小企业务工。中小企业也已成为高校毕业生就业的重要渠道。如果依据城镇就业人口总数，在设定不同的中小企业就业平均占比为70%、75%、80%的三种情形下，我们得到中小企业就业总量粗略估算如下表所示，2012年末这三种情形的结果分别表示中小企业就业总量为25971.4万人、27826.5万人、29681.6万人。按照多数专家的判断，75%是一个相对合理的比例，下面的分析如果没有特别说明就按照75%的口径计算。

表3.3　中小企业就业人数　单位：万人

年份	城镇就业人员：合计	中小企业就业1	中小企业就业2	中小企业就业3
1978	9514	6659.8	7135.5	7611.2
1980	10525	7367.5	7893.75	8420
1985	12808	8965.6	9606	10246.4
1990	17041	11928.7	12780.75	13632.8
1991	15260	10682	11445	12208
1992	17241	12068.7	12930.75	13792.8
1993	17589	12312.3	13191.75	14071.2
1994	18413	12889.1	13809.75	14730.4
1995	19040	13328	14280	15232
1996	19922	13945.4	14941.5	15937.6
1997	20781	14546.7	15585.75	16624.8

① http：//chinaptb.org.cn/detail.asp？articleId＝158。

续表

年份	城镇就业人员：合计	中小企业就业1	中小企业就业2	中小企业就业3
1998	21616	15131.2	16212	17292.8
1999	22412	15688.4	16809	17929.6
2000	23151	16205.7	17363.25	18520.8
2001	23940	16758	17955	19152
2002	24780	17346	18585	19824
2003	25639	17947.3	19229.25	20511.2
2004	26476	18533.2	19857	21180.8
2005	27331	19131.7	20498.25	21864.8
2006	29630	20741	22222.5	23704
2007	30953	21667.1	23214.75	24762.4
2008	32103	22472.1	24077.25	25682.4
2009	33322	23325.4	24991.5	26657.6
2010	34687	24280.9	26015.25	27749.6
2011	35914	25139.8	26935.5	28731.2
2012	37102	25971.4	27826.5	29681.6

数据来源：Wind咨询，中小企业就业1、中小企业就业2、中小企业就业3根据70%、75%、80%比例测算。

其次，中国城镇和乡村的个体及私营企业就业人员。1990～2012年，中国城镇私营企业就业人员从57万增长到7557万人，年均增速为24.88%；城镇个体就业人员从614万人增长到5643万人，年均增速为10.61%。1990～2011年，中国乡村私营企业就业人员从1491万增长到2718.396万人，年均增速为2.90%；乡村个体就业人员从113万人增长到3441.72万人，年均增速为8.55%。城镇私营企业就业人员增速最高，其次是城镇个体从业人员。从比例上看，1990～2011年，乡村个体和私营企业就业人员占整个私营企业和个体就业人员平均比例为46.01%，城镇劳动力市场仍然是就业主体。

表3.4　　中国城镇和乡村的个体及私营企业就业　　单位：万人

年份	城镇		乡村	
	私营	个体	私营	个体
1990	57	614	1491	113
1991	68	692	1616	116
1992	98	740	1728	134
1993	186	930	2010	187
1994	332	1225	2551	316
1995	485	1560	3054	471
1996	620	1709	3308	551
1997	750	1919	3522	600
1998	973	2259	3855	737
1999	1052.627	2414.24	3826.674	968.9209
2000	1267.908	2136.133	2933.878	1138.588
2001	1526.767	2131.245	2629.025	1187.098
2002	1998.671	2268.813	2474.121	1410.63

续表

年份	城镇		乡村	
	私营	个体	私营	个体
2003	2545. 167	2376. 973	2259. 569	1753. 97
2004	2993. 729	2521. 225	2065. 884	2023. 522
2005	3458. 431	2777. 714	2122. 828	2365. 635
2006	3954. 281	3012. 486	2147. 192	2632. 016
2007	4581	3310	2187	2672
2008	5124	3609	2166. 966	2780
2009	5544. 328	4244. 547	2340. 833	3062. 638
2010	6070. 907	4467. 499	2540. 064	3346. 67
2011	6912	5227	2718. 396	3441. 72
2012	7557	5643		

注：1990 ~2011 年数据来自《2012 年统计年鉴》；2012 年数据来自《2013 年统计摘要》。

据统计，规模以上工业企业中，中型企业从业人员小于小型企业，中小型企业从业人员占全部国有及规模以上非国有工业企业从业人员的平均比例为 74. 7%。从 2006 年到 2011 年，中型企业从业人员、小型企业从业人员、国有及规模以上非国有企业从业人员年均增速为 4. 24%、－1. 82%、4. 49%，中型企业、小型企业从 2009 年开始下降后，2010 年出现上升之后从 2011 年有大的下降。

表 3. 5　规模以上工业企业中中小企业全部从业人员年平均　单位：万人

年份	中型企业	小型企业	国有及规模以上非国有	中小企业从业人员比例（%）
2006	2394. 27	3241. 95	7358. 43	76. 60
2007	2580. 00	3472. 10	7875. 20	76. 85
2008	2789. 17	4077. 88	8837. 63	77. 70
2009	2787. 73	3999. 92	8831. 22	76. 86
2010	3082. 44	4154. 49	9544. 71	75. 82
2011	2946. 21	2957. 30	9167. 29	64. 40
平均值				74. 70

3. 2　中小企业就业增长率与经济增长率对比关系

这里首先对就业与经济增长的关系进行实证检验，然后结合中小企业的特点具体分析中小企业就业和经济增长的关系。

3.2.1 就业和经济增长

充分就业和经济增长是一个国家宏观经济政策的两大目标。从国际经验看，经济增长和就业增长一般呈现正相关关系，经济增长越快，就业机会就越多，就业增长就越快。在经济理论中，经济学家奥肯以美国的经济数据研究了经济增长率与失业率之间的关系，结果表明，当经济增长率高于2.25%时，经济增长率每增加1个百分点，失业率就会下降0.5个百分点；当经济增长率低于2.25%时，经济增长率每减少1个百分点，失业率就会上升0.5个百分点。失业率与GDP增长率之间呈反向变化，经济的高增长率伴随着低失业率或高就业率，低增长率伴随着高失业率或低就业率。在分析经济增长率与就业增长率两者之间的关系时，一个常见的经济指标是就业弹性系数，它是就业增长率与GDP增长率之间的比值，表明经济增长率对就业增长的影响，是反映经济增长与就业增长之间关系的重要指标；如果为负值表明经济增长相伴的是就业下降，如果为正值则表明随着经济增长就业也在增长。从理论上来说，当实际就业量能够灵敏地反映劳动力需求变化的时候，经济增长与就业增长两者基本上同步变化，就业弹性系数的变化比较平缓。

改革开放以来中国经济进入了快速增长时期，但是这种快速的经济增长并未带来就业的快速增长（见图3.1），“奥肯定律”在中国似乎不再成立。

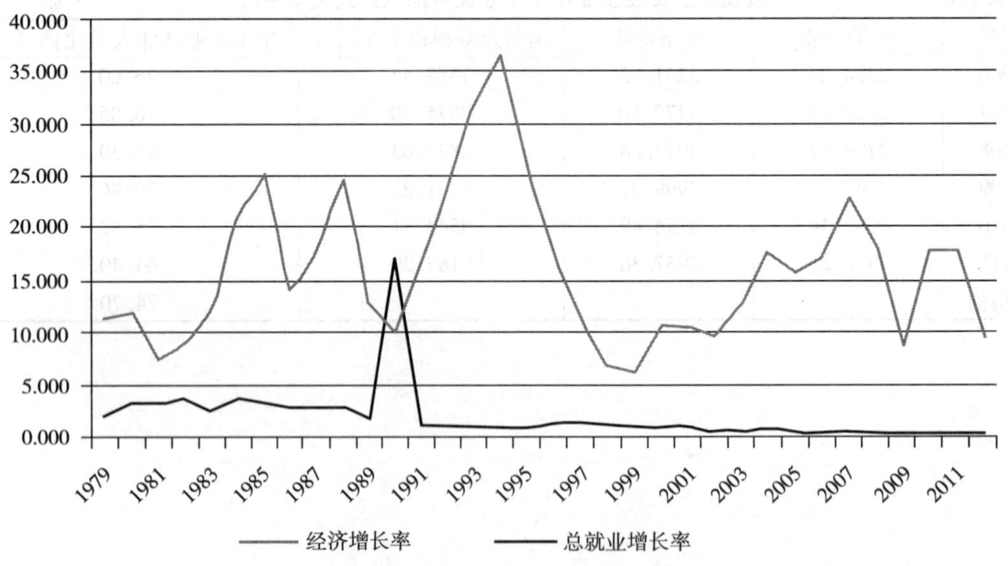

图3.1 经济增长率和就业增长率（1979~2012）

根据国家统计局的统计数字，采用1979~2012年间的GDP和全国就业人员统计数据进行实证分析。结果表明，在1979~2012年平均的就业弹性系数为0.114，也就是说经济增长每增加1个百分点，就业就会增加0.114个百分点。

表3.6　就业弹性系数测算（1979～2012）

年份	经济增长率	就业增长率	就业弹性系数
1979	11.451	2.172	0.190
1980	11.889	3.259	0.274
1981	7.612	3.220	0.423
1982	8.827	3.591	0.407
1983	12.009	2.519	0.210
1984	20.887	3.792	0.182
1985	25.082	3.477	0.139
1986	13.966	2.825	0.202
1987	17.356	2.927	0.169
1988	24.747	2.938	0.119
1989	12.960	1.831	0.141
1990	9.860	17.025	1.727
1991	16.680	1.146	0.069
1992	23.607	1.009	0.043
1993	31.238	0.992	0.032
1994	36.407	0.968	0.027
1995	26.134	0.904	0.035
1996	17.079	1.300	0.076
1997	10.954	1.262	0.115
1998	6.875	1.170	0.170
1999	6.250	1.072	0.171
2000	10.635	0.968	0.091
2001	10.523	0.988	0.094
2002	9.737	0.663	0.068
2003	12.873	0.622	0.048
2004	17.711	0.716	0.040
2005	15.674	0.516	0.033
2006	16.966	0.443	0.026
2007	22.881	0.457	0.020
2008	18.146	0.323	0.018
2009	8.552	0.349	0.041
2010	17.779	0.365	0.021
2011	17.830	0.414	0.023
2012	9.769	0.372	0.038
平均值			0.114

注：1990年就业增长属于特殊值，算平均值时去掉此数据。

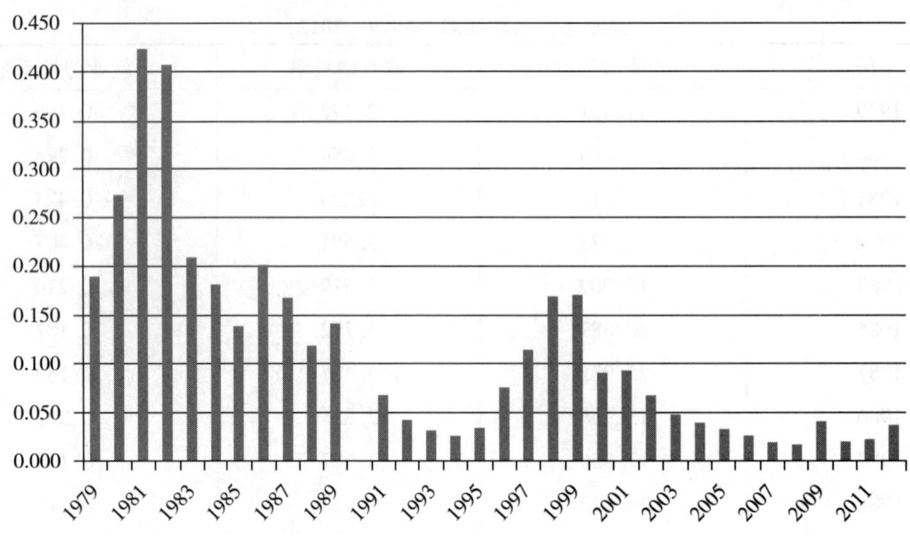

图 3.2 就业弹性系数（1979～2012 年）

注：1990 年就业增长属于特殊值，故 1990 年就业弹性系数图中未显示。

3.2.2 中小企业就业和经济增长

作为中国就业市场的主体力量，中小企业就业[①]增长率高于就业增长率，1979～2012 年中小企业就业年均增长率为 4.08%，总就业年均增长率为 1.92%，中小企业就业年均增长率为总就业年均增长率的 2.12 倍。

中小企业就业弹性系数从 1979 年的 0.426 增长到 1989 年的 2.124，之后就开始下降，2012 年为 0.112，平均的就业弹性系数为 0.469，几乎是全国总就业增长系数的 4 倍；中小企业就业弹性系数表明中国经济增长每增加 1 个百分点，中小企业就业增长 0.469 个百分点。

表 3.7 中小企业就业增长率和就业弹性系数

年份	中小企业就业增长率	就业弹性系数
1979	5.098	0.426
1980	5.261	0.620
1981	5.017	0.642
1982	3.393	1.058
1983	2.783	0.905
1984	4.112	0.922
1985	4.735	0.734
1986	3.779	0.748
1987	3.694	0.792
1988	3.512	0.837

① 中小企业就业统计按照全国城镇就业人数的 75% 的口径计算。

续表

年份	中小企业就业增长率	就业弹性系数
1989	0. 862	2. 124
1990	18. 423	0. 924
1991	2. 488	0. 461
1992	2. 267	0. 445
1993	2. 245	0. 442
1994	2. 141	0. 452
1995	2. 075	0. 436
1996	4. 632	0. 281
1997	4. 312	0. 293
1998	4. 018	0. 291
1999	3. 682	0. 291
2000	3. 297	0. 294
2001	4. 199	0. 235
2002	4. 295	0. 154
2003	4. 257	0. 146
2004	4. 053	0. 177
2005	4. 016	0. 128
2006	4. 371	0. 101
2007	4. 465	0. 102
2008	3. 715	0. 087
2009	3. 797	0. 092
2010	4. 096	0. 089
2011	3. 537	0. 117
2012	3. 308	0. 112
平均值		0. 469

注：1990年就业增长属于特殊值，算平均值时去掉此数据。经济增长率同前表。

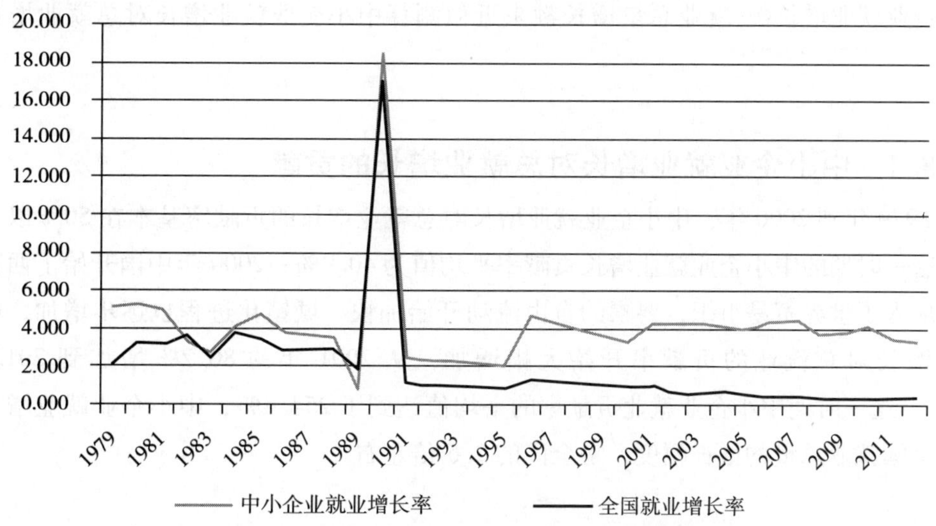

图3.3 中小企业就业增长率和全国就业增长率

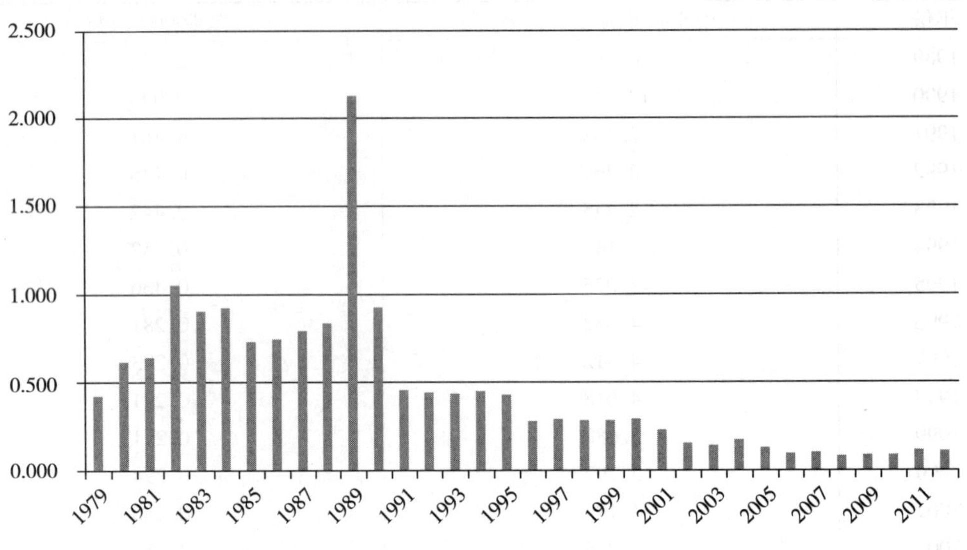

图 3.4　中小企业就业弹性系数（1979～2012 年）

3.3 中小企业就业增长在就业总量增长中的地位

中小企业就业增长在就业总量增长中的地位，可以用一个增长贡献率指标来刻画，即用中小企业就业增长额/就业总量增长额来近似测算中小企业就业增长对总就业增长的贡献程度。

3.3.1 中小企业就业增长对总就业增长的贡献

从1979年到2000年，中小企业就业增长对总就业增长的贡献率基本在50%以下平稳增长，这一时期的中小企业就业增长贡献率平均值为40.9%；2000年中国开始了西部大开发并且加入了世界贸易组织，要素的自由流动开始加快，城镇化进程也逐步增加，中小企业就业增长对总就业的贡献率开始大幅增加，从2001年的80.2%增加到2012年的313.7%，这一时期中小企业就业贡献率的平均值达到了254.4%，中小企业就业增长幅度远超过全国就业总量的增长幅度，是全国的2.5倍左右。

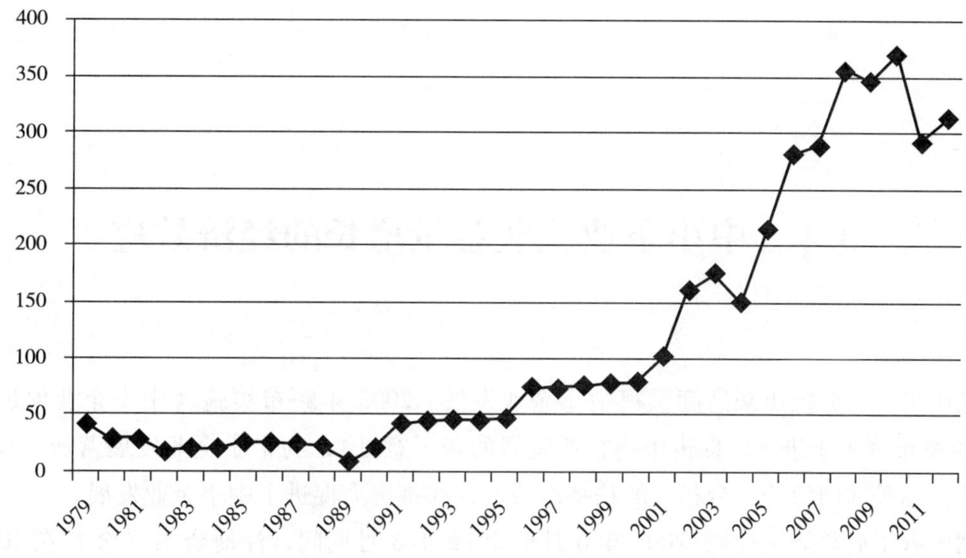

图 3.5　中小企业就业对总就业增长的贡献率

3.3.2　规模以上工业企业中中小企业就业增长

2011 年 7 月，工业和信息化部等四部门制定了《中小企业划型标准规定》，规定指出中小企业划分为中型、小型、微型。小型、微型企业的具体标准根据企业从业人员、营业收入、资产总额等指标，结合行业特点制定。

按照国家统计局统计的规模以上工业企业主要经济指标数据，2010～2011 年，规模以上工业企业总从业人员减少 377.42 万人。中小企业如果不包含微型企业，那么中小企业从业人员减少 1333.42 万人，中小企业减少人数是规模以上工业企业总从业人员减少的 3.5 倍；中小企业如果包括微型企业，那么中小企业从业人员减少 1301.2 万人，中小企业减少人数是规模以上工业企业总从业人员减少的 3.4 倍。

表 3.8　　规模以上工业企业主要指标（2010～2011）

	项目	企业单位数（个）	工业总产值（当年价格）	资产总计	主营业务收入	利润总额	全部从业人员年平均人数（万人）
2010	总计	452872	698590.5	592881.9	697744	53049.66	9544.71
	大型企业	3742	229947.2	236257	238016.8	17630.35	2307.78
	中型企业	42906	203924.6	191194.6	200996.9	17346.83	3082.44
	小型企业	406224	264718.7	165430.3	258730.3	18072.48	4154.49
2011	总计	325609	844268.8	675796.9	841830.2	61396.33	9167.29
	大型企业	9111	351507.3	342998.9	358893.2	26433.71	3231.56
	中型企业	52236	199366.2	162942.1	195162.7	15310.06	2946.21
	小型企业	256319	288177.7	165789.5	283400.1	19438.93	2957.3
	微型企业	7943	5217.64	4066.39	4374.3	213.63	32.22

注：2011 年统计局才开始将微型企业从小企业中分离出来。

3.4　中小企业就业总量增长的经济效应

党中央、国务院历来高度重视中小企业发展。2003年颁布实施《中小企业促进法》，2009年发布《关于进一步促进中小企业发展的若干意见》，为中小企业发展营造了良好政策环境。相关部门纷纷出台相应的扶持政策，这些都有力促进了中小企业发展。

据国家工商总局统计①，2007年6月至2012年6月期间，注册资本（金）在1000万元以下的中小企业成为增长主力，对企业总体数量增长贡献率达到89.1%。其中，注册资本（金）10万～100万元和100万～500万元的企业增长数量最多，分别增长175.07万户和125.57万户，年均增长率分别是7.7%和12.9%。从2007年6月底到2012年6月底，私营企业数量和注册资本（金）量在内外资企业总数和注册资本（金）总额所占比重，分别从59.4%增长到78.4%、从25.1%增长到36.9%，反映私营企业在国民经济中的地位和作用明显提高。

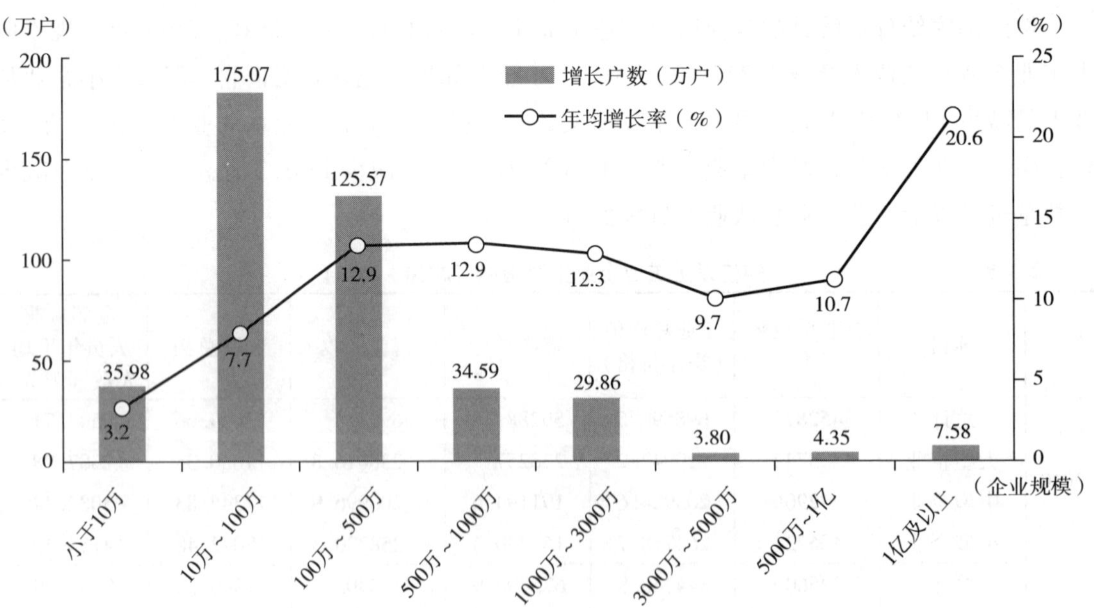

图3.6　十七大以来不同规模企业新增户数和年均增长率

① 国家工商总局：《党的十七大以来全国内资企业发展分析》。

据国家工商总局统计，从不同规模企业数量增长趋势看，注册资本金在10万～100万之间以及100万～500万之间的企业在2008年出现拐点，2008年探底后，2009年、2010年、2011年连续高速增长。注册资本金10万～100万元的企业在2008年、2009年、2010年、2011年4年新增企业数量环比增长率分别为－1.93%、20.86%、15.84%、10.47%；注册资本金在100万～500万之间新增企业数量环比增长率分别为3.76%、26.79%、23.62%、15.42%，中小企业发展出现良好态势。

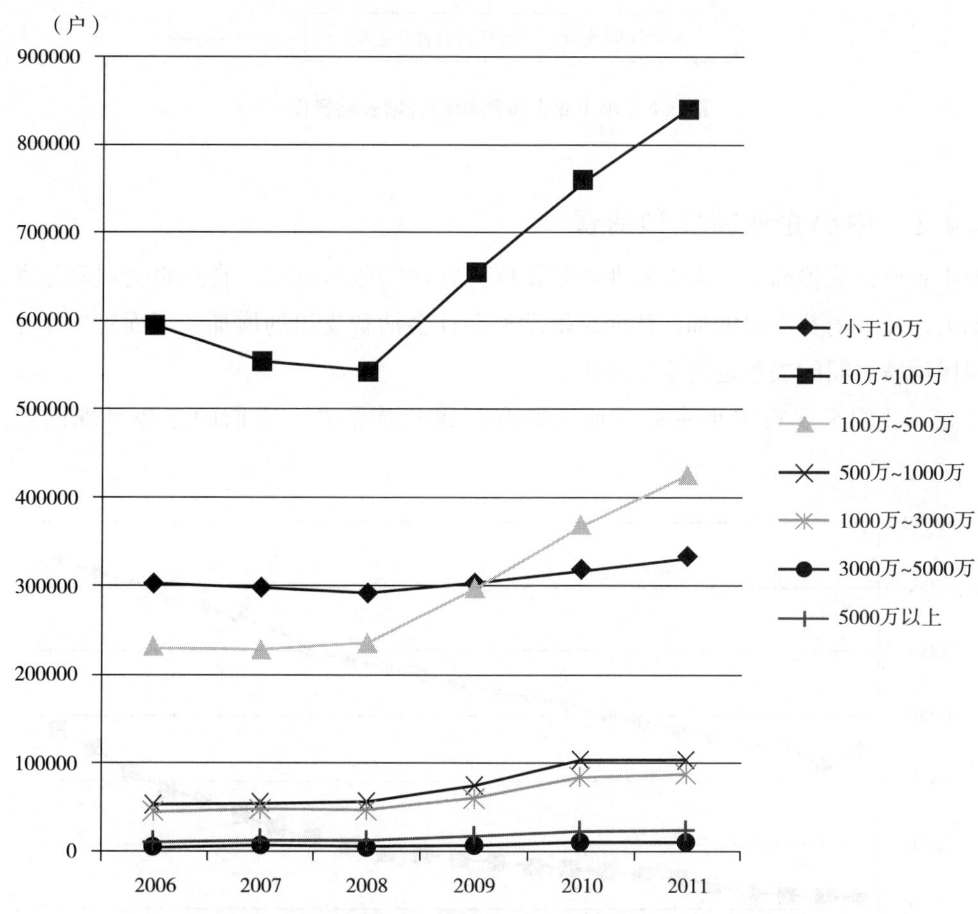

图3.7　各规模企业2006～2011年度新增户数趋势图

中小企业的蓬勃发展，不仅解决了劳动力市场的就业问题，还拉动了投资和消费的增长。具体来说，中小企业就业增加可以直接提高劳动者的收入，一方面可以带动社会总体消费，另一方面增加了储蓄通过转化为投资带动了社会投资规模；中小企业就业增加从另一个侧面反映出中小企业生存空间的扩大和利润增长，这自然会增加其投资能力，进而推动社会总投资。

发展中小企业，带动经济发展的逻辑关系可以用图3.8表示。

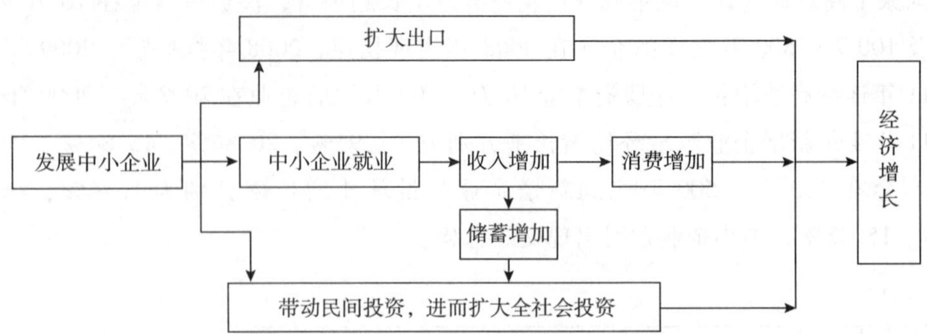

图3.8　中小企业发展和经济增长路径图

3.4.1　中小企业就业和消费

中小企业就业提高了一大批就业者包括雇主在内的收入水平，自然也会提高这些人的消费能力，使其消费支出增加，从而也推动了全社会消费支出的增加。下面对中小企业就业和居民消费之间的关系进行实证分析。

首先，我们来观察中小企业就业人数和居民年均消费，它们的走势呈现同向变动态势。

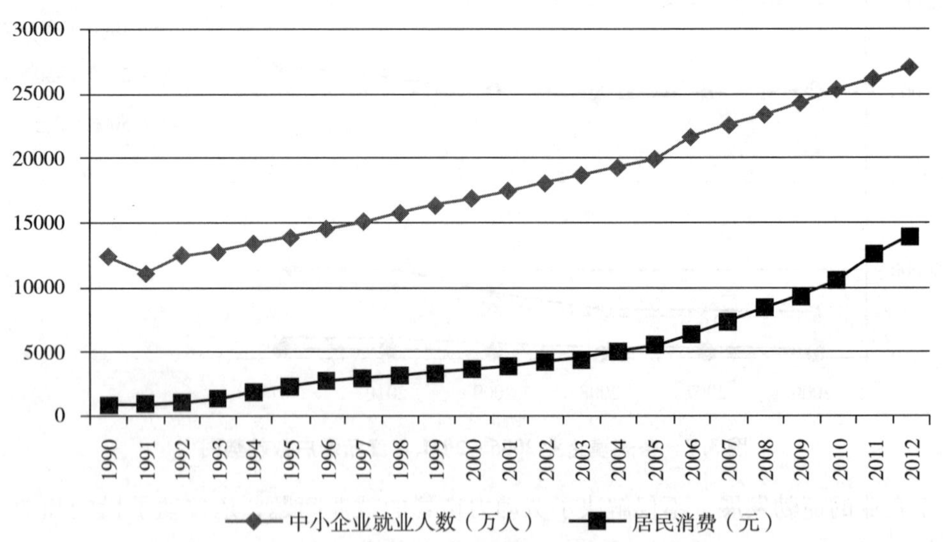

图3.9　中小企业就业和居民消费

对这两个序列进行对数化后进行平稳性检验，结果发现：中小企业就业与城镇固定资产投资变量是趋势平稳的，不含单位根，而居民消费则是2阶单整变量。

中小企业就业与居民消费单位根阶数不同，可以建立向量自回归（VAR）模型进行分析。

表 3.9　**经济变量的平稳性检验（ADF 检验）**

变量	检验形（None）	检验形式（C）	检验形式（T）	结论
中小企业就业量（lnjy）	0.9999	0.9768	0.0000 ***	趋势平稳
居民消费（lnxf）	0.9999	0.9998	0.1527	不平稳
居民消费1阶差分（D（lnxf））	0.9496	0.2521	0.3583	不平稳
居民消费2阶差分（D（lnxf，2））	0.0044 ***	0.0608 **	0.2001	水平平稳
城镇固定资产投资（lncztz）	0.9653	0.7979	0.0267 **	趋势平稳

（1）滞后阶数选择

多准则联合法则，选择最优滞后阶数为 p = 2，修正模型为 VAR（2）。

表 3.10　**VAR 模型之后阶数选择**

Lag	LogL	LR	FPE	AIC	SC	HQ
0	23.13422	NA	0.000414	−2.113422	−2.013849	−2.093984
1	95.66889	123.3089	4.39e−07	−8.966889	−8.668169	−8.908576
2	111.0985	23.14442 *	1.42e−07 *	−10.10985 *	−9.611984 *	−10.01266 *
3	113.2288	2.769441	1.79e−07	−9.922884	−9.225872	−9.786820

（2）模型稳定性

模型的特征根都位于单位圆内，模型为稳定的。

Root	Modulus
0.995793	0.995793
0.718311 − 0.446247i	0.845640
0.718311 + 0.446247i	0.845640
−0.412292	0.412292

（3）Granger 因果检验

按照 Granger 因果关系检验的结论，结果表明：中小企业就业作为居民消费显著的 Granger 原因。

表 3.11　**Granger 因果关系检验**

因变量	排除变量	Chi-sq	自由度	概率
中小企业就业	居民消费	1.298134	2	0.5225
	所有变量	1.298134	2	0.5225
居民消费	中小企业就业	30.70654	2	0.0000
	所有变量	30.70654	2	0.0000

（4）脉冲响应与方差分解

脉冲响应函数（IRF：Impulse Response Function），也称为刺激反应函数，主要用于衡量来自随机扰动项的一个标准差冲击对内生变量当前和未来取值的影响。其基本原理是：在变量组成的向量自回归模型 VAR 系统中，当某一个变量的新息（随机扰动）发生变化时，不仅该变量当前的值会发生变化，而且还会通过该变量当前的值影响到该变量和各个变量今后的取值。采用的方式是在随机误差项上施加一个标准差大小的新息（Innovation）冲击，然后观察其对内生变量的当期值和未来值带来的影响。

如果给定一单位标准差中小企业就业的冲击，居民消费呈现正向的响应。在受到冲击后第 1 ~ 2 期，居民消费的响应十分微弱，但上涨势头明显，第 5、6 期达到最高点，之后响应程度有所回落（见图 3. 10）。

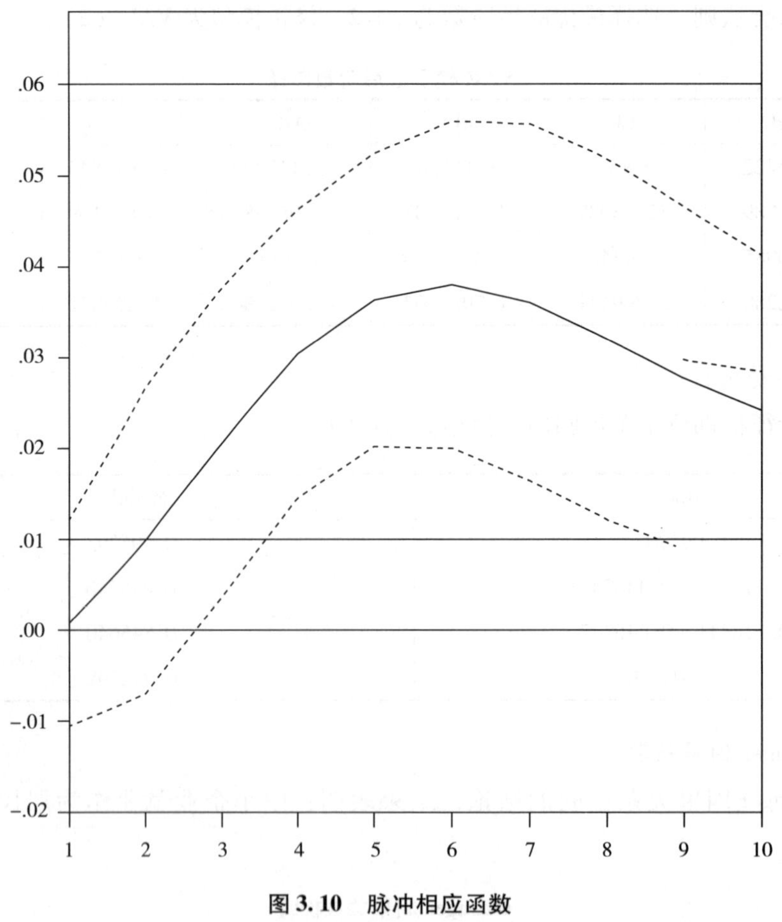

图 3. 10　脉冲相应函数

方差分解法（VD：Variance Decomposition）是一种研究模型动态特征的方法，其思想是把系统中的每个内生变量的波动，按成因分解成与各方程结构性冲击（随机扰动项）相关的各个组成部分，从而了解各结构性冲击对模型内生变量的贡献率。

对于居民 10 期的预测方差，按照正交分解，可以看出中小企业就业量对于居民消费量的解释度在前两期比较小，从第三期开始不断上升，到第 10 期达到了 62. 6%（见表 3. 12）。

表 3.12　居民消费的方差分解

时期	标准误差	LNJY	LNXF
1	0.013233	0.093109	99.90689
2	0.015712	4.648329	95.35167
3	0.019186	14.95368	85.04632
4	0.021798	30.45965	69.54035
5	0.024291	45.56822	54.43178
6	0.026426	55.06638	44.93362
7	0.028324	59.11048	40.88952
8	0.030001	60.56389	39.43611
9	0.031525	61.47413	38.52587
10	0.032943	62.55640	37.44360

注：LNJY 为中小企业就业的对数，LNXF 为居民消费的对数。

3.4.2　中小企业就业和城镇固定资产投资

中小企业就业带动了个体私营经济发展，提高了其投资能力，一个突出表现就是个体经济城镇固定资产投资的增加进而带动城镇固定资产投资规模，这里对中小企业就业和城镇固定资产投资之间的关系进行实证分析。

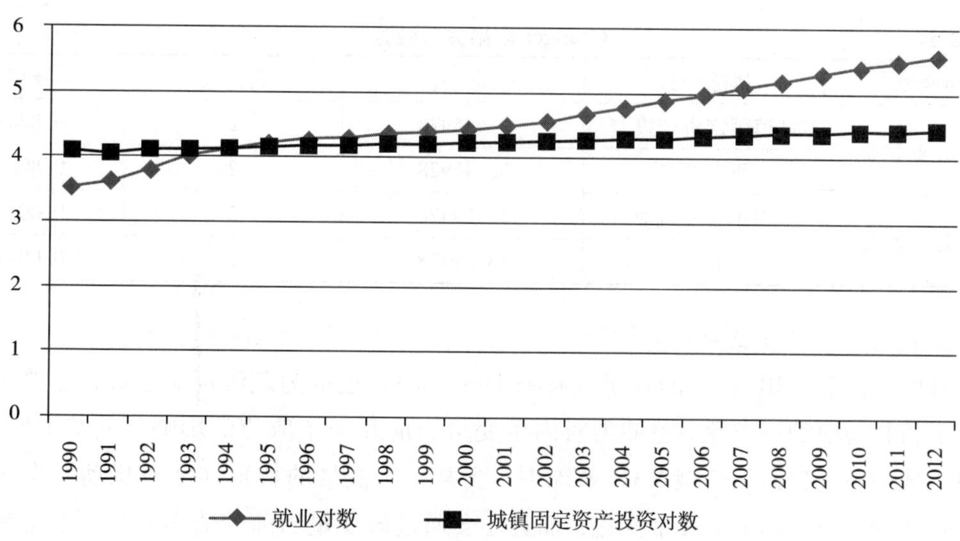

图 3.11　中小企业就业和城镇固定资产投资（对数）

中小企业就业量与城镇固定资产投资变量均是趋势平稳变量，不含单位根，因此采用 VAR 模型进行分析。

（1）滞后阶数选择

多准则联合法则，选择最优滞后阶数为 p = 2，修正模型为 VAR（2）。

表 3.13　**VAR 模型之后阶数选择**

Lag	LogL	LR	FPE	AIC	SC	HQ
0	12.28873	NA	0.001161	-1.083024	-0.983610	-1.066199
1	87.91259	127.3665	6.20e-07	-8.622378	-8.324134	-8.571903
2	98.49422	15.59398 *	3.17e-07 *	-9.315181 *	-8.818107 *	-9.231056 *
3	99.85795	1.722610	4.38e-07	-9.037679	-8.341776	-8.919904
4	101.7666	2.009068	5.99e-07	-8.817533	-7.922801	-8.666109

（2）模型稳定性

模型的特征根都位于单位圆内，模型为稳定的。

Root	Modulus
0.993743	0.993743
0.692337 -0.516630i	0.863850
0.692337 +0.516630i	0.863850
-0.436426	0.436426

（3）Granger 因果检验

按照 Granger 因果关系检验的结论，结果表明：中小企业就业是城镇固定资产投资的显著 Granger 原因，显著性水平至少为 1%。

表 3.14　**Granger 因果关系检验**

因变量	排除变量	Chi-sq	自由度	概率
中小企业就业	城镇固定资产投资	0.445928	2	0.8001
	所有变量	0.445928	2	0.8001
城镇固定资产投资	中小企业就业	13.59478	2	0.0011
	所有变量	13.59478	2	0.0011

（4）脉冲响应与方差分解

脉冲响应函数（IRF：Impulse Response Function），也称为刺激反应函数，主要用于衡量来自随机扰动项的一个标准差冲击对内生变量当前和未来取值的影响。其基本原理是：在变量组成的向量自回归模型 VAR 系统中，当某一个变量的新息（随机扰动）发生变化时，不仅该变量当前的值会发生变化，而且还会通过该变量当前的值影响到该变量和各个变量今后的取值。采用的方式是在随机误差项上施加一个标准差大小的新息（Innovation）冲击，然后观察其对内生变量的当期值和未来值带来的影响。

如果给定一单位标准差中小企业就业的冲击，城镇固定资产投资对于中小企业就业的冲击，呈正向响应，且在受到冲击后第 3、4 期达到最大，之后有所回落（见图 3.12）。

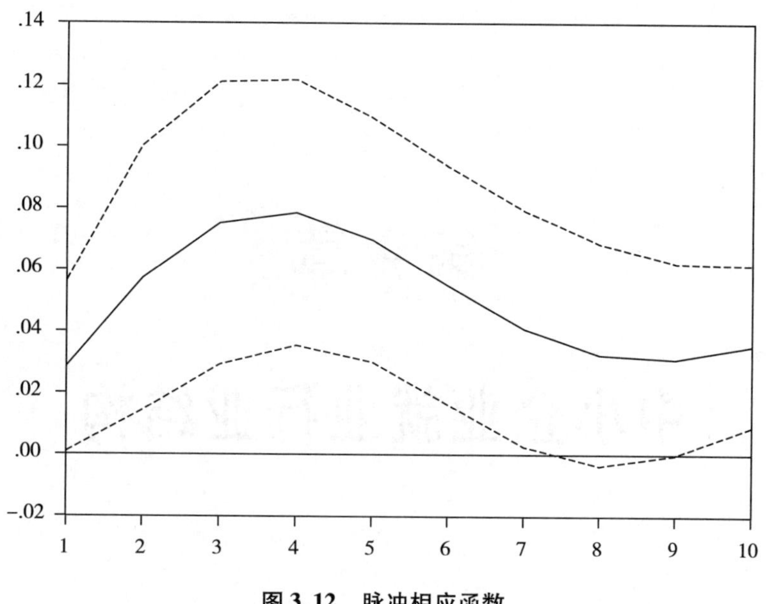

图 3.12　脉冲相应函数

方差分解法（VD：Variance Decomposition）是一种研究模型动态特征的方法，其思想是把系统中的每个内生变量的波动，按成因分解成与各方程结构性冲击（随机扰动项）相关的各个组成部分，从而了解各结构性冲击对模型内生变量的贡献率。

表 3.15　城镇固定资产投资的方差分解

时期	标准误差	LNJY	LNCZTZ
1	0.013572	18.33943	81.66057
2	0.015858	27.82161	72.17839
3	0.019318	38.36610	61.63390
4	0.021773	48.44147	51.55853
5	0.024140	55.07298	44.92702
6	0.026127	57.04654	42.95346
7	0.027912	56.55685	43.44315
8	0.029500	56.22638	43.77362
9	0.030964	56.82744	43.17256
10	0.032343	57.89571	42.10429

注：LNJY 为中小企业就业的对数，LNCZTA 为城镇固定资产投资的对数。

第 4 章

中小企业就业行业结构

- 第一、二、三产业分布结构
- 第二产业内部行业分布结构
- 第三产业内部行业分布结构

中小企业就业多数是利用传统技术进入农、牧、渔等传统行业，随着中国工业化进程的加快，中小企业在一些制造业也大量存在。中小企业的就业行业分布在某种程度上也反映出当前中国产业结构的特征，同时也再次表明中小企业就业的重要贡献。

4.1　第一、二、三产业分布结构

中国就业的产业分布比例特征呈现出第一产业逐步下降，第二产业保持相对稳定，第三产业不断增加的特点。1978 年第一产业的就业人数为 28318 万人，第二产业就业人数为 6945 万人，第三产业就业人数为 4890 万人，所占比例分别为 70.5%、17.3%、12.2%。1978～2012 年，第一产业就业人数年均增速为 -0.27%，第二产业就业人数年均增速为 3.62%，第三产业就业人数年均增速为 5.23%。鉴于中国目前的发展阶段和城乡二元经济特点，就业分布整体上仍然是第一产业占据主导。平均而言，1978～2012 年三次产业的平均比例分别为 53.6%、22.7%、23.7%。

表 4.1　三次产业就业人员

年份	就业人员总计（万人）				构成（以合计为100）		
	总计	第一产业	第二产业	第三产业	第一产业	第二产业	第三产业
1978	40152	28318	6945	4890	70.5	17.3	12.2
1979	41024	28634	7214	5177	69.8	17.6	12.6
1980	42361	29122	7707	5532	68.7	18.2	13.1
1981	43725	29777	8003	5945	68.1	18.3	13.6
1982	45295	30859	8346	6090	68.1	18.4	13.5
1983	46436	31151	8679	6606	67.1	18.7	14.2
1984	48197	30868	9590	7739	64	19.9	16.1
1985	49873	31130	10384	8359	62.4	20.8	16.8
1986	51282	31254	11216	8811	60.9	21.9	17.2
1987	52783	31663	11726	9395	60	22.2	17.8
1988	54334	32249	12152	9933	59.3	22.4	18.3
1989	55329	33225	11976	10129	60.1	21.6	18.3

续表

年份	就业人员总计（万人）				构成（以合计为100）		
	总计	第一产业	第二产业	第三产业	第一产业	第二产业	第三产业
1990	64749	38914	13856	11979	60.1	21.4	18.5
1991	65491	39098	14015	12378	59.7	21.4	18.9
1992	66152	38699	14355	13098	58.5	21.7	19.8
1993	66808	37680	14965	14163	56.4	22.4	21.2
1994	67455	36628	15312	15515	54.3	22.7	23
1995	68065	35530	15655	16880	52.2	23	24.8
1996	68950	34820	16203	17927	50.5	23.5	26
1997	69820	34840	16547	18432	49.9	23.7	26.4
1998	70637	35177	16600	18860	49.8	23.5	26.7
1999	71394	35768	16421	19205	50.1	23	26.9
2000	72085	36043	16219	19823	50	22.5	27.5
2001	72797	36399	16234	20165	50	22.3	27.7
2002	73280	36640	15682	20958	50	21.4	28.6
2003	73736	36204	15927	21605	49.1	21.6	29.3
2004	74264	34830	16709	22725	46.9	22.5	30.6
2005	74647	33442	17766	23439	44.8	23.8	31.4
2006	74978	31941	18894	24143	42.6	25.2	32.2
2007	75321	30731	20186	24404	40.8	26.8	32.4
2008	75564	29923	20553	25087	39.6	27.2	33.2
2009	75828	28890	21080	25857	38.1	27.8	34.1
2010	76105	27931	21842	26332	36.7	28.7	34.6
2011	76420	26594	22544	27282	34.8	29.5	35.7
2012	76704	25773	23241	27690	33.6	30.3	36.1

数据来源：《2013年中国统计摘要》。

据统计，中国个体及私营企业就业人员主要从事第二产业和第三产业。2011年中国个体及私营企业就业人员在第一产业、第二产业、第三产业就业的分布比例依次为17.65%、27.82%、54.54%；类似地，2011年中国城镇个体及私营企业就业人员在第一产业、第二产业、第三产业就业的分布比例依次为17.90%、23.52%、58.58%（见图4.1）。

表4.2　　2011年个体及私营企业就业人数　　单位：万人

	总就业	第二产业	第三产业
全国	18298.89	5089.931	9979.766
城镇	12138.78	2854.658	7111.35

数据来源：《2012年统计年鉴》。

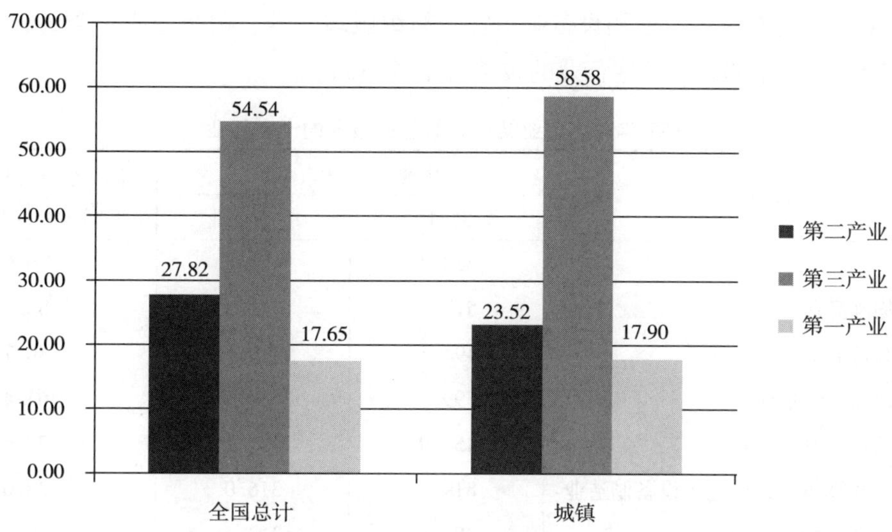

图 4.1　中国私营企业和个体就业的三次产业分布（%）

中国中小企业主要分布在制造业，但是这些制造业的技术含量并不高，以 2005 年为例，在中小企业从业人员占比超过 90% 的前 12 个行业中，如果按照统计局根据《国民经济行业分类》（GB/T 4754 - 2011），这些中小企业集中的行业均属于第二产业。

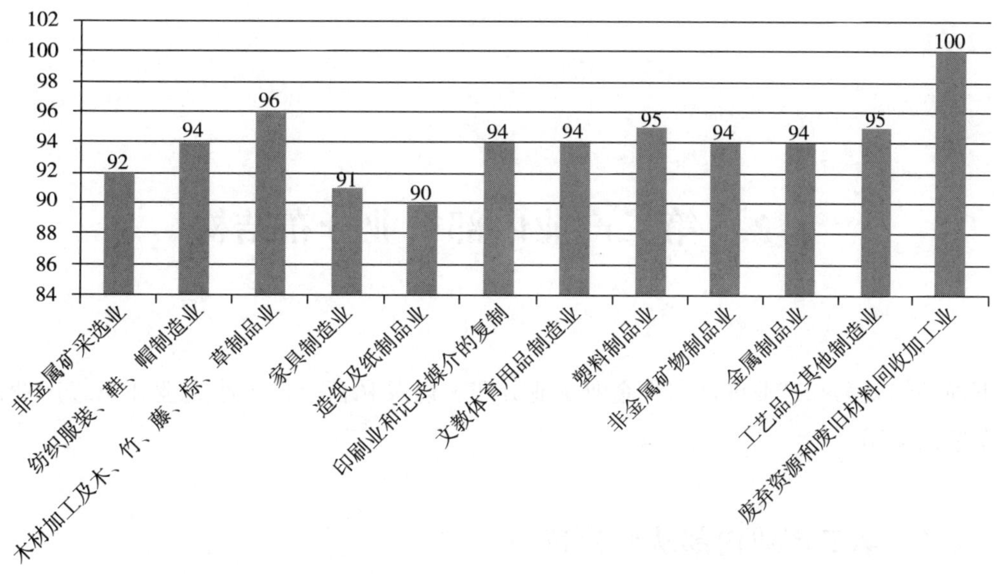

图 4.2　2005 年中小企业从业人员所占比例超过 90% 的 12 个行业统计

资料来源：《中国中小企业发展年鉴 2006》。

这种行业分布的特点一直延续到了最近，根据《2012 年中小企业发展年鉴》提供的统计数据，2011 年中小企业从业人数总额最多的十大行业基本上都属于第二产业中的制造业，包括：纺织业，非金属矿物制品业，通用设备制造业，电器机械及器材制造业，化学原料及化学制品制造业，通信设备、计算机及其他电子设备制造业，纺织服装、鞋、帽制造业，交通运输设备制造业，农副食品加工业，金属制品业。其中，中小企业占规模以上工业企业比重超过 80% 的有通用设备制造业，纺织服装、鞋、帽制造业，金属制品业，非金属矿物制品业。很明显，这些行业的技术含量并不高。

表 4.3　　2011 年中小企业就业人数总量最多的十大行业

行业	从业人员（万人）		中小企业占规模以上工业企业比重（%）
	总计	中小企业	
纺织业	588.8	451.3	76.6
非金属矿物制品业	517.0	441.8	85.5
通用设备制造业	494.5	399.2	80.7
电气机械及器材制造业	599.6	380.4	63.4
化学原料及化学制品制造业	454.9	321.2	70.6
通信设备、计算机及其他电子设备制造业	819.5	316.0	38.6
纺织服装、鞋、帽制造业	382.4	313.4	82.0
交通运输设备制造业	579.5	297.9	51.4
农副食品加工业	360.7	283.6	78.6
金属制品业	311.5	261.0	83.8

资料来源：《2012 年中小企业发展年鉴》。

4.2　第二产业内部行业分布结构

下面我们就第二产业内部中小企业从业分布，以及私营个体中小企业在第二产业内部的分布给出说明。

4.2.1　第二产业内部从业分布

根据表 4.3 的统计，2011 年第二产业内部中小企业从业在前 10 个行业的分布结构情况如图 4.3 所示，行业从业人员占比从高到低依次为：纺织业（13.0%），非金属矿物制品业（12.7%），通用设备制造业（11.5%），电器机械及器材制造业（11.0%），化学原料及化学制品制造业（9.3%），通信设备、计算机及其他电子设备制造业（9.1%），纺织服装、鞋、帽制造业（9.0%）、交通运输设备制造业（8.6%）、农副食品加工业（8.2%）、金属制品业（7.5%）。

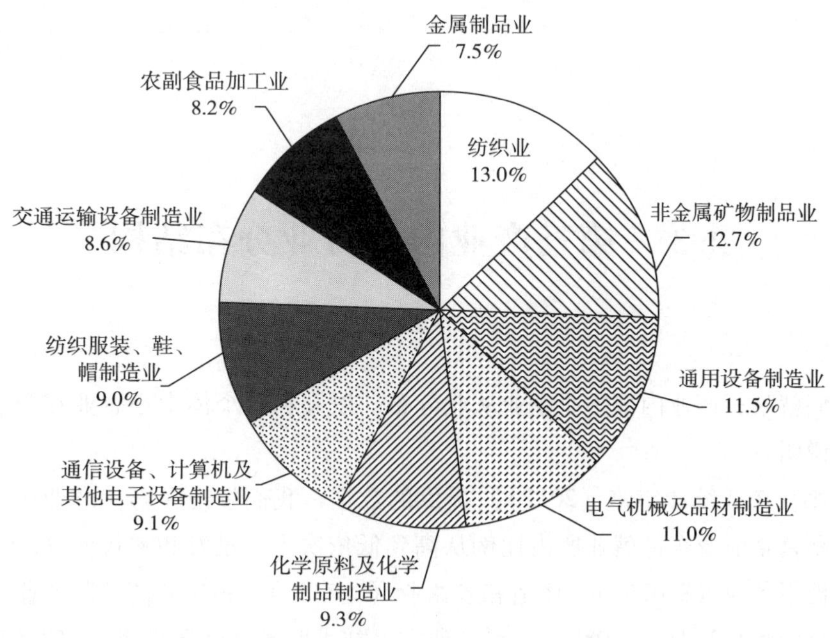

图 4.3　中小企业在第二产业中前 10 大行业的分布情况

4.2.2　个体私营企业就业分布

《中小企业促进法》中规定的小企业，是指在中华人民共和国境内依法设立的有利于满足社会需要，增加就业，符合国家产业政策，生产经营规模属于中小型的各种所有制和各种形式的企业。鉴于统计数据所限，这里从所有制划分角度给出个体私营经济的从业人员分布，需要说明的是，个体私营经济多属于中小企业，它从一个侧面反映出中小企业的产业分布。

2011 年私营企业及个体就业的行业统计分布可以看出：在第二产业中，中小企业的私营及个体就业集中在制造业。从全国层面看，制造业就业人员比例为 84.82%，建筑业就业人员比例为 15.18%；从城镇层面看，制造业就业人员比例为 80.27%，建筑业就业人员比例为 19.73%。

表 4.4　2011 年中国全国及城镇私营企业及个体就业分布　单位：万人

	合计	制造业	建筑业	交通运输、仓储和邮政业	批发和零售业	住宿和餐饮业	租赁和商务服务业	居民服务和其他服务业
全国总计	18298.89	4317.249	772.6815	511.963	7425.257	1072.398	970.1475	1083.188
城镇	12138.78	2291.353	563.3043	348.7226	5175.218	788.7041	798.7052	751.6623

数据来源：《2012 年统计年鉴》。

4.3 第三产业内部行业分布结构

下面我们就第三产业内部中小企业从业分布，以及私营个体中小企业在第三产业内部的分布给出说明。

根据《第三产业统计年鉴（2012）》提供的数据，我们发现在第三产业中：一是从全国层面看，私营企业及个体就业所占比例从高到低依次是：批发和零售业（59.11%），居民服务和其他服务业（8.62%），住宿和餐饮业（8.54%），租赁和商务服务业（7.72%），交通运输、仓储和邮政业（4.08%），科学研究、技术服务和地质勘查业（3.67%）、房地产业（3.01%），信息传输、计算机服务和软件业（2.30%），文化、体育和娱乐业（1%），水利、环境和公共设施管理业（0.34%），金融业（0.32%），卫生、社会保障和社会福利业（0.30%）。

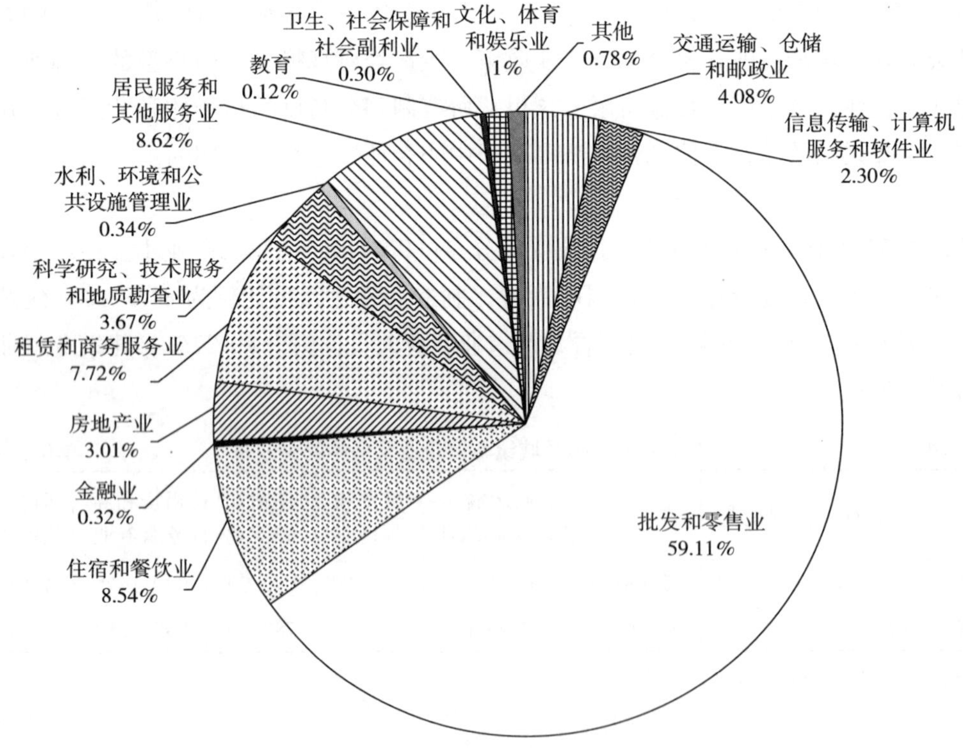

图4.4 第三产业内部私营企业及个体就业人数分布（%）

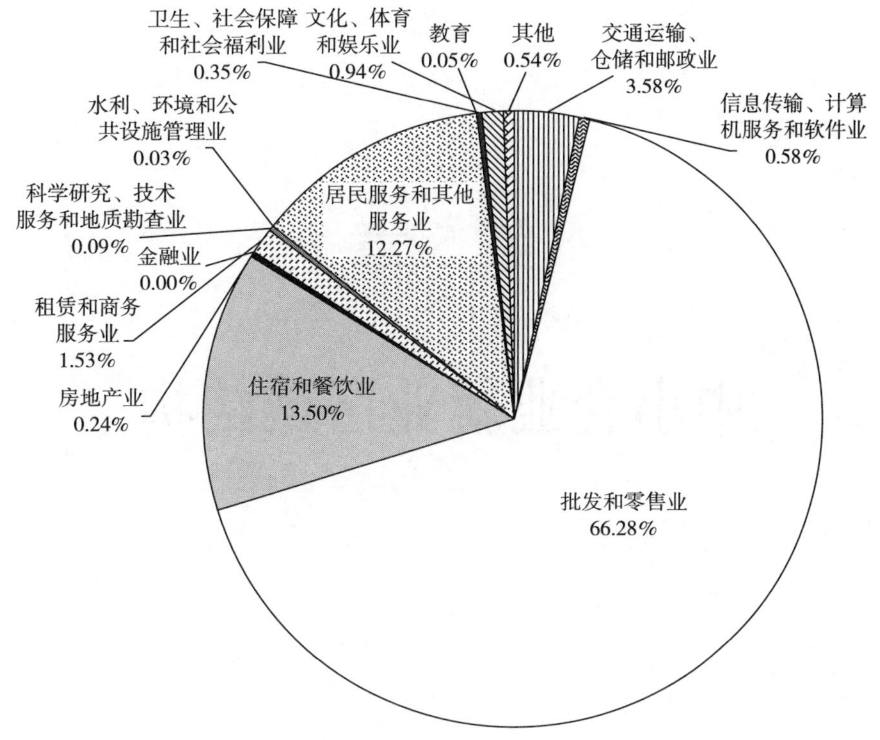

图 4.5　第三产业内部城镇私营企业及个体就业人数分布（%）

二是从城镇层面看，私营企业及个体就业所占比例从高到低依次是：批发和零售业（66.28%），住宿和餐饮业（13.50%），居民服务和其他服务业（12.27%），交通运输、仓储和邮政业（3.58%），租赁和商务服务业（1.53%），文化、体育和娱乐业（0.94%），信息传输、计算机服务和软件业（0.58%），卫生、社会保障和社会福利业（0.35%），房地产业（0.24%），科学研究、技术服务和地质勘查业（0.09%）、水利、环境和公共设施管理业（0.03%），金融业（0.00%）。

第 5 章

中小企业就业区域结构

- 中小企业就业的城乡分布结构
- 中小企业就业的区域分布结构
- 小结

2012 年，我国中小企业就业的区域结构进一步优化，总体体现出以下三个方面的特点：一是在城乡就业结构中，本地就业的占比有所上升，就业结构有所改善；二是东、中、西部区域结构中，中西部地区的占比有所上升，区域结构有所改善；三是东部地区中小企业的就业人员数量有所上升，说明中小企业成为经济发达地区的就业主力军。

5.1　中小企业就业的城乡分布结构

中小企业就业的城乡分布结构总体上表现为三个方面：第一，中小企业仍是农村劳动力就业的主要承载者；第二，城镇新增就业的主要空间来自中小企业；第三，中小企业对城镇新增劳动力的容纳规模增长更快，有助于推进我国城镇化的进程。

5.1.1　中小企业对农村劳动力的转移就业影响巨大

中小企业是农村劳动力转移就业的主要承载体，也是农民增收的重要途径之一，中小企业成为改善我国农村产业结构的重要力量。

（1）中小企业是农村劳动力转移就业的主要载体

根据国家统计局的《中国统计年鉴》和 2012 年统计公报进行综合测算，2007 年以来，中小企业吸纳的农村居民的就业人数保持在 4 亿人左右，与农村劳动力的数量基本相当。中小企业成为农村劳动力转移就业的最主要的载体（图 5.1）。

（2）中小企业就业成为农村居民务工的最主要方式

图 5.1 中，尽管中小企业吸纳的农村劳动力的数量在 2007 年以后呈现逐年递减的趋势，但随着城镇化的快速推进，农村居民大量向城镇转移，因此，相对于农村居民的数量，中小企业在农村居民务工中的地位没有发生任何变化。图 5.2 表示了 2007 年以来我国农村居民数量和中小企业在农村地区吸纳的农村劳动力数量的情况。

图 5.2 中，中小企业吸纳的农村劳动力占整个农村居民的比重始终在 61% 以上，成为农村居民增加收入、提升产业劳动技能和实践非农产业技术最重要的途径。继续支持并鼓励农村居民创办中小企业或者到中小企业从事生产活动，对于我们推进新农村建设和农村中心小城镇的发展具有重要的意义。

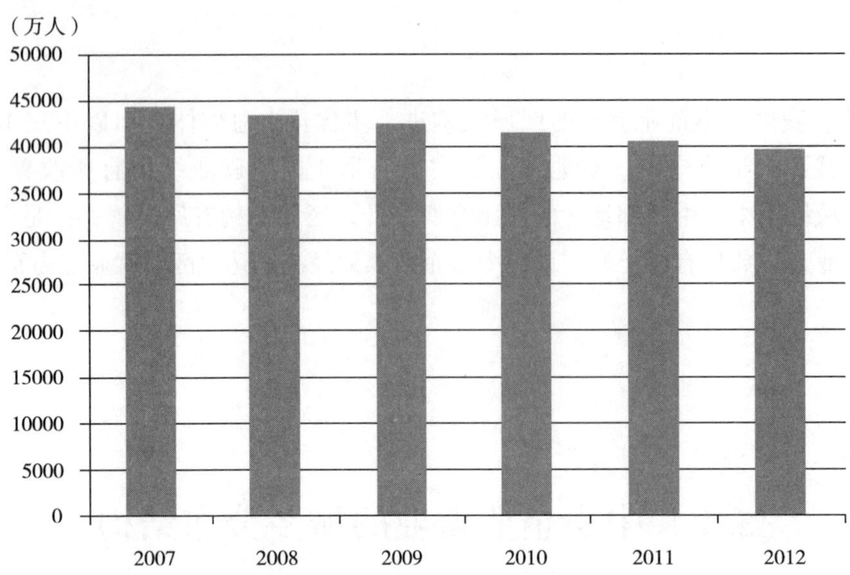

图 5.1　2007 年以来中小企业吸纳的农村劳动力的数量

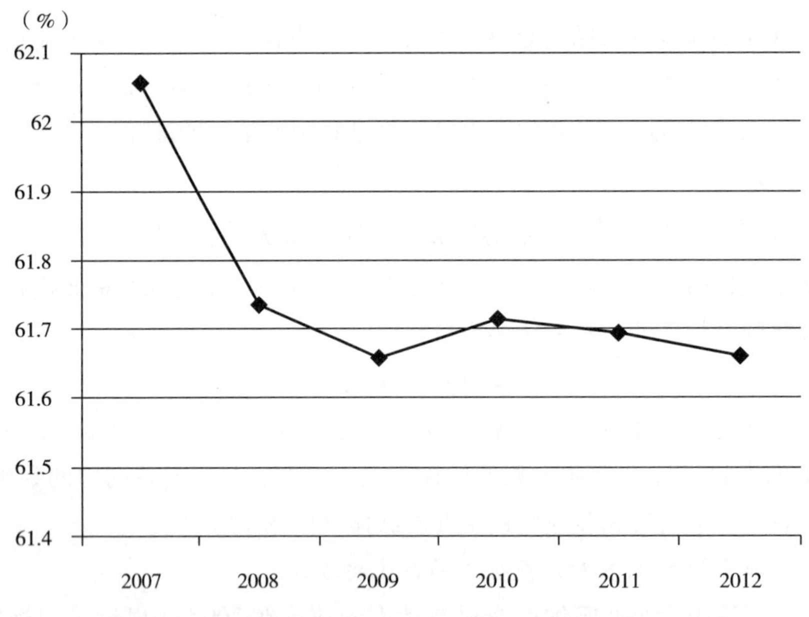

图 5.2　2007 年以来中小企业吸纳的农村劳动力占比情况

（3）个体经营者成为农村中小企业吸纳就业的重要形式

个体经营者属于农村劳动力自主创业和从事非农劳动的一种重要方式，也是农村中小企业的重要来源，同时也逐步形成了在农村中小企业经营者的群体中从事非农劳动获得收入的重要方式。2007 年从事个体经营活动的农村劳动力超过 2000 万人，在 2008 年极小幅度的下降后，转入增长阶段，2012 年从事个体经营的农村劳动力接近 2800 万人，年均增长 7%。具体见图 5.3 所示。

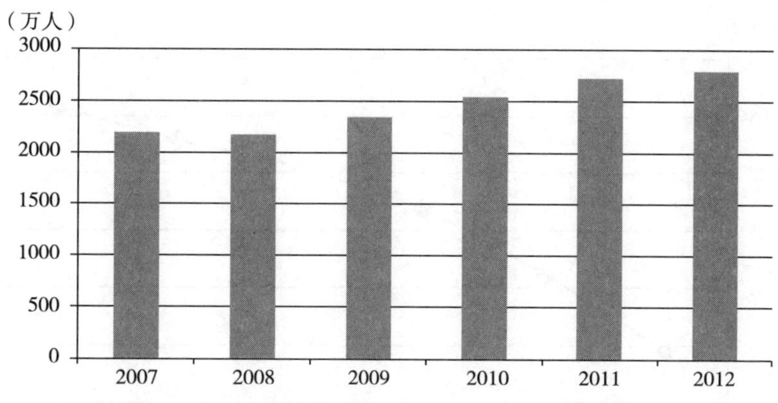

图5.3　2007年以来我国农村劳动力从事个体经营的情况

5.1.2　中小企业对城镇劳动力就业的影响

城镇中小企业有多种表现形式，近年来，随着中小企业的管理、经营和文化越来越规范化，在中小企业就业越来越成为城镇劳动力就业的主要方式。从现状看，表现出以下三个特点：第一，中小企业吸纳的城镇就业劳动力的绝对数量持续增多；第二，中小企业成为城镇劳动力就业的主渠道；第三，个体经营成为城镇居民重要的就业方式。

（1）中小企业吸纳城镇劳动力数量持续增多

2007年以来，中小企业吸纳的城镇劳动力数量越来越多，2008年吸纳的城镇劳动力数量首次超过2.5亿人，达到2.566亿人，到2012年则超过3亿人，达到3.03亿人。近年来中小企业吸纳的城镇就业始终呈上升趋势，年均增速达到3.38%，成为我国就业增长的主渠道。具体情况见图5.4所示。

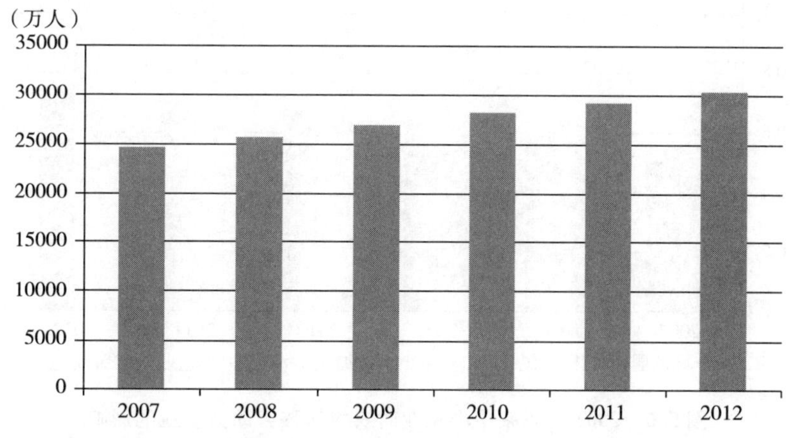

图5.4　2007年以来中小企业吸纳城镇劳动力就业的情况

（2）中小企业成为城镇劳动力的就业主渠道

2007年以来，中小企业吸纳的城镇就业人口占人口的比重逐年上升。2007年吸纳的城镇就业人口占比尚不到40.5%，到2012年已经突破42.5%，上升了2个百分点以上。具体见图5.5所示。

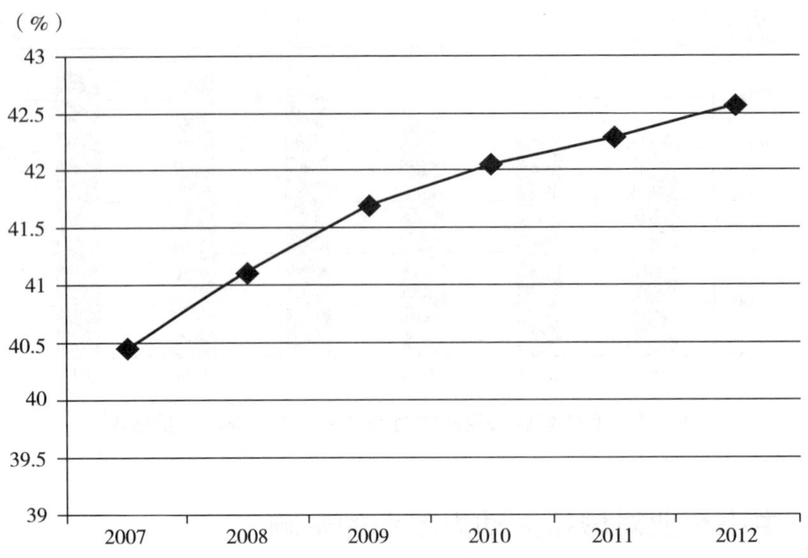

图 5.5　2007 年以来中小企业吸纳就业人口占比情况

中小企业不仅为城镇居民的新增就业提供了重要的通道，而且为农村劳动力向城镇转移也提供了重要的平台和载体。图 5.6 中，中小企业对城镇化提供了关键性的支撑，城镇人口的数量在 2011 年起超过了农村居民，而同时，转移到城镇的农村劳动力大多数在中小企业就业，从而使得城镇中小企业就业人员与在中小企业就业的农村劳动力的比例也呈逐步上升的态势。可以说，中小企业成为城镇化最重要、最核心的劳动力转移载体，为我国城镇化发展做出了重要贡献。

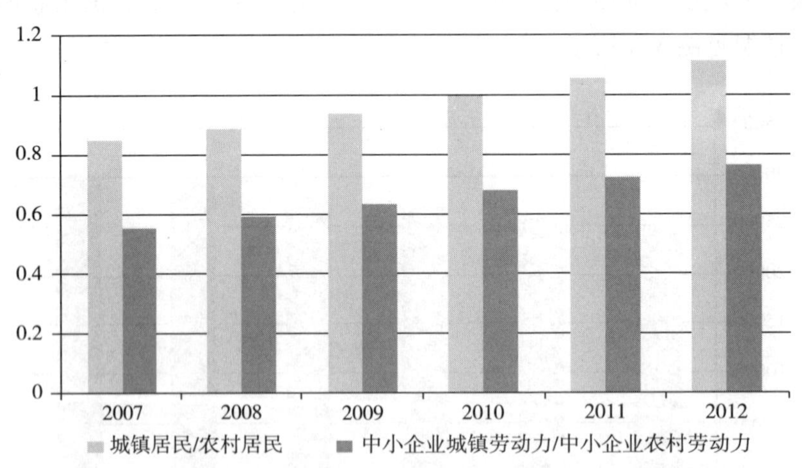

图 5.6　2007 年以来中小企业对农村转移劳动力就业的影响

（3）个体经营者成为城镇居民就业与中小企业创业之间的重要方式

2007 年，选择从事个体经营的城镇劳动力突破 3000 万人，随后保持快速上升的态势，至 2012 年，从事个体经营的城镇劳动力接近 6000 万人，年均增速保持在 12.2% 以上，成为城镇居民新增就业的最主要方式之一。个体经营者属于自由就业与中小企业创业之间的一种过渡性模式，其规模的扩大与发展对于提升中小企业发展潜力，增强中小企业的就业

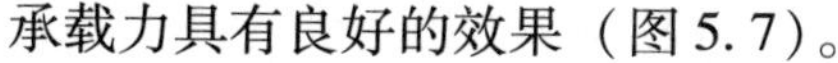

承载力具有良好的效果（图5.7）。

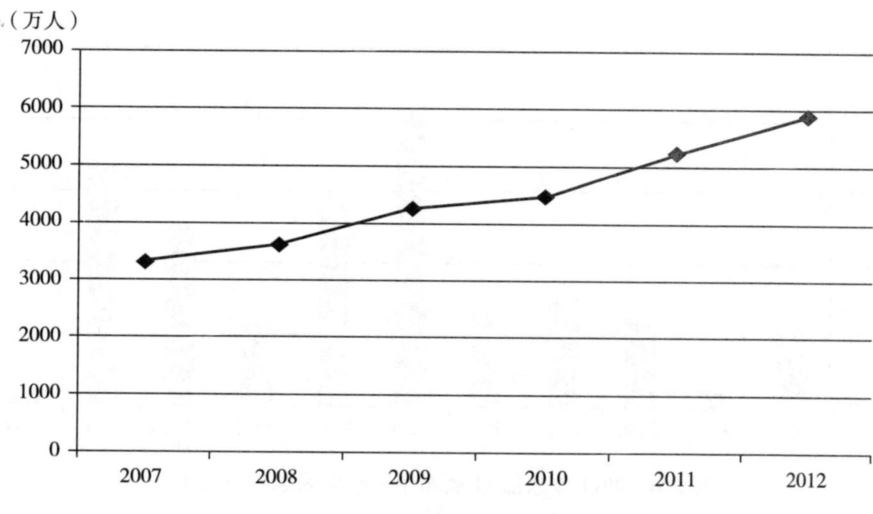

图5.7　2007年以来城镇个体经营者的就业情况

5.2　中小企业就业的区域分布结构

中小企业的区域分布结构即是指中小企业在东、中、西部地区所吸纳的就业数量以及其比例的变化关系。一般来说，中小企业越发达的地区，经济发展水平相对较高，吸纳的就业人数相对较多。但随着经济结构的改善，中小企业也出现了技术改造和产业升级的过程，部分劳动密集型的中小企业内迁，从而了部分改变了“经济发达——中小企业繁荣——吸纳就业增多”的路径。

5.2.1　东部地区中小企业就业情况

本文所称的东部地区是指按照国家统计局的口径所形成的11个省区，即北京、天津、河北、辽宁、上海、江苏、浙江、福建、山东、广东和海南。为简便起见，主要通过吸纳的就业总规模、就业占总人口的比重来进行反映。

（1）东部各省区中小企业吸纳的就业总规模情况

东部地区的经济较为发达，中小企业的数量众多，吸纳的就业劳动力的数量也相对较多。从图5.8所示的情况看，江苏省中小企业吸纳的就业数量最多，随后是广东、浙江、山东、辽宁、上海、福建、北京、天津和海南等诸省市。除经济和人口因素外，文化背景和社会沿革也发挥了重要的作用，如天津和福建，人口总量总体上与中小企业就业情况与

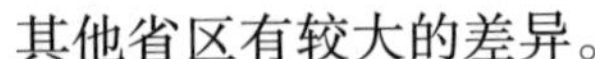
其他省区有较大的差异。

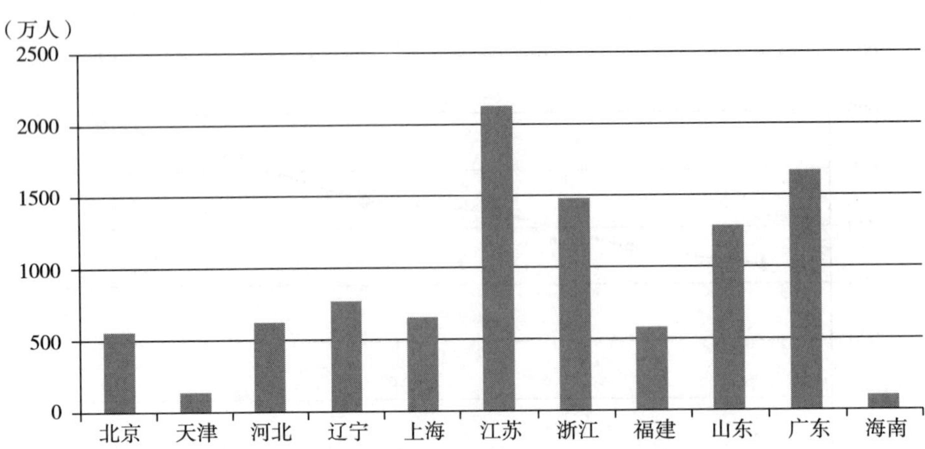

图5.8　2011年东部11省市中小企业吸纳就业情况

（2）东部各省区中小企业吸纳就业规模占劳动力规模的情况

中小企业吸纳就业规模占劳动力规模的比重与地区经济发达程度紧密相关。根据图5.9，北京、上海、江苏、浙江等省市中小企业吸纳的就业规模占整个地区适龄劳动力的比重都超过了35%，辽宁、福建、广东等省都超过了20%，山东、海南两省超过了15%，天津和河北则均超过了10%。东部地区总体上表现出中小企业的就业吸纳能力与地区经济发展水平成正向变化的特点。

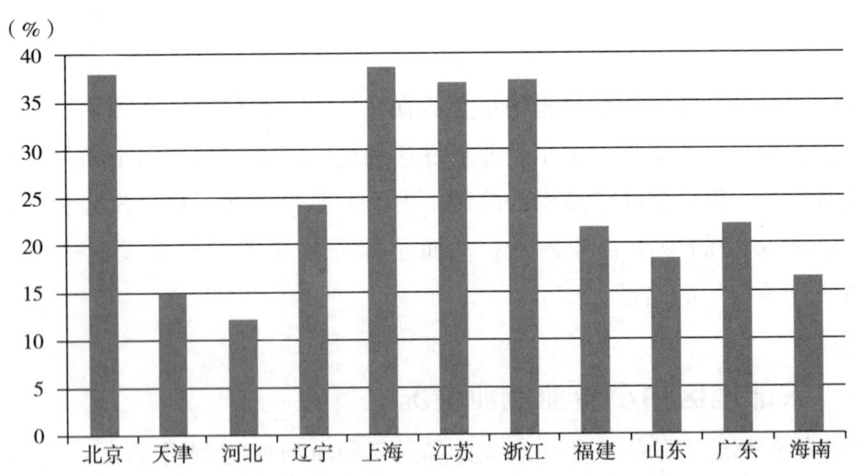

图5.9　2011年东部11省市中小企业就业占适龄劳动力比例情况

5.2.2　中部地区中小企业就业情况

根据国家统计局的划分，中部省区主要包括安徽、山西、江西、吉林、黑龙江、河南、湖北和湖南等8个省区。中部地区的中小企业整体上没有东部地区发达，在吸纳就业规模和占比上也表现出一定的不足。

（1）中部地区中小企业就业吸纳规模情况

中部地区的中小企业就业吸纳规模的情况与经济和人口两个因素直接相关。2011 年，吸纳就业最多的中部省区是河南省，达到 802 万人；然后是湖北省，超过 700 万人；再然后是安徽、江西、湖南 3 省，均超过 600 万人；而山西、吉林和黑龙江则人数偏少。具体情况见图 5.10 所示。

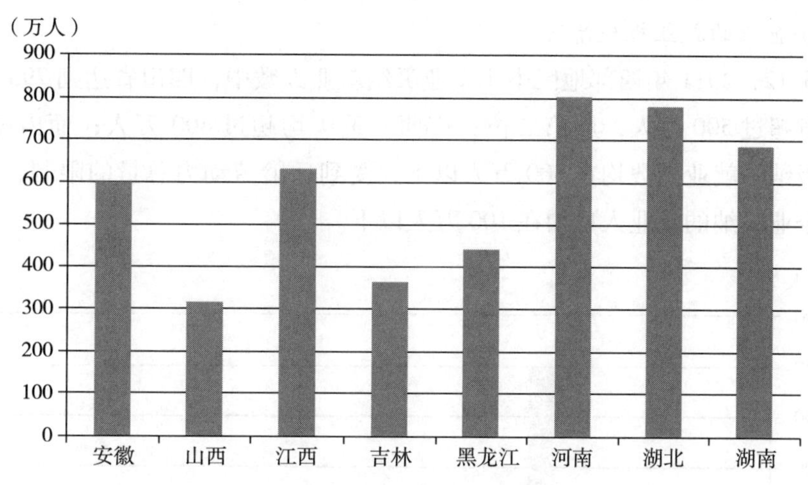

图 5.10　2011 年中部 8 省中小企业吸纳就业情况

（2）中部地区中小企业就业吸纳占比情况

中部地区中小企业就业吸纳能力与适龄劳动力的比值与该省区的经济发展水平直接相关。从比例上看，江西作为长三角的拓展区域，经济发展水平相对较高，中小企业繁荣，吸纳就业占适龄劳动力的比重达到 19%；其次是吉林、黑龙江、湖北等省，占比均在 15% 以上；而安徽、江西、河南、湖南的占比也超过了 10%，与东部地区河北和天津的水平基本相当。具体见图 5.11 所示。

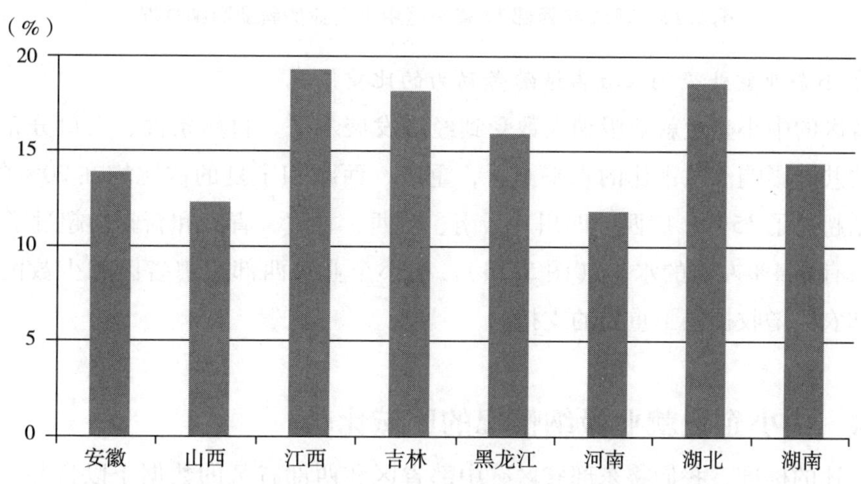

图 5.11　2011 年中部 8 省中小企业吸纳就业占适龄劳动力的比重

5.2.3 西部地区中小企业就业情况

西部地区的界定主要包括内蒙古、广西、重庆、四川、贵州、云南、西藏、陕西、甘肃、青海、宁夏和新疆等12个省市区。除四川和重庆两省市外，其余省区的人口偏少，城市化水平相对偏低，中小企业的发展也并不充分。

（1）中小企业的就业规模情况

根据图5.12，2011年西部地区中小企业吸纳就业人数中，四川省达到795万人，居第一位；云南省超过500万人，居第二位；广西、重庆均超过400万人；而内蒙古、陕西、贵州等省区吸纳的就业人数均在300万人以下；受到适龄劳动力总量的限制，西藏和青海两省区中小企业吸纳的就业人口均在100万人以下。

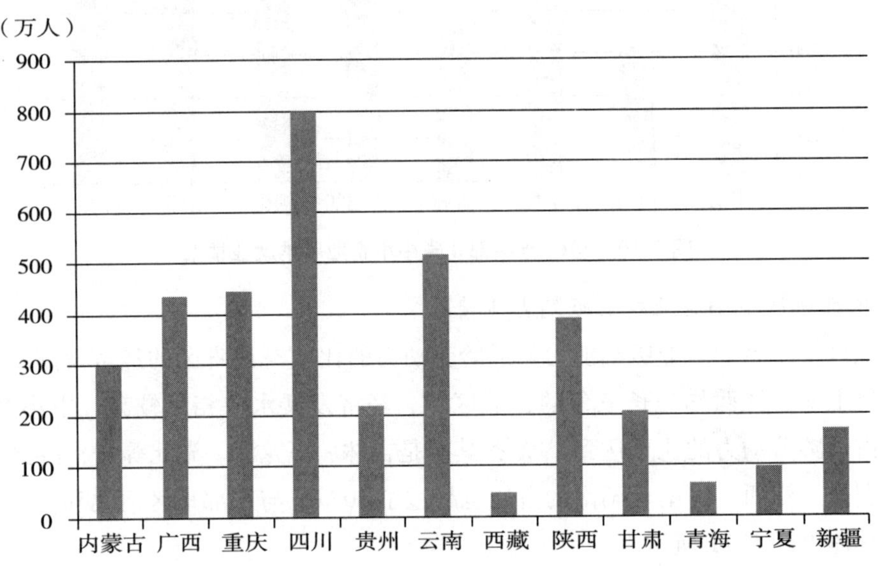

图5.12 2011年西部12省市区中小企业的就业吸纳情况

（2）中小企业就业吸纳人数占适龄劳动力的比重情况

西部省区的中小企业就业吸纳人数受到经济发展水平、自然条件、人口分布和产业布局等因素的共同影响。从占比的水平上看，重庆、西藏和宁夏的占比均在20%的水平上；而内蒙古则超过了15%；广西、四川、云南、陕西、甘肃、青海和新疆均超过了10%；而贵州省则只有8.4%左右的水平（图5.13）。中小企业对西部边疆省区和少数民族地区的转移就业和农民增收提供了重要的支持。

5.2.4 中小企业就业吸纳情况的区域比较

根据上述的标准，我们将东部省区、中部省区和西部省区的数据予以合并，形成中小企业就业吸纳情况的区域比较基础。根据图5.14，东部省区中小企业的就业吸纳能力最强，并且明显超过了东部地区人口的占比情况。

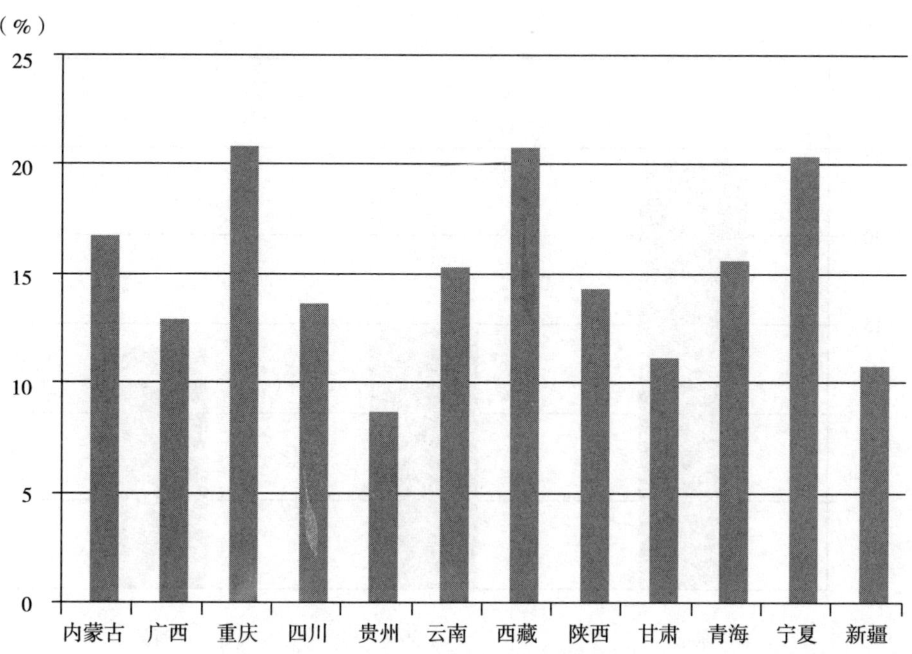

图5.13　2011年西部12省中小企业吸纳就业占适龄劳动力比重情况

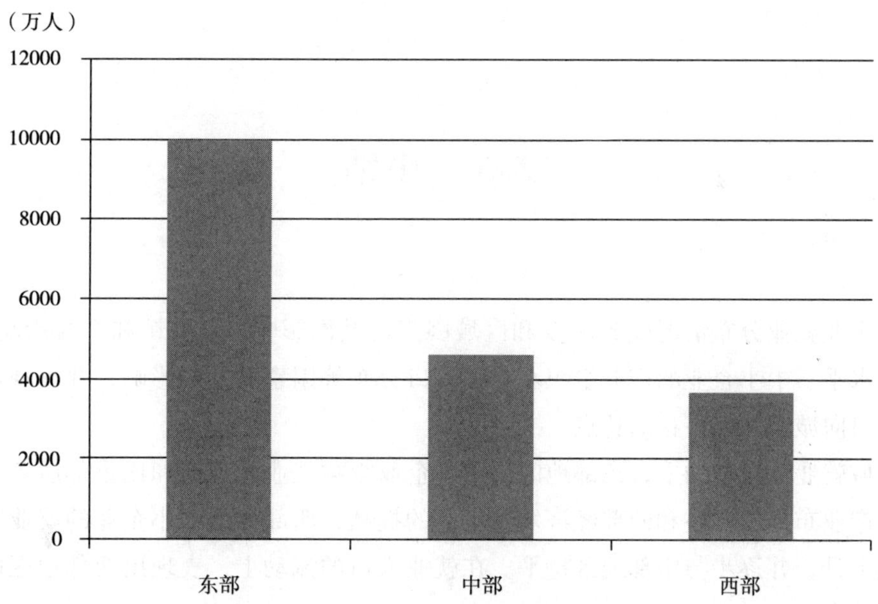

图5.14　各区域中小企业吸纳就业的规模情况

而在中小企业吸纳就业占本地适龄劳动力的比重方面，受到经济发展水平、城镇化水平和自然环境条件的影响，形成了东部最高，西部最低的局面，也即出现了大量劳动力自中西部地区进入到东部地区的中小企业工作。在较长的一段时期内，我国人口流动的规模和速度仍将快于产业和资本的流动水平。见图5.15所示。

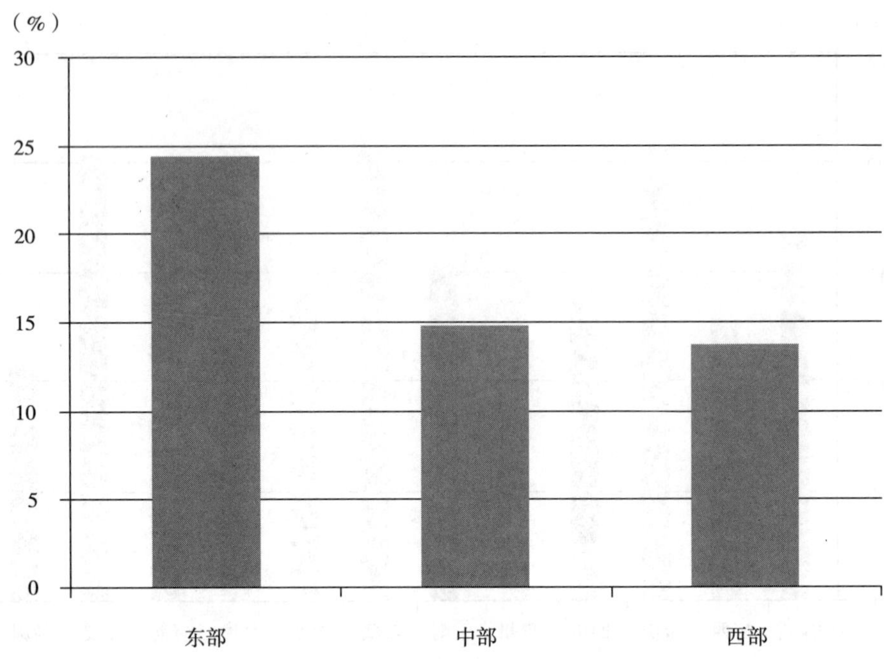

图5.15　2011年各区域中小企业吸纳就业占适龄就业人口比重情况

5.3　小结

中小企业就业分布情况受到城乡和区域因素的共同影响。在城镇和乡村影响因素中，经济发展水平、中小企业的产业组织水平和人口分布等因素的共同影响，并表现出农村新增就业人口向城镇地区转移的特点。

在区域就业分布结构上，东部地区的中小企业吸纳就业的规模和比重都居各区域的首位。随着产业布局的调整和西部经济发展水平的提高，西部地区中小企业的就业吸纳能力开始明显上升，并逐步与中部地区持平。在就业人口的流动上，表现出西部地区向东部地区流动的特点。

第 6 章

中小企业就业增长的重要意义和特性

- 中小企业就业增长的重要意义
- 我国中小企业就业增长的主要特性
- 小结

中小企业就业增长对于我国经济发展、社会稳定和增长方式转变都有着突出重要的意义。本章在总结中小企业就业增长重要意义的基础上，总结和分析我国中小企业就业的特殊属性，并为促进我国中小企业产业发展与就业增长的政策体系提供分析基础。

6.1 中小企业就业增长的重要意义

中小企业是推进我国经济发展的重要力量，是促进城镇化和产业化转移的坚强支柱，同时也是城乡居民增收和社会稳定的基础。从中小企业就业增长的意义来看，具有坚持中国特色社会主义道路的重要作用，并可以进一步细分为促进城乡居民人均收入倍增、推动经济结构转变和深化经济体制改革三个方面的重要意义，分述如下。

6.1.1 坚持走中国特色社会主义道路

胡锦涛同志指出：中国特色社会主义道路，是我们党在长期实践中经过艰辛探索而逐步开辟出来的，是一条实现中国繁荣富强和中国人民幸福安康的正确道路。只有坚持走中国特色社会主义道路，才能发展中国、振兴中国。只有坚持走中国特色社会主义道路，才能实现全面建设小康社会的宏伟目标和中华民族的伟大复兴。

中国特色社会主义在经济领域的根本属性是解放生产力、发展生产力和坚持改革开放；而在社会领域的根本属性是实现共同富裕。促进中小企业发展，推动中小企业就业增长将在上述两个方面表现出重要的作用和价值。

（1）中小企业就业增长的经济属性

中小企业是社会主义市场经济的重要组成因素，对于提高国家经济发展水平，形成新的产业组织形式，推动产业升级发展都具有重要的意义。中小企业的就业增长建立的经济属性建立在以下四点的基础上。

第一，中小企业就业增长以中小企业自身发展为基础。中小企业规模的不断扩张和中小企业数量的不断增多是促使中小企业增加就业的重要原因。同时中小企业经营管理活动的不断规范，对职工权利和技术的促进与保障水平的不断提升，也促使一部分具有较高文化素质和技术水平的劳动者向中小企业流动，扩大了就业吸引力，提升了中小企业的就业质量。

第二，中小企业就业增长以城乡统筹发展为基础。城乡差距、城乡二元结构是困扰我国国民经济运行的重要难题。中小企业就业的增长对于促进农村劳动力向城镇流动，对于稳定城镇新增劳动力的就业，对于保障“4050”人员的劳动权利，对于推动农民就业增收都有着重要的意义。从而将城镇与农村、职工与农民工、城乡居民的收入增长较好的融合到一起。

第三，中小企业的就业增长以产业升级和结构优化为基础。经济的发展要求市场主体的专业化和规模化，同时也要求更为细致、有效的产业细分。中小企业的发展是形成配套性产业环境，并逐渐发展成为新兴产业的重要路径，而较好的发展前景和相对较低的进入门槛，都将使中小企业的就业承载力处于不断扩张的趋势中。从而就中小企业的整体而言，在产业升级和结构优化的基础上，中小企业对于促进城镇新增就业、改善型就业和农村转移就业都有持续上升的空间。

第四，中小企业就业增长以经济发展方式转变为基础。经济发展方式转变首先是增长动力结构的变化，也即我们要向以消费为主导的内需型经济占主体的经济体实现转变。以国内市场为推动经济增长主要动力的前提是要持续有效的提升广大企业职工的收入水平，而中小企业的发展为劳动力就业、职工收入上升和农民转移就业和农闲就业都提供了良好的条件，从而为以消费为主导的内需型发展方式提供了坚实的支撑。

（2）中小企业就业增长的社会属性

中小企业就业增长的社会属性主要在于稳定社会就业、提升劳动技能和实现共同富裕。

就业是民生工作的首要问题，也是保障劳动者尊严的最根本的基础所在。当前，我国面临着严重的就业问题，每年超过1500万人的新增就业人口，超过699万人的毕业大学生，超过1000万人的农村转移就业需求都需要得到满足与缓解。在主导产业纷纷强调提高资本有机构成和优化劳动者素质的背景下，新增的就业承载力绝大多数来自中小企业，从而保障我国就业稳定，提升民生水平。

劳动技能的培养与提升是化解经济快速发展期结构性失业的重要方法。随着经济技术的快速发展，大企业和高新技术企业在新增就业上越来越看重劳动者的就业履历和技术背景，新毕业的大学生和农村转移劳动力都难以满足这一需要。但中小企业具有进入门槛相对较低、覆盖门类广泛和产业化组织程度较高的特点，也成为新增就业人口的培训基地和技术实践场地，成为提升全社会劳动技能的重要支撑。

共同富裕要求城乡之间、职业之间和阶层之间的收入分配在合理的范围内，而工作的重点就在于“限高”、“提低”和“扩中”。工作的难点在于“提低”和“扩中”，也即必须要让占社会人口总量最大的企业职工群体获得有效的收入报酬，才能提高低收入者的收入水平，并形成不断壮大和上升的中产阶级群体。随着中产阶级群体的不断壮大，在限制高收入者收入水平的基础上，逐步实现共同富裕。

6.1.2　促进城乡人均收入快速增长

收入分配制度是经济社会发展中一项带有根本性、基础性的制度安排，是社会主义市场经济体制的重要基石。当前我国收入分配领域出现的问题必须通过促进发展、深化改革来逐步加以解决。解决这些问题，也是城乡居民在收入普遍增加、生活不断改善过程中的新要求新期待。促进城乡人均收入增长，要坚持共同发展、共享成果。倡导勤劳致富、支持创业创新、保护合法经营，在不断创造社会财富、增强综合国力的同时，普遍提高人民富裕程度。坚持注重效率、维护公平。充分发挥市场机制在要素配置和价格形成中的基础性作用，更好地发挥中小企业对收入分配的改善和支持作用，从而增加低收入者收入，壮大中等收入，从而实现国家突出增量改革，带动存量调整的政策意图。中小企业对城乡居民收入快速增长的支持来自于以下三个方面。

（1）中小企业发展带动城乡居民就业

根据国家统计局的资料，2012 年有超过 6 亿城乡劳动力在中小企业中就业，并且在 2012 年新增加的 1266 万就业人口中，到中小企业就业的人口超过 1100 万人，占比超过 85%，中小企业成为我国就业第一大承载主体。

（2）中小企业的发展带动城乡居民增收

在保障就业增长的同时，中小企业还为就业劳动者提供了收入上升动力。从城镇职工的平均收入水平看，2011 年城镇中小企业职工的平均收入水平在 41000 元左右，而当年度的全国最高的最低工资水平只有 17000 元的水平，城镇中小企业职工收入是最低工资收入的 2.4 倍；从农村转移就业劳动力的平均水平看，来自中小企业就业的工资性收入达到 2963 元，占农民纯收入水平 6977 元的 42.5%，对于农村居民的收入增长意义重大。

（3）中小企业发展促进城乡一体化

中小企业的快速发展，导致我国农村和城镇的经济和社会形态发生重要变化。第一，中小企业的发展需要大量的劳动力，产业进入门槛低，技术水平要求不高，成为农村劳动转移就业的重要载体。从 2012 年的情况看，我国有 16336 万人的农村劳动力转移至异地城市就业或是工作，从而促进了劳动者在城乡间的流动，从而使部分农村劳动力在工作和生活上逐步融入城市。第二，农村地区中小企业和个体经营的快速发展，吸引了大量农村劳动力就地从事非农生产。2012 年，就地实现转移就业的农村劳动力达到 9925 万人，成为提高农民收入，提升农村劳动力技术水平，改善农村产业结构和生产组织方式的良好环境，有利于农村地区的经济社会发展。在农村和城镇相互融合、彼此协调发展的基础上，大幅度提高城乡一体化的发展水平。

6.1.3 推动经济结构调整

中小企业发展与经济结构调整之间具有明显的相融性。中小企业的创新与发展，为经济结构升级创造了重要的空间；而中小企业所具有的灵活性和针对性的特点，又可以为经济结构调整提供重要的稳定器。具体而言，包括以下三个方面。

（1）调整经济结构要与劳动密集型中小企业协调发展

从发达市场经济国家的情况看，中小企业是促进经济发展、解决就业问题的重要力量，支持中小企业发展是这些国家的长远战略。比如，目前美国中小企业数量占全美企业总数的99%，中小企业就业人数占总就业人数的60%。而且，美国70%的创新发明是在小企业实现的，高技术公司起步阶段也通常是中小企业。2005年，德国共有企业约167万家，其中中小企业约为166万家，占德国企业总数的99.3%。在德国2070万就业人员中，约有近60%的人在中小企业就业。中小企业营业额约占全部企业总营业额的1/3，中小企业的产业增加值约占全部企业产业增加值的46%，中小企业的有形资产投资约占全部企业有形资产投资的40%。日本中小企业数量占企业总数量的99%，解决了日本就业需求总量的70%以上，产出占其国内生产总值的53%。因此，在我国这样一个就业压力非常大的国家，支持和促进中小企业发展更应当成为长期战略，并将之摆在突出的位置。

（2）促进中小企业发展与调整经济结构相统一

目前，我国经济总量已经排名世界第三，外汇储备世界第一，航天等一些高科技领域已经接近世界先进水平，在国际社会中我国已经是一个举足轻重的大国。但要从大国迈向强国，我们必须大力提高劳动者技能、提高自主创新能力、创造知名品牌。全球化、信息化带来的扁平世界，也为我国后来居上成为强国提供了可能。因此，为国家长远发展着想，应当着力调整经济结构。早在上个世纪90年代，国家就提出要调整经济结构，但由于“高污染、高资源消耗、低劳动保护、低利润”的发展模式在实际中尚能勉强维持，很多地方和企业没有将调整经济结构落实到行动上。这次国际金融危机对我国实体经济造成的冲击，将原有发展模式逼到了墙角。历史经验和行为科学理论证明，危机和压力往往能带来突破性的进步。因此，当前困难的经济形势，恰恰是调整我国经济结构的好时机。

调整经济结构与促进中小企业发展是统一的。主要包括两个方面：第一，经济结构调整的微观对象应当以“增量调整”为主、“存量调整”为辅。即着重针对新设立的企业进行“增量调整”，条件具备的，才针对已有企业进行“存量调整”。而中小企业是进行增量调整的重要动力，其本身的创新性和灵活性使得中小企业可以在经济增量中担当调整动力的角色。第二，“逆向调整”应当明确标准、分类实施，调整标准的确立和分类实施的原则应当是“促进先进、淘汰违法、稳定一般”，而不是淘汰中小企业。即对于努力实现产业升级、积极开展自主创新的企业，予以大力促进；对于高污染、高资源消耗、工伤和职业病高发而又不能限期整改的企业，予以坚决淘汰；对于大量的一般企业，保持稳定，对其中暂时困难的企业予以帮扶，为其降压减负。也就是说，调整经济结构不能以企业规模大小或者企业类型（资本密集型、技术密集型、劳动密集型）定好坏、定支持或定淘汰。不能认为调整经济结构就是要将所有企业都转型为高科技企业，也不能认为调整经济结构就是要淘汰所有暂时不先进的企业，同样不能认为对任何企业都不能淘汰。比如，餐饮、旅游等大量服务业企业属于劳动密集型中小企业，同时这些企业不属于高污染、高资源消耗、工伤和职业病高发企业，应当支持发展。

6.1.4 深化经济体制改革

党的十八大提出要加快完善社会主义市场经济体制，全社会热切期待改革取得新突破。顺应人民愿望，把握时代要求，不失时机深化重要领域改革，意义十分重大。深化经济体制改革工作的总体要求是，正确处理好政府与市场、政府与社会的关系，处理好加强顶层设计与尊重群众首创精神的关系，处理好增量改革与存量优化的关系，处理好改革创新与依法行政的关系，处理好改革、发展、稳定的关系，确保改革顺利有效推进。

中小企业对于深化经济体制改革有着良好的作用和影响。首先，经济体制改革要求保障市场在资源配置中的主体地位，中小企业多属民营企业和集体属性的公有企业，在经营过程中具有相对完整的自主权，并且具备以经济利益为主要目标并兼顾社会效益的特点，真正市场主体的性质突出。而中小企业面临的市场结构或者自身在市场中的地位也多属完全竞争市场或是垄断竞争市场，市场机制能够得到有效的发挥，并表现出其资源配置领域的高效和规范。

其次，经济体制改革要求明晰经济产权，并建立起以法律和经济调节为主体的监管体系。中小企业一般都具有产权明晰的特点，在企业经营中，也受到经济规律、监管体系和股东利益的共同影响，能够主动遵循政府的市场调控取向和财税金融政策目标。

第三，经济体制改革要求市场具有良好的开放性和准入性。中小企业的发展一直受到大企业的垄断和行业准入壁垒过高的共同影响，积极争取良好的市场准入和规范的市场管理机制一直是中小企业的呼吁重点。近年来，国家在金融、能源、交通、通讯等基础产业中不断加大向中小企业的开放力度，就是中小企业自身不断争取和市场经济体制不断深化的结果。应鼓励和支持中小企业的发展和拓展，以为我国经济体制改革的不断深化创造良好的条件。

6.2 我国中小企业就业增长的主要特性

对我国中小企业就业增长的主要特性予以归纳总结，可以形成如下特性属性。

6.2.1 我国中小企业就业数量随经济波动明显

按照中小企业标准，我们得出了相对准确的我国中小企业的就业数据。2001年、2007年和2011年中小企业法人就业总数分别为1.24亿人、1.33亿人和1.81亿人，分别占企业部门就业总量的75.2%、79.7%和80.3%。而且我国中小企业就业人员的波动性与整体经济的波动性几乎同步，上述年份的GDP增长率分别为8.3%、10.3%和9.2%。

6.2.2 我国中小企业的行业分布与经济结构相关

2007年，我国中小企业有近一半的比例集中于制造业，其次为批发零售业，再次为建筑业、采矿业、住宿餐饮业和金融业。到2012年，这种格局没有大的变化，租赁和商务服务业、房地产业、信息传输计算机服务和软件业、科学研究技术服务和地质勘查业等均有不同程度的增加，与此同时，采矿业、金融业中小企业在整个企业总量中的比例却逐渐下降。而所有的这些变化与同时期我国各行业增加值的变化方向同步，这说明中小企业的行业分布变迁与经济结构的行业分布密切相关。

6.2.3 中小企业对整个企业部门就业贡献率波动较大

与大型企业比较，中小企业就业受经济形势的影响程度要大得多，突出表现在中小企业对整个企业部门就业贡献率随经济形势变化的幅度大。2008~2009年间，经济处于下行阶段，整个企业部门就业减少，中小企业减少幅度更甚，其贡献率为62%左右。2010~2013年经济稳定期间，整个企业部门就业增加，中小企业就业增加，但是大型企业就业仍旧处于减少状态，中小企业的新增就业贡献率超过了100%。

6.2.4 我国中小企业的劳动力需求相对于工资变动富有弹性

根据CES函数可以得出我国中小企业劳动力需求的工资弹性较为稳定，弹性值大于1，并保持在1~1.5之间，相比国外介于0.15~0.75之间的估计值，我国中小企业劳动力需求相对于工资变动来说是富有弹性的，这说明劳动力需求的变化幅度要大于劳动力成本（工资）的变化幅度，即劳动力成本的小幅度降低将会引致较大的劳动力需求，而劳动成本的小幅度上升也会引起劳动力需求的锐减。

6.2.5 我国劳动力需求的资本替代弹性在行业间存在较大差距

我国各行业中小企业的劳动力需求的资本替代弹性，行业间差异较大，其中替代弹性最大的为金融保险业，2007年为5.8，2012年超过6；其次为建筑业和社会服务业，均高于2.0；最小的为采矿业。但是在近两年最为火爆的房地产行业中，中小企业劳动力需求的资本替代弹性为负数。

6.2.6 我国各地区中小企业外部环境堪忧

借助PEST分析模型，构建适合我国各地区中小企业外部环境比较的评价指标体系，借助主成因子分析方法分析我国各地区企业外部环境发现，我国各地中小企业外部环境不容乐观，而且东中西部地区外部环境的差距较大，东部沿海地区的中小企业外部环境明显优于中西部地区，突出表现在经济和技术环境因素。

6.2.7 经济和技术环境与我国中小企业发展和就业最为密切

利用因子分析法研究2007年中小企业外部环境因素发现，与中小企业发展和就业最为密切的环境因素同为经济水平、生产要素市场、技术环境等因素。通过相关分析和主成因子回归分析发现，各环境指标与标准化的中小企业总体规模之间存在着确切的数量关系，比如GDP每增加1亿元，可以使中小企业承载的就业人口增加270人左右。而企业所得税在财政收入中的比例增加1个百分点，可以使每百家中小企业的就业量增加76人，第三产业在GDP中的比例每增加1个百分点，可以使每百家的中小企业就业量增加170人。

6.2.8 我国各行业经济增速对中小企业数量的影响程度不同

采用面板数据模型分析我国各行业增加值的波动对中小企业的影响差异发现，我国各行业中小企业的数量规模和各行业的增加值增速之间的关系差别较大，其中工业、建筑业、交通运输仓储和邮政业、批发零售业、住宿餐饮业和房地产业的中小企业数量和行业增加值增速之间存在着正相关关系，当行业增加值增长率提高的时候，中小企业数量就会增多，其中工业和批发零售业增加值增速对中小企业数量的影响幅度最大，工业部门增加值每提高1个百分点，可以增加6.35万家中小企业，批发零售业增加值每提高1%，可以产生5.36万家中小企业。相反，金融业和其他行业的中小企业数量和行业增加值的增速成反比，其中其他行业增加值增速每提高1个百分点，可以减少5.04万家中小企业。

6.2.9 中小企业的发展和就业与经济周期具有同步性

中小企业的数量变化与经济周期具有同步性，而且中小企业就业量与经济波动也息息相关，尤其是制造业和建筑业的中小企业表现得更加明显。在经济总体上处于下行阶段，整个中小企业就业增速有所放缓，其中减少就业最多的为制造业、批发零售业和采矿业，其他行业如建筑业、租赁和商务服务业、居民服务和其他服务业的中小企业就业在增加，成为经济衰退时期解决就业问题的缓解器。在2007年以来，我国GDP平均增速为9%左右，经济总体上呈上行趋势，在此期间中小企业增加就业超过2000万人，其中制造业和建筑业的中小企业成为吸纳就业最大渠道，农林牧渔业和金融业中小企业却成为减少就业最多的部门。

6.2.10 我国中小企业发展和就业与其他经济变量的关系密切

利用2005~2009年山东省的月度数据，参考已经建立的VAR模型分析私营企业（中小企业）发展和就业与其他经济变量的关系，发现私营企业数量以及就业量与经济发展水平、固定资产投资、出口总额、社会消费品零售总额等经济变量之间存在密切的关系。通过Granger因果关系分析发现GDP、出口总额、固定资产投资、金融机构短期贷款总额、社会消费品零售总额都能够引起中小企业数量的变化，GDP、中小企业数量和出口能够直接引起中小企业就业量的变动，而固定资产投资、国内市场的扩大都不能直接引起中小企业就业的增加。同时中小企业数量的变动也会引起 GDP、出口等指标的变动。

利用脉冲响应函数的分析发现，在本月增加 1 单位的 GDP 冲击会在此后的第 3 个月引致中小企业数量的响应达到峰值，会在第 2 各月使中小企业就业量的响应达到峰值；而在本月增加一单位的固定资产投资、短期贷款、出口总额、社会消费品零售总额的冲击，会在第 2 个月引致中小企业数量的响应达到峰值；而中小企业数量规模在本期增加一单位的冲击，会在第 5 个月使出口总额的响应函数达到最高值。

6. 2. 11　个体经济的发展规模与工资水平成反比，与利率水平成正比

本文利用我国个体经济数据分析得出：个体工商户的总体数量与年营业收入存在着正相关关系，个体经营每增加 1 亿元营业收入可以增加 1500 家个体经营户；个体经济规模与工资水平负相关，平均工资每提高 100 元提高会促使 8 万家个体经营减少；个体经济的规模与利率水平成反比关系，利率水平越高，个体经营的数量越大，1 年期的存款利率每提高 1 个百分点会增加 156 万家个体经营。

6. 2. 12　增加资金投入是扩大个体经济就业的有效途径

个体经济的就业模型显示，个体经营资金的增加是提高就业水平的有效途径，个体经济的实际收入就业弹性为 0. 19，即个体经济年实际收入每增加 1%，将会增加 0. 19% 的就业人员；而注册资金的就业弹性为 0. 59，值大于 0，这说明个体经济中注册资金和就业之间是一种互补关系，而不是其他企业中普遍存在的替代关系。因此，若要充分发挥个体经济的就业潜力，增加其资金的投入量将是最直接和有效的途径。个体经济劳动力需求的社会工资弹性为 -0. 18，这说明劳动力市场的平均工资提高 1%，会使整个个体经济部门降低 0. 18% 的劳动力需求。

6. 3　小结

中小企业发展对于社会主义市场经济体制改革有着重要的意义。中小企业就业增长在坚持走中国特色社会主义道路，促进城乡居民人均收入倍增，推动经济结构转变和深化经济体制改革上发挥了重要作用。

我国的中小企业就业增长表现出一定的自身特殊属性。包括：中小企业就业数量随经济波动明显；行业分布与经济结构紧密相关；中小企业对整个企业部门就业贡献率波动较大；劳动力需求相对于工资变动富有弹性；劳动力需求在行业间存在较大差距；中小企业外部环境堪忧；经济和技术环境与我国中小企业发展和就业最为密切；各行业经济增速对中小企业数量的影响程度不同；中小企业就业增长和经济周期具有同步性；个体经济的发展规模与工资水平成反比，与利率水平成正比等。

第 7 章

促进中小企业就业的产业政策

- 改革开放以来促进中小企业发展的政策
- 中小微企业划型标准
- 国外促进中小企业就业的产业政策
- 稳增长、促就业的产业政策
- 就业难的背景
- 促进中小企业就业的产业政策

7.1 改革开放以来促进中小企业发展的政策

长久以来，我国的中小企业多分布在以劳动密集加工业为主的第二产业，随着产业结构的不断升级，我国中小企业以其机动灵活的特点在第三产业中发展越来越快。产业结构的调整升级成为一种原动力，带来包括经济增长方式、所有制结构、投资结构、就业结构、人口结构、城市化模式的转变等一系列变化。改革开放以来，在市场机制和政府支持的共同作用下，我国中小企业迅速增长，不但成为经济社会发展的重要力量，而且在吸纳就业、推动创新、增加税收等方面发挥着举足轻重的作用。特别是在城镇化进程加快及产业结构调整的背景下，就业形势日益严峻，中小企业的长期平稳较快发展显得意义重大，已关系到我国经济增长和社会稳定的大局。

改革开放以来，我国经济总量不断攀升，国民经济快速发展，同时，产业结构发生了很大变化。一些长期存在的诸如比例关系不协调、供求不平衡等问题得到基本解决。但产业结构中也出现了一些新的矛盾和问题，如何调整和优化产业结构，推进国民经济持续平稳发展，切实促进就业增长，成为一个新的重大现实课题。

根据我国对中小企业地位的认识以及工作重点的不同，改革开放以来我国促进中小企业发展的政策大致可分为以下四个阶段。

第一阶段（1978~1997年），主要特点是“改革带动，抓大兴小”。党的十一届三中全会召开，我国开始实行改革开放，宏观政策允许个体私营经济发展，非公有制经济被认为是我国社会主义市场经济的必要补充。这一时期，我国经济属于短缺经济，以中小企业为主体的乡镇企业异军突起，个体私营经济蓬勃发展。

第二阶段（1998~2002年），主要特点是“立规建制，大小并举”。党的十五大确立了以公有制为主体、多种所有制经济共同发展的基本经济制度，非公经济成为我国社会主义市场经济的重要组成部分。1998年首次设立负责中小企业工作的专门司局。这一时期主要政策措施有：一是推动以明晰产权、实现投资主体多元化的中小企业改革；二是起草出台中小企业促进法；三是制定与国际接轨的中小企业划型标准；四是研究有关扶持政策。

第三阶段（2003~2010年），主要特点是“依法推动，促进发展”。党的十六大报告提出坚持和完善基本经济制度以及两个“毫不动摇”。在此期间，我国第一部关于中小企业的专门法律——《中小企业促进法》开始施行。2005年出台《国务院关于鼓励支持和引导个体私营等非公有制经济发展的若干意见》，其核心思想是“公平准入、规范发展”。

2009年出台《国务院关于进一步促进中小企业发展的若干意见》，作为国务院第一个中小企业综合性政策文件，它指出："促进中小企业发展，是保持国民经济平稳较快发展的基础，是关系民生和社会稳定的重大战略任务。"

第四个阶段，从2011年开始，主要特点是"营造环境，重在小微"。经国务院批准印发了新的《中小企业划型标准规定》，增加了微型企业类型。2011年以来，国务院领导密切开展中小企业专题调研，国务院两次召开常务会议，研究创造有利环境促进小型微型企业发展。中小企业扶持政策的重心转向小型微型企业，优化环境和完善服务成为扶持政策最重要的着力点。2013年7月24日的国务院常务会议决定进一步公平税负。从8月1日起，对小微企业中月销售额不超过两万元的增值税小规模纳税人和营业税纳税人，暂免征收增值税和营业税，并抓紧研究相关长效机制。增长和转型成为扶持小微企业的重要目标。

7.2　中小微企业划型标准

我国于1988年7月8日下发了《大中小型工业企业划分标准》（经企〔1988〕240号），结束了长期以来工业生产企业划分标准原则上套用原国家计委《关于基本建设项目大中型划分标准》。1992年7月30日，在上述2个标准的基础上，全国划分企业类型协调小组对大中小型工业企业划分标准进行了补充，按照企业的生产规模划分为特大型、大型（分为大一、大二两档）、中型（分为中一、中二两档）、小型四个类型，凡产品单一的行业，能以产品生产能力划分的必须按产品设计生产能力或查定生产能力划分；凡产品品种繁多，难以按产品生产能力划分的则以生产用固定资产原值（依上年财务决算数据）作为标准划分。2003年2月19日，国家经济贸易委员会、国家发展计划委员会、财政部和国家统计局四部委联合下发了《关于印发中小企业标准暂行规定的通知》（国经贸中小企〔2003〕143号），《大中小型工业企业划分标准》及1992年公布的该标准的补充标准同时废止，这次调整不再沿用旧标准中各行各业分别使用的行业指标，而是统一按职工人数、销售额、资产总额等指标，结合行业特点制定。

由于2003年公布的划型标准主要是根据当时第一产业和第二产业的发展状况制定的，近年来的一些新行业、新企业难以对其进行划分，甚至出现了错位的现象。2011年6月18日，工业和信息化部、国家统计局、国家发展改革委和财政部四部委联合下发了新修订的《中小企业划型标准规定》（工信部联企业〔2011〕300号），将企业分为大型、中型、小型、微型四类，根据企业从业人员、营业收入、资产总额等指标并结合行业特点，规定了我国中小微企业的范围（详见表7.1）。

表7.1　　　　中国中小企业划型标准比较

单位：从业人员X（人）、营业收入Y（万元）、资产总额Z（万元）

行业名称	国经贸中小企〔2003〕143号		工信部联企业〔2011〕300号		
	中型	小型	中型	小型	微型
农、林、牧、渔业			500≤Y<20000	50≤Y<500	Y<50
工业*	300≤X<2000	X<300	300≤X<1000	20≤X<300	X<20
	3000≤Y<30000	Y<3000	2000≤Y<40000	300≤Y<2000	Y<300
	4000≤Z<40000	Z<4000			
建筑业	600≤X<3000	X<600			
	3000≤Y<30000	Y<300	6000≤Y<80000	300≤Y<6000	Y<300
	4000≤Z<40000	Z<300	5000≤Z<80000	300≤Z<5000	Z<300
批发业	100≤X<500	X<100	20≤X<200	5≤X<20	X<5
	1000≤Y<15000	Y<1000	5000≤Y<40000	1000≤Y<5000	Y<1000
零售业	100≤X<200	X<100	50≤X<300	10≤X<50	X<10
	3000≤Y<30000	Y<3000	500≤Y<20000	100≤Y<500	Y<100
交通运输业*	400≤X<1000	X<400	300≤X<1000	20≤X<300	X<20
	3000≤Y<30000	Y<3000	3000≤Y<30000	200≤Y<3000	Y<200
仓储业			100≤X<200	20≤X<100	X<20
			1000≤Y<30000	100≤Y<1000	Y<100
邮政业	500≤X<3000	X<500	300≤X<1000	20≤X<300	X<20
	3000≤Y<30000	Y<3000	2000≤Y<30000	100≤Y<2000	Y<100
住宿业	400≤X<800	X<400	100≤X<300	10≤X<100	X<10
	3000≤Y<15000	Y<3000	2000≤Y<10000	100≤Y<2000	Y<100
餐饮业	400≤X<800	X<400	100≤X<300	10≤X<100	X<10
	3000≤Y<15000	Y<3000	2000≤Y<10000	100≤Y<2000	Y<100
信息传输业*			100≤X<2000	10≤X<100	X<10
			1000≤Y<100000	100≤Y<1000	Y<100
软件和信息技术服务业			100≤X<300	10≤X<100	X<10
			1000≤Y<10000	50≤Y<1000	Y<50
房地产开发经营			1000≤Y<200000	100≤Y<1000	Y<100
			5000≤Z<10000	2000≤Z<5000	Z<2000
物业管理			300≤X<1000	100≤X<300	X<100
			1000≤Y<5000	500≤Y<1000	Y<500
租赁和商务服务业			100≤X<300	10≤X<100	X<10
			8000≤Z<120000	100≤Z<8000	Z<100
其他未列明行业*			100≤X<300	10≤X<100	X<10

注：（1）中型和小型企业须同时满足所列指标的下限，否则下划一档；微型企业只需满足所列指标中的一项即可。（2）附表中各行业的范围以《国民经济行业分类》（GB/T4754－2011）为准，带*的项为行业组合类别。（3）企业划分指标以现行统计制度为准：①从业人员，是指期末从业人员数，没有期末从业人员数的，采用全年平均人员数代替。②营业收入，工业、建筑业、限额以上批发和零售业、限额以上住宿和餐饮业以及其他设置主营业务收入指标的行业，采用主营业务收入；限额以下批发与零售业企业采用商品销售额代替；限额以下住宿与餐饮业企业采用营业额代替；农、林、牧、渔业企业采用营业总收入代替；其他未设置主营业务收入的行业，采用营业收入指标。③资产总额，采用资产总计代替。

与2003 年的划型标准相比，修订后的中小企业划型标准覆盖行业更加广泛，增加了仓储业、信息传输业、软件和信息技术服务、房地产开发经营、租赁和商务服务业、物业管理及其他 7 个类别；将个体工商户纳入了参照执行范围；同时，根据经济社会发展需要，提高了小型企业营业收入和从业人员标准，由此划归小微企业的企业数量明显增加。

7.3　国外促进中小企业就业的产业政策

就业问题在全球普遍存在，世界各国在解决就业问题上，普遍看重中小企业的作用，通过增加中小企业数量，提供更多的就业岗位，吸纳更多的就业人口。大多数国家中小企业占到企业总数的99% 及以上，企业劳动力平均规模在 9 ~ 15 人左右；一般的发展中国家每千人企业数量在 20 ~ 30 家，发达国家达到 45 ~ 55 家。这些中小企业吸纳了 65% ~ 80% 的劳动力。从国际上的实践看，要解决大学生就业难问题，主要路径是发展自由职业、中小企业和微型企业。具体来讲，是要在产业结构调整过程中，发展创意产业、物流等现代服务业。

由于中国人口众多，随着市场经济的不断发展，每年新增就业人口和城镇化进程步伐加快，对就业市场形成双向挤压，就业压力逐年加大的状况短期内已不可逆转。同时，随着社会主义市场经济体制的完善，我国中小企业发展壮大的程度已经可以和国有大中型企业比肩，尤其在吸引人才、吸纳就业人口方面，中小企业更具有得天独厚的优势，用人用工制度灵活，员工收入与市场接轨，都是中小企业比国有大型企业可以更多地承担社会责任的客观条件。因此，缓解就业压力应把中小企业作为消化就业人口的主战场。目前，我国小微企业虽然发展很快，但是同国外相比，不仅在数量上，而且在规模上差距都很大。目前在各国农业、工业、流通、金融、保险以及各种服务业都出现大量不同类型的中小微企业。中小微企业同人们生产生活息息相关，一些国家从小孩出生后的抚育到老人死亡殡葬，均有服务性的小微企业。在西欧农产品市场上，小微企业经销的产品占 60% 的份额；在美国由小微企业加工的农产品竟然占 80% 。欧洲债务危机爆发以后，各国也曾经实行小微企业支持政策、大学生就业政策等，成效显著。事实说明，国外的中小微企业是市场经济条件下，促进就业、稳定社会、发展经济的重要稳定器。借鉴国外的经验，尤其是中小微企业在促进社会就业方面所发挥的作用，以及与社会所营造的促进中小微企业发展环境的良性互动，能够给予我们不少启示。

7.3.1 美国

美国中小微企业在商业及服务业中占比重较大，占全美企业总数的98%，提供了56.5%的就业，中小微企业是美国经济的重要组成部分，也是最具活力和创新精神的部分。

①通过立法，动员全国力量加强就业、创业培训。以职业技术培训、税收政策优惠、创业资金支持和优惠培训等办法，培养创业者，发展中小企业。近几十年来，美国颁布了《人力开发与培训法》、《职业教育法》、《青年就业与示范教育计划法》、《就业培训合作法》等数十个有关职业培训与创业教育的立法。通过这些法律，结合政府拨款，调动州、地方政府、私人机构的积极性，开展寻求职业和失业人员的多种形式的培训。

②美国联邦政府为了鼓励大学毕业生到特定的地区或从事特定的职业，采取了许多激励措施，其中最为常见的做法是免除学生的贷款义务。美国政府贷款大体有两类：直接贷款与联邦帕金斯贷款。就联邦帕金斯贷款而言，在指定职业服务的大学生最高可以免除100%的贷款。此外，如果大学毕业生成为志愿者，最高可免贷款70%。

③产业结构调整为创办中小企业带来机遇。产业结构调整给美国中小企业带来了新的发展机遇，使本来就占据优势的传统产业吸纳的就业量继续呈上升趋势。近年来，美国经济一直在从制造业向服务业转换。按照政府计算产出的方法，制造业仍然占国内生产总值（GDP）的大约一半。但是，从就业岗位来看，有82%的美国人从事服务业工作。而在服务业中，中小企业占主导地位，年均新增就业岗位达百万以上，明显高于大企业。迅速发展的高新技术产业使中小企业在一些新兴产业中创办和吸纳就业方面同样显示出很强的优势。面对竞争日趋激烈的全球化，要求企业加快产品更新换代速度和技术创新步伐。中小企业在发挥创新人才的特长及确定就业人员的工资、福利水平等方面具有更大的灵活性，因而同样能够吸引高知识水准的人才进入中小企业，从而使它们能够较快进入信息技术和生物技术等为代表的高新技术产业。美国的高技术公司在起步阶段通常都是中小企业。高新技术产业中越来越多的中小企业的产生，为吸纳就业带来了新的活力，他们不仅是技术创新的源泉，而且创造了90%以上新就业岗位。

7.3.2 英国

近年来，英国小微企业在解决就业方面发挥着越来越重要的作用。在英国，每8个劳动力中有1人是自营就业人员。据英国政府的官方统计，英国99%的企业为中小企业，其雇佣员工近1300万名，占据逾半的英国就业岗位。56%的工作岗位在小企业中。

历史上，英国政府并不重视中小企业的发展，直至20世纪70年代初，由于经济主体单一，经济发展缺乏活力，才认识到中小企业在促进经济增长中的重要作用，开始改变忽视中小企业的做法。80年代撒切尔首相的经济改革给中小企业发展注入了活力，并在以后历届政府的大力扶持下蓬勃发展，逐步成为经济增长中的中坚力量。本着“使英国成为世界上企业创业及发展最有利场所”之宗旨，英国政府采取了一系列支持中小企业发展的政策和措施，为企业创立、成长及发展营造了良好环境。

在产业政策上，英国政府注重增强小企业的创新能力和产业升级。1999年英国政府在贸工部设立了小企业服务局。在支持小企业创新、改善管理及知识转换的目标下，政府通过实施《管理及领导方案》、提供“研发津贴”及“雇主培训向导”等资金支持，鼓励中小企业加强技术创新和人员培训，提高生产力和竞争力。此外，为鼓励中小企业开拓国际市场，英国贸易及投资署（UKTI）制订了“通行证方案”和“全球企业家方案”，联同地区发展署及海外使领馆向企业提供支持和服务。

①资助中小企业吸纳就业。为鼓励中小企业吸收社会剩余劳力，减轻失业压力，英国政府从1997年7月开始对已私有化公用事业单位征收“暴利税”，用于资助中小企业招收18~26岁的失业青年，每招收一名工人，雇主可以获得政府提供的每周75镑的补贴。

②鼓励人们到落后地区发展中小企业。英国政府对前往自然条件比较差、经济基础相对薄弱的苏格兰、威尔士和北爱尔兰等地区投资的中小企业提供赠款或地区发展补贴、免税3年、产品进出口不受政策限制等优惠政策。

③推动就业教育发展。通过政府计划推动就业教育，大力支持新兴产业和中小企业的发展是其就业教育教育政策显著特点。1981年起通过实施“企业创办计划”、“小工场计划”、“小工程公司”等一系列措施推动创业就业。政府不断增加中小企业的创业贷款，充分发挥银行的作用，政府成立专业部门（工业部中小企业科）联系银行，帮助中小企业筹措外部资金，支持民间大企业向小企业提供研究开发投资，减轻各种赋税，鼓励采用灵活的雇佣政策等措施，帮助创业者积累资金，提高创业成功率。主张把增加就业与改革社会保障制度相结合，强调加强职业培训、提高就业能力，鼓励人们通过劳动养活自己，消除对福利国家的依赖。并从1998年4月开始全面实施了“从福利到工作”的就业计划。

7.3.3　德国

德国官方统计数据显示，德国拥有大约360万家中小型企业，占德国企业总数的99.7%。中小企业虽然营业额还远不及大企业，但数量庞大，对德国的经济发展、就业市场起到至关重要的推动作用。就中小企业对就业的作用而言，中小企业是容纳就业的主要场所。在德国，中小企业解决了2100多万人口的就业问题，占所有就业人口的79.6%。即使在欧债危机背景下，中小微企业依然是德国就业市场的支柱。据德国就业市场研究机构IAB的调查结果显示，2012年第二季度德国新增上百万个就业岗位，其中95%以上由中小企业提供。同期，德国中小企业新增就业岗位数增加4%，而大企业岗位同比减少25%。

德国政府十分关注中小企业的发展，正是因为看到了中小企业在提高就业率方面起到的巨大作用。德国政府出台了不少针对中小企业的优惠政策，以提高德国的就业率。

①立法保障形成系统完备的保护就业的政策、有效的运行机制。政府通过采取积极的劳动力市场政策，为失业和重新工作者提供就业机会，取代通过提供现金或其他福利来资助失业者提高生活水平的消极政策。先后实施了《劳动促进法》、《职业培训法》、《联邦教

育促进法》和《就业支持法》等法律，鼓励开发劳动力市场，提高就业者能力，增加就业机会。

②加强职业教育，为就业者提供多种补助。进行免费职业培训与介绍、就业咨询，提供就业信息服务；为就业者提供补助，就业者在转换职业或新创企业遇到经济困难时，可向政府申请交通、搬家、工作装备等费用的补助；为职业恢复者提供帮助，针对残疾人的职业恢复和重新创业提供医疗费、职业培训费、社会保险费、家庭生活费多种补助及相关实习工厂实习、一定资助或创业贷款等；为企业提供开工不足补助，对于一些企业包括新创业企业因临时开工不足或工作量减少，政府财政发放一定的补助金，以弥补企业的损失和雇员的工资损失。

7.3.4 法国

法国现有250万家以上的中小企业，数量占法国工商企业总数的73%，创造的国民生产总值占全法国的60%以上，出口总额占全国50%左右，这些中小企业是法国经济的重要生力军，在缓解失业引发的社会矛盾、拉动出口、促进科技发展方面发挥着重要作用。法国政府十分关注扶持中小企业发展，多年来，法国构建了一整套外贸支持体系，通过向本国企业提供相关的融资、担保、保险服务，以及各种服务性支持，帮助企业，特别是中小企业开展国际化经营。

在促进就业方面，2005年政府出台了一系列新政策，鼓励所有的中小企业扩大招聘。法国政府按照新创造的就业岗位为新建企业提供就业奖金。中小企业每新增一个就业机会，政府给予3000~6000欧元的财政补贴。2012年，法国政府又通过建立减税制度（CI-CE）来提升中小企业的竞争力、促进就业。目标是每年减少企业成本200亿欧元，以利于企业投资或招聘。减税原则是按照毛工资比例计算（高于行业间最低增长工资2.5倍的除外）。预计2013年之后，中小企业将感受到减税之后资金运转良好的效果，其他企业将于2014年感受到2013年税收减免之后的影响。此外，法国政府还打算于2017年以前在中小企业中设立50万个见习岗位，特别是通过高层次的技术培训培养见习生。

7.3.5 加拿大

在加拿大，少于100人的企业被归为小工商注册企业，尽管中小企业规模小，其在加拿大经济发展中的地位举足轻重，其数量占企业总数的99%以上，其创造的价值占到了GDP的60%，为加拿大提供了80%以上的就业机会，而且85%的新增就业机会均由其创造。可见，加拿大中小企业是加经济发展的生力军，不仅数量多、分布广，而且经营灵活，技术创新能力强，对GDP贡献大，吸纳就业率高，是维护加拿大市场竞争和稳定的基本力量。多年来加拿大政府主要通过法律保障、宏观管理、财税支持、技术创新等措施促进中小企业健康有序地发展。在本轮金融危机中，加拿大中小企业的良好表现，让政府和经济界更加看好其在创造就业机会方面的重要作用。

在促进大学生到中小企业就业方面，加拿大大学与学院协会要求大学、政府与私人部门共同合作致力于大学生就业能力的提升。大学应该在所有的学科领域持续提供高质量的课程计划，以发展劳动力市场所需要的毕业生综合技能；大学应该与公共及私人部门合作，理解劳动力市场需求并将其融入大学课程规划与开发之中；大学应该确保市场了解毕业生的技能，既包括专业技术技能，也包括有效适应变化需求的技能；大学应该咨询产业、政府及行业委员会以确保将准确可靠的劳动力市场信息传递给学生，从而便于学生进行职业决策。政府应该提供核心资助以使大学能继续开发所有学科领域毕业生所需要的技能组合；应该协助建立行业委员会，这些委员会提供并与大学、学生、雇主分享准确可靠的劳动力市场信息。私人部门应该与教育界合作确保大学能了解他们的需求；应该坚定地承诺实施技能培训与开发，特别是通过内部技能培训为员工发展提供更大支持。

7.4　稳增长、促就业的产业政策

7.4.1　中小微企业发展对稳增长、促就业的意义

近年来，我国中小企业发展较为迅速，企业规模不断扩大，经济实力明显增强。中小企业是我国所有企业的主体，占到了企业总数的90%以上，还支持着社会上70%以上的就业，因此在我国发展中小企业非常重要。就业问题关系到社会稳定和经济长期稳定发展的大局，不同的经济增长模式会对就业产生截然不同的影响。不同的就业模式不仅对就业问题本身起作用，而且对缩小收入分配差距也有非常重大影响。改革开放以来我国经济社会取得突飞猛进的发展，2012年国内生产总值达到519322亿元，随着经济增长方式转变和产业结构调整，农村剩余劳动力转移以及毕业新增就业人口不断攀升，就业形势越来越严峻，探索研究就业增长途径，已经成了当务之急。以大企业为龙头，通过培育数量众多结构合理的中小企业，形成产业集群，不仅可以吸纳大量劳动力就业，而且能提升产业整体竞争力和抵御风险的能力，实现经济社会的和谐和可持续发展。中小企业总量规模不断扩大，创新能力持续增强，经济效益明显提高，社会贡献日益突出，已经成为吸纳城乡就业的主渠道、自主创新的生力军、推动经济社会平稳协调发展的重要力量。特别是近几年提的较多的“小而微”的小微企业，其增强经济发展内生动力的作用不“小”，在经济社会发展中的地位也不“微”。据统计，目前我国中小微企业占全国企业总数的99%，经济总量占60%，上缴的利税占50%，特别是就业人数占到80%。在实践中，小微企业对国家

GDP及财税贡献可能不是主力，但小微企业是安置下岗职工、扩大就业门路、提高生活水平、保持社会稳定的重要稳定器。它不仅是创业的“孵化器”，而且成为我国吸纳就业的主要“容纳器”和“就业明星”。

在经济下行及各种因素的影响下，“就业”成为2013年的热门话题。如何促进就业，保证就业平稳成为政府“稳增长”的核心关注点之一。我国人口众多、新增劳动力庞大的国情，决定了小微企业作为创业“孵化器”，和就业“容纳器”的地位将长期存在。我国每年新增千余万就业人口，其中很大一部分是大学生。近年来，随着中国高校毕业生人数的快速增长和高校毕业生就业压力的加大，众多大学毕业生也把就业选择投向了中小企业。2013年全国普通高校毕业生规模将达699万人，比2012年增加19万人，是新中国成立以来大学毕业生最多的一年，被称为“史上最难就业季”，此时小微企业恰好能够充分发挥其就业“容纳器”的作用，如果其发展受阻，不仅将造成成百上千的劳动力失业，就连大学生的求职路将严重缩窄。就业乃民生之本，失业率高会衍生出其他一系列社会问题。扶持小微企业就是扶持国家的就业，走活这盘棋，就能较好地解决我国紧迫的就业问题，从而促进社会稳定与和谐。

从西方发达国家的情况来看，政府在支持经济发展方面，最主要的目标也是中小企业和小微企业。政府能够提供的政策、资金及资源等，也主要用于中小企业和小微企业。大中型企业政府基本不管，不仅不管，还要通过一定手段，反哺中小企业和小微企业。

在全球经济已进入后危机时期，世界各国都在进行经济转型与产业结构调整的大背景下，我国中小企业发展面临着新的挑战，国内外市场竞争日趋激烈，对能源、资源和生态环境的约束趋于强化，使中小企业产业结构的矛盾和问题更加突出，生存与发展的压力明显加大。小微企业几乎完全是自主发展企业，经营规模小、获优惠政策少、税费负担重、融资也异常艰难。特别是2008年以来，在国内外宏观经济形势趋紧和市场竞争加剧的环境下，小微企业又面临订单普降、成本普涨、资金短缺、劳动力价格上升等诸多不利因素。大力发展绿色经济和绿色产业，开辟中小企业可持续发展的新时代，已经成为摆在全世界面前的一个亟待解决的重大课题。完善中小微型企业发展扶持政策，充分发挥其吸纳就业的作用，对于我国经济克服后金融危机时代的影响、保持社会和经济平稳较快发展，具有重要战略意义。

7.4.2 国际金融危机后出台的促就业、稳增长的中小企业政策

我国政府始终高度重视中小企业的发展，把促进中小企业发展作为保持国民经济平稳健康发展、保障和改善国计民生、维护和促进社会和谐稳定的重大战略任务，特别是近年来，出台了一揽子政策措施，不断加强和改进对中小企业的公共服务，积极引导和支持中小企业加强技术改造和科技创新，加快产品和产业结构调整，促进中小企业通过转型升级实现健康快速发展。

2008年国际金融危机后，我国既有的经济增长模式赖以存在的条件发生了深刻变化。

一是土地越来越稀缺；二是劳动力成本逐渐提高；三是能源、原材料价格上涨；四是以美国次贷危机及欧洲主权债务危机为诱因，世界经济增长放缓；五是“两头在外”的经济增长模式使我国长期存在对外贸易顺差，人民币升值压力大。在既有的经济增长模式赖以存在的条件发生重大变化的情况下，“两头在外”模式的先天不足，如缺少核心技术和品牌、严重依赖对外贸易等也会显露出来。我国中小企业停产倒闭现象一度出现过蔓延的趋势，中小企业相对集中的停产和转移就是一个集中的表现。

针对上述情况，2008年国际金融危机后中国出台了一系列扶持中小企业政策，以期促就业、稳经济。我国2008年9月曾出台《关于促进以创业带动就业工作的指导意见》（以下简称《意见》），该意见提出，鼓励和支持个体私营等非公经济和中小企业发展。具体包括进一步加大对中小企业的扶持力度，还应考虑拓宽中小企业融资渠道，如扩大贷款规模、创新中小企业贷款担保抵押方式、尽快推出中小企业创业板市场等。《意见》还提出，增加中央财政中小企业发展专项资金规模，重点对符合国家产业政策、就业容量大的中小企业在结构调整、节能减排、技术创新和市场开拓方面给予贷款贴息和税收优惠等。同时，采取更加优惠的政策，鼓励民间投资，充分发挥非国有经济拉动经济和就业增长的积极作用。

放宽产业准入，简化手续清理壁垒。中小企业所处的外部环境虽然有所改善，但在发展过程中仍面临三大问题急需解决。一是一些中小企业过度依靠低价竞争，一味拼价格、拼劳力、拼资源、拼土地、拼环境，企业技术和管理水平低，难以在市场竞争中取胜。二是中小企业应有的“专、精、特、新”特征不突出。在大企业协作配套、劳动密集型产业、服务业等可以发挥特色的领域，中小企业专业化程度低，分工协作水平不高；在资源开采、原材料生产等产业集中度要求较高的领域，小企业过多；在高新技术和新兴产业领域，中小企业发展不足。三是地区发展不平衡。在沿海发达地区，中小企业集中，在中西部以及老少边穷地区，创业氛围不浓，中小企业数量不多、活力不强、层次不高。针对这些困难和问题，国家发改委、银监会、财政部等相关部门从各方面采取措施加大了对中小企业的扶持力度。其中国家发改委对中小企业的政策支持包括：放宽和规范中小企业市场准入，鼓励、支持和引导中小企业参与国有企业改革，一些重要的矿产资源开采领域，允许中小企业、社会资金以资本形式进入；推进中小企业信用制度建设，办好证券市场中的中小企业板块；逐步建立中小企业监测体系等。良好、平等的政策环境是促进中小企业发展的土壤。2008年出台的《意见》进一步明确，加快清理和消除阻碍创业的各种行业性、地区性、经营性壁垒，简化创办企业手续，开辟创业“绿色通道”。同时，严禁任何形式的乱收费、乱摊派、乱罚款、乱检查、乱培训，大力推行阳光收费。进一步清理和规范涉及创业的行政审批事项，简化相关手续，建立创业绿色通道。此类政策有效节约了中小企业的办事成本，鼓励创业的积极性。

降低创业门槛。根据《意见》要求，在法律、法规许可范围内，对初创企业，可按照行业特点，合理设置资金、人员等准入条件，允许注册资金分期到位。允许创业者将家庭住所、租借房、临时商业用房等作为创业经营场所。而且各地区、各有关部门还可根据实际情况，适当放宽高校毕业生、失业人员和返乡农民工创业的市场准入条件等。通过这一措施，新创办的中小企业和项目得到稳定发展，降低了创业风险，提高了创业的成功率。

扩大担保融资服务。创业服务体系是为创业者和中小企业的创立、发展提供多层次、全方位、社会化服务的网络。对于中小企业，最急需的创业服务就是解决融资难、担保难的问题。《意见》出台之时，全国已设立各类中小企业担保机构3729家，5年累计为近60万户中小企业提供了担保服务，贷款担保总额8000多亿元，有力地促进了中小企业的发展。《意见》进一步明确，要壮大中小企业信用担保机构实力，扩大担保融资服务。

建设创业场地。各地方政府积极颁布文件，出台创业场地管理实施意见等，统筹安排劳动者创业所需的生产经营场地，并搞好基础设施及配套建设，优先保障创业场地。因地制宜建设创业基地，并在土地利用总体规划确定的城镇建设用地范围内，或利用原有经批准的经济技术开发区、工业园区、高新技术园区、大学科技园区、小企业孵化园等建设创业基地。通过创业基地的建设，为进入基地的小企业提供有效的创业服务和一定期限的政策扶持，降低了创业成本，提高了创业稳定率。

7.4.3 近期出台的促进中小企业就业的政策

从宏观经济学的角度看，大学毕业生就业时受景气波动的影响，在经济景气波动中有滞后跟随效应①。因此，企业对应届生需求出现“降温现象”可能是受宏观经济形势下行影响。就业难易和岗位多少有关，而岗位和经济增长以及经济结构有关。就业是民生之本，比起进城务工人员就业，大学生就业更是我国就业问题中带有战略性的核心问题。大学生的就业难主要是“结构性就业难”，不是大学生太多，也不是大学生找不到工作，而是产业结构亟须调整。例如，中小企业和中西部城市都需要高素质劳动力，但高校针对大学生的培养目标、手段并不是中小企业、中西部地区想要的方向，培养出来的学生想到机关单位、大城市。再如，有些行业不是很景气，尤其是装备制造业和服务加工业等行业，由于受到不明朗的国际市场的影响较大，导致招聘需求增长十分缓慢。

2013年5月，国务院办公厅印发了《关于做好2013年全国普通高等学校毕业生就业工作的通知》（国办发〔2013〕35号，以下简称《通知》）。《通知》中明确的其中一个就业方向是：鼓励各类企业吸纳就业，包括引导高校毕业生到中小微企业、民营企业和非公有制企业就业，同时引导国有企业吸纳更多高校毕业生就业。据有关负责人介绍，对接收高校毕业生的中小微企业，国家将从财税、金融、信息、社保补贴等方面，加大支持力度。对到中小企业就业的毕业生，将切实保证在专业技术职称评定、科研项目经费申请等方面与国有企事业单位同类人员同等待遇。

为贯彻落实《通知》提出的目标任务和政策措施，按照国务院就业工作部际联席会议

① 麦可思研究院。

《重点工作分工方案》的要求，工信部就做好2013年高校毕业生就业工作的相关事宜下达了通知，要求各地中小企业主管部门要进一步增强促就业、稳增长、促发展的大局意识，积极配合有关部门，做好组织中小企业吸纳高校毕业生就业的相关工作。

通知中要求做好八项促进高校毕业生就业的主要任务。一是拓宽高校毕业生就业渠道，将吸纳高校毕业生就业作为中小企业工作的重要内容。充分发挥战略性新兴产业、先进制造业、高新技术产业、智力密集型产业、现代服务业、现代农业发展对高校毕业生就业的拉动作用，鼓励和引导中小企业结合转方式、调结构的进程，积极为高校毕业生开发就业岗位。二是配合相关部门加大对小微企业和劳动密集型中小企业的扶持力度，进一步落实社保补贴、培训补贴等扶持政策，鼓励其吸纳高校毕业生就业。三是大力宣传民营企业、非公有制经济组织对经济社会发展的重要意义和突出贡献，引导高校毕业生树立正确的就业观和择业观，到民营企业、非公有制经济组织就业。四是鼓励高校毕业生自主创业，配合有关部门对自主创业高校毕业生进一步放宽准入条件，降低注册门槛，落实好创业小额担保贷款及贴息、税费减免等扶持政策。五是积极推进小企业基地建设，为自主创业高校毕业生提供创业孵化场地和项目开发、开业指导、融资、跟踪扶持等“一条龙”创业服务。六是配合相关部门落实好少数民族高校毕业生就业。承担对口支援西藏、青海、新疆任务的地区要组织本地区中小企业积极面向受援地高校毕业生开展各类招聘活动，并将到本地求职的受援地高校毕业生纳入就业扶持政策范围，提供帮扶与指导。七是配合相关部门建立高校毕业生就业和重点产业人才供需对接机制，研究制定中小企业急需人才培养计划，努力实现人才培养、企业需求和就业的良性互动。八是做好2013年“全国中小企业网上百日招聘高校毕业生活动”的后续工作，要严格规范中小企业的招聘行为，保障高校毕业生的合法权益，认真做好跟踪服务。

7.5 就业难的背景

7.5.1 资本有机构成提高

资本积累或积聚过程中，第一产业资本有机构成会不断提高，劳动需求相对减少，就业人数大幅度减少。自20世纪80年代以来，已实现农业现代化的各主要发达国家农业劳动力占整个就业人口比重已下降到10%以下，这主要是由于农业技术进步所推动的农业劳动生产率的提高，同时由于农业内部激烈的竞争迫使经营者不断增加物质投入，使农业部门“集约化”经营特点日益突出，资本有机构成不断提高，相应其就业结构中所占比重急剧下降。第二产业资本有机构成持续上升，从长期趋势看就业比重趋于下降。第二产业部门在资源结构上更明显趋向于资本密集化和技术密集化，大大提高了传统产业的自动化、机械化程度，从而推动了资本有机构成的进一步提高，使其对劳动力吸纳能力相对或绝对下降。第一产业就业人数比重和绝对量的下降，第二产业就业人数所占的比重的先上升后下降，这印证了马克思预见的一二产业的充分发展为第三产业提供了坚实的基础和巨大的市场需求，第三产业得以迅速发展，第三产业资本有机构成低于社会总资本有机构成水平，就业总量和比重呈现明显上升趋势。通过分析我国三次产业就业人数结构变化和产值结构的变化规律，能够了解中国资本有机构成方面的基本情况。从实际情况看，我国第一产业就业人数在1991年达到峰值39098万人之后的20年中，农业的资本有机构成大大增加，就业人口总体趋势下降，至2011年，我国第一产业就业人员为26594万人，首次低于第三产业就业人数（27282万人）。

7.5.2 产业结构不合理

第三产业向来被认为是吸收劳动力能力最强的领域，但是我国第三产业的发展速度不快，发展水平也不高，其吸收劳动力的潜力还没有释放出来。也就是说，第三产业发展滞后是影响我国就业的最重要因素。在20世纪80年代，第三产业增速明显快于第二产业，但自20世纪90年代开始，第二产业增速明显快于第三产业。从第三产业内部结构看，发达国家主要以信息、咨询、科技、金融等新兴产业为主，我国的统计分析也表明，这些新兴产业正是我国就业弹性大的产业。但我国仍以传统的商业、服务业为主，一些基础性第三产业和新兴第三产业仍然发展不足。所以，我国目前第三产业的内部结构矛盾也是影响我国劳动就业的重要原因。

在投资结构、产业结构演进的过程中，政府政策导向和行为方式比较偏好那些资金密集型、装备密集型的产业。一方面，GDP作为政绩评价的主要指标，对政府的激励作用巨大。为了迅速增加本地的GDP，各地政府普遍倾向于追求发展汽车、机械制造、制药等附加值高、劳动力需求少的资本密集型产业。另一方面，从更深层次上分析，是土地制度、财税体制、信用制度等对政府及国有企业的软约束。在全社会固定资产投资中，政府扮演着十分重要的角色。全社会固定资产投资，按管理渠道可分为基本建设、更新改造、房地产开发和其他投资四个部分。基本建设主要是国债投资，包括中央和地方两级政府的投资；更新改造主要是国有大型企业进行技术更新和改造的部分；房地产中也有相当一部分是由政府开发的。《中华人民共和国2009年国民经济和社会发展统计公报》数据显示，2006～2009年全社会固定资产投资速度呈逐年递增态势，尤其是2009年，从2006～2008年的每年提高1个百分点，一下子提高到4个百分点，增速明显过快。从2010年开始，增速才开始逐渐有所回落。

7.5.3　企业自主创新能力不足

我国企业自主创新能力不足，产业升级缓慢，导致生产性服务业发展滞后。技术创新包括两类：一是提高生产效率的生产过程创新；二是改变产品本身的产品创新。这两种创新对就业有不同影响。从发达国家的经验来看，技术在不断进步，但就业的总人数是在持续上升的。从我国发展情况看，三十几年来，我国技术创新能力大幅度提高，2006年以来，我国全社会研发经费支出实现每年20%以上的增长，从2006年的3000亿元，增长到2011年的8610亿元，占国内生产总值的比例从1.42%提升到1.83%，居世界第3位。2011年发明专利申请量也首次超过美国，跃居世界第一位，占到全球总量的1/4，总就业人数不断上升，从1978年的40152万人增加到2012年的76704万人，年均增加约1044万人。但由于我国仍处于工业化的中期，自主技术和自主品牌缺乏，先进技术和机器设备只能从国外进口，对就业的拉动主要是增加一些采购人员和加工操作人员，而真正体现未来大量就业方向的技术、设计、研究、市场策划和开发人员却不能大量增加。这种结构性矛盾也是我国目前就业问题严峻的原因之一。

7.5.4　服务业垄断现象严重

我国经济已下滑至10年最低点，但就业还算基本稳定的主要原因是在制造业持续下滑时，服务业增长稳定，仍在创造就业。第二产业高速增长期已经过去，未来新的增长点落在服务业上。在经济转型的大背景下，服务业的增长将保持稳定，并作为就业的“最大容纳器”。但不得不注意，目前我国服务业仍存在比较严重的垄断，服务业中的中小企业发展不足。在金融、保险、邮电、通信、交通等许多服务领域，国有大型企业处于行业的核心地位，具有相对或绝对垄断优势。垄断使这些领域享受着优质的公共资源，员工享受着高收入，形成了庞大的利益群体，而享受到较少资源、政策红利的外围中小企业生存和发展却面临一定的困难，员工福利待遇水平较低。服务业中的中小企业发展不充分是影响就业的又一原因。

7.6　促进中小企业就业的产业政策

无论是经济形势的需要还是对经济增长速度观念的转变，都应该从战略高度长远考虑对中小微企业的支持，且应作为一条基本原则牢牢把握和坚持。中小企业和小微企业的发展稳定是居民就业和收入增长的有力保证，是我国经济真正步入健康、有序的发展轨道的必要条件。从目前宏观经济形势的需要来看，经济的持续下滑，已经对居民就业和收入增长构成了很大威胁。如果继续将目标锁定在经济增长速度、锁定在大企业和大项目上、锁定在城市建设和房地产开发以及各种基础设施建设方面，居民就业和收入增长就很难保证。而发展经济的目的就是为了提高广大居民的生活水平和生活质量，如果居民就业和收入增长不理想，发展也就失去了意义。在这种情况下，唯有大力发展中小企业和小微企业，尽快让中小企业，特别是小微企业走出困境，同时转变观念，才有可能避免经济下滑带来的各种矛盾和问题，也才能确保社会的稳定与和谐。

从中央对经济增长速度的认识来看，新的一届政府成立以来，反复强调要提高对经济增长速度的“容忍度”，要通过高度重视实体经济来调整经济结构和经济增长方式。特别对中小企业和小微企业，要给予更多的支持与帮助，以扩大就业、提高居民的收入水平。而将工作的重点放在中小企业和小微企业上，可能会对经济增长速度带来一点影响，但对经济社会全局却是有百利而无一害。经济增长速度适当放慢，不仅能稳定居民就业和收入增长，也有利于其他问题的解决。也正因为如此，在今后的发展中，不仅要抓大企业、大项目，中小企业和小微企业更要重点支持和帮助。产业政策、资金、资源等，都应向中小企业和小微企业倾斜，从而为经济社会发展提供强大的物质基础和稳定保障。

《中华人民共和国就业促进法》第十二条指出：国家鼓励各类企业在法律、法规规定的范围内，通过兴办产业或者拓展经营，增加就业岗位。国家鼓励发展劳动密集型产业、服务业，扶持中小企业，多渠道、多方式增加就业岗位。目前大学生就业面临的巨大压力，既有就业不充分原因，也有结构性短缺矛盾，应深化产业结构调整，加快培育战略性新兴产业。因此，政府要制定和完善相关的扶持政策，其中，实行促进创业带动就业、扶持中小企业的产业政策是一项重要工作。

纵观世界各国，中小微企业已成为提供新增就业岗位的主渠道和科技创新的重要力量，在促进经济发展、保障改善民生等方面发挥着举足轻重的作用。由于中小微企业规模较小，抵御各方面风险的能力偏弱，各国结合本国实际及经济发展不同阶段，不断调整完善促进中小微企业发展的政策措施，努力发挥中小微企业在促进经济社会发展方面的重要作用。

7.6.1 产业结构调整政策

目前工业和信息化部对推动产业发展，特别是中小企业发展的一些产业政策趋向已经开始注重推动制造业的转型升级。一是研究建立工业转型升级，建立加强企业技术长效机制，要鼓励和制定企业技术创新成果加快应用，加快产业化发展的一系列政策；二是对加大中小企业转型升级的支持力度，首先要优化中小企业的财政税收，支持中小企业技改和加快转型，同时扩大减小中小企业的负担面，加强中小企业公共服务平台的建设；三是加强体制和机制建设，建立有利于创新导向的政策体系，同时要有资源性的产品价格形成机制。

(1) 重新审视我国的产业发展政策

我国的产业结构不合理，第二、第三产业发展水平不高是造成我国就业困难加大的重要原因，因此我们必须重新审视我国的产业发展政策，加快产业结构调整步伐，推动就业结构的转变。产业结构调整的重点应放在促进第三产业特别是服务业的发展上来。第三产业主要是服务业，服务业是吸纳劳动就业的主渠道，今后发展潜力巨大。从世界发展经验看，从制造业转型到服务业，从传统服务业转型到知识型、高增值服务业，从国内贸易、金融、商业中心转型到国际贸易、金融、商业中心也是大趋势。我国的发展也将遵循这个世界的共同规律。我国的服务业，尤其是生产性服务业、消费性服务业、社会公共服务业的现代形态的大发展，既是进入一个更高发展阶段的需要，也是创造就业新渠道的需要，这必然是一个长期的循序渐进的过程。为了发展服务业，国家制定了一系列扶持政策。如对一些特定的就业困难群体从事服务业个体经营给予限额税收减免政策，对符合条件的高技术服务业给予税收优惠政策，对大型物流企业进行税收优惠政策试点，对符合条件的创业园区给予税收优惠政策等。此外，国家还实施了一些产业性的税收优惠政策，一些高素质人员，如大学生、海外留学人员从事“事业型”创业，创办高新技术企业，就可以享受高新技术企业税收优惠政策。今后还应进一步扩大政策实施的范围，加强支持力度，积极引导企业申报相关行业资质认定，对符合条件的商业连锁业、现代物流业、专业服务业、会展服务业、动漫产业、先进制造业等中小微企业采取优惠税率和征收办法。

(2) 处理好第二产业中的劳动密集型和资本密集型产业的关系

我国是人口大国，产业结构和就业结构在满足基本需求、多样性需求和高端需求的不同服务层次上呈现出多元化的特征。既要解决好劳动密集型中小制造企业、服务外包企业、生产性服务业、消费性服务业、社会和公共服务业的扩充与发展问题，又要解决好人力资本密集型的先进制造业和高新技术产业、生产性服务业、消费性服务业、社会公共服务业的发展问题。前者更多的是解决农民工和普通劳动力的就业需求；后者则主要是解决多层次人才，尤其是高素质专才的就业需求。鉴于我国安置就业的任务繁重，需要我们在产业发展的时候考虑到就业目标。劳动密集型产业符合我国的资源禀赋特征和比较优势原理，并且发展劳动密集型产业与重视生产技术进步，提高生产率没有本质冲突。

现阶段我国大多数服务业都是劳动密集型企业，劳动吸纳能力强。“十一五”期间，全国就业人数增加了1127万人，服务业增加就业2189万人，比全国新增就业人数还多1062万人。近年来，服务业已经成为吸纳农民就业和增加农民收入的重要渠道。据有关统计，在我国服务业的就业人数中，农民工占50%以上，《就业促进规划》中提出要转移农村劳动力4000万人，新一代农民工中的大部分的就业目光投向了服务业，因此大力发展服务业也有利于在城镇化进程加速背景下安置农村的转移劳动力。为了满足各种层次人力资源的就业需求，今后应积极促进传统商贸、餐饮、旅游等行业的转型升级，鼓励传统服务企业由依靠模仿创新转向自主创新推动技术进步的商贸服务模式，积极运用信息技术整合商贸、餐饮、旅游等行业的传统业态，提升传统服务业的质量和水平。大力推广连锁经营、特许经营、品牌代理、仓储式销售、社区便利店等现代经营方式和新型业态，促使传统服务业也能够创造出更多吸引全球化人才的工作岗位。同时，在教育培训、卫生保健、绿色生活品质及社区服务、文化创意、通讯及计算机信息、科技、工程咨询、财富管理、服务外包等现代服务业部门，也能够创造出更多新就业岗位，为人才提供增值机遇①。

(3) 第三产业内部结构升级

我国第三产业发展不充分的一个重要原因就是行业垄断和市场准入过严，如金融保险业、电信、交通、教育、卫生、广播电影电视业等，它们就业弹性较大，却存在很多进入壁垒。由于缺乏竞争，这些服务居高不下的价格不仅抑制了消费，反过来也影响了以上产业的发展规模，最终限制了对劳动力的需求。所以，当前最亟待解决的是消除它们过高的进入门槛，吸引多方面投资的介入。

7.6.2 产业准入政策

在金融危机的背景下，中国有两个群体受到的影响较大：一是中小企业，特别是外向型的中小企业的产业群体；二是农民工和大学毕业生的就业群体。

中小企业承受着不转型则被淘汰的阵痛，本轮金融危机以来，中央及地方政府采取了多项政策措施，促进、激发中小企业发展。但中小企业和非公有制经济发展速度加快、质量提升、效益回升的同时也面临诸多困难和问题，比如出口增长的基础非常脆弱，转变发展方式和结构调整难度加大，原材料价格、人力资本等要素的上涨增加成本，融资难特别是微小企业融资更难，企业用工面临着紧张等。而当前工业企业投资增长缓慢，反映当前经济复苏过程中前景不是十分明朗，影响企业创新投入和投资回报不确定的因素仍然很多。

在就业方面，2013 年 2500 万农民工找工作面临困难，相比农民工，大学生就业问题更加突出。截至 2013 年 5 月底我国大学生的就业率仅为 45%。大学毕业生作为一种重要的人力资源，是社会的宝贵财富，是经济发展和社会进步的重要推动力量，其合理有效配置，不仅对国家、社会、高校，而且对毕业生个人和家庭都具有重要意义。大学生就业难是近年来困扰我国社会的一个突出问题。要解决我们的就业问题，根本出路需要进一步解放思想，靠深化改革。具体建议大力鼓励发展中小企业，放宽市场准入，降低准入门槛。改革金融体制，大力发展社区银行、小额贷款公司，解决中小企业融资难的问题。转变政府职能，使政府真正的从审批型政府转为服务型政府。

(1) 降低中小企业准入门槛

完善社会主义市场经济体制，促进公有制经济和非公有制经济协调发展，是加快转变经济发展方式的重要内容。要毫不动摇发展非公有制经济，着力改善中小企业发展环境，拓宽融资渠道，放宽市场准入，保证各种所有制经济依法平等使用生产要素、公平参与市

① 张燕生："发展现代服务业促进就业结构调整"，《中国经济报告》，2009 年 9 月 1 日。

场竞争、同等受到法律保护。放宽市场准入，在基础设施、公用事业及其他行业领域进一步引入公平竞争的机制。放宽中小企业登记、名称核定、出资额、经营场所等限制条件，进一步改善中小企业发展环境，大力发展劳动密集型产业、服务业、小型微型企业和创新型科技企业，将落实中小企业扶持政策与做好高校毕业生就业工作相结合，鼓励中小企业积极吸纳高校毕业生。

（2）落实中小企业相关优惠政策

对招收高校毕业生达到一定数量的中小企业，地方财政应优先考虑安排扶持中小企业发展资金，并优先提供技术改造贷款贴息。当年新招用登记失业高校毕业生达到企业现有在职职工总数15%以上（超过100人以上的企业达10%）的劳动密集型小企业，可按规定申请最高不超过200万元的小额担保贷款，并享受财政贴息。企业招收就业困难高校毕业生、签订劳动合同并缴纳社会保险费的，按规定给予社会保险补贴。高校毕业生到中小企业就业的，在专业技术职称评定、科研项目经费申请、科研成果或荣誉称号申报等方面，享受与国有企事业单位同类人员同等待遇。

7.6.3 区域产业政策

中小企业是我国国民经济中一支非常重要的力量，创造了大量的产值，贡献了可观的税收收入。仅从吸纳就业等社会效益来看，规模小的企业要远远好于规模大的企业，而且中小企业一直是我国新增就业的主体。目前，我国中小企业有了长足的发展，但另一方面，中小企业经济效益却有待提高，制约中小企业成长的问题仍然不少：一是融资难、行政性审批繁锁、经济政策透明度低、缺乏规范的中小企业服务市场、企业间缺少专业化协作等外部环境存在的障碍；二是企业技术水平低下、企业经营管理能力不强、家族化经营管理模式的局限、职工的合法权益保护不够等内部机制表现的缺陷。在今后的产业区域政策中，建议着重于制定产业发展重点支持目录、强化产业发展专项资金引导作用、设立中小企业促进专项基金等。

（1）制定产业发展重点支持目录

对目录内符合产业政策的现代商贸业、现代物流业等中小微企业进行重点扶持，引导目录内产业在产业园区集聚，提升区域整体功能。

（2）在区域规划中实行分类指导原则

把促进中小企业发展纳入各地区、各层次的发展规划，明确不同区域中小企业发展的产业定位，构筑优势产业平台，在区域产业结构调整中借助中小企业大力发展地方特色经济，促进中小企业向相关产业集聚，逐步形成产业整体优势。把中小企业规模化、规范化、集群化发展纳入中小城镇规划和建设中，集中布局建设工业小区，促使中小企业由分散经营向集约化经营转变，共享战略资源、基础设施、信息化平台和市场信息，提高中小企业的组织化程度，改善企业间的组织结构和综合配套能力，优化利用土地和资源，减少消耗杜绝浪费，集中治理污染。

(3) 强化产业发展专项资金引导作用

对于符合国家产业政策的中小微企业，应积极引导企业进行科技更新、调整产业结构、产品更新换代，凡在我国境内投资符合国家产业政策的技术改造项目企业，结合其对区域贡献度，由政府以贴息贴费、补贴投入、降低租金等方式给予积极的财政扶持政策，支持企业在品牌创建、自主研发、节能减排、公共服务等方面的投入。

(4) 设立中小企业促进专项基金

鼓励由各级政府财政预算安排，设立专项用于支持各地民营企业和中小企业发展的政府性基金，同时也要给予政策支持，鼓励其他社会渠道投资、集资设立各种层次的专项社会性基金。专项资金设计内容主要包括：现代服务业发展引导资金、产业结构调整及节能减排专项资金、促进中小企业发展专项扶持资金、信息产业发展专项扶持资金。为了进一步发挥中小微企业就业“吸纳器”的作用，可设置安置就业补助资金，对能大量吸收劳动力就业的个体、微型和小企业实行减税。小规模纳税人，小企业的增值税、营业税、所得税率均要降低，对这些企业投资人，经理层、中高管理人员、技术人员等，降低其个人所得税的累进率。对一般纳税人，其增加值中劳动成本占50%的企业，其增值税应继续下调。服务业设备投资可以在营业税中予以抵扣。同时，也可以考虑增加创业的社保补贴覆盖面。在税收体制和行为上，应该废除税收增长的年度计划指标和任务制度，废除对超额完成税收任务的奖励规则。另外，杜绝收费和乱罚款。合理清理和废除所有政府各部门和各行政事业机构对个体、微型和小企业的有关一切不合理收费和罚款项目，为中小微企业减负。

第 8 章

促进中小企业就业的财政政策

- 我国中小企业财政政策
- 税收政策
- 财政支出政策
- 政府采购政策
- 促进中小企业就业的社保政策
- 财政政策对就业的影响
- 促进中小企业就业的财政政策

8.1 我国中小企业财政政策

中小企业是实体经济的重要基础，是社会就业的主渠道，是技术创新和转变经济发展方式的生力军，关系经济社会发展全局。党的十八大报告明确提出要“提高大中型企业核心竞争力，支持小微企业特别是科技型小微企业发展”。这就要求我们必须从贯彻落实科学发展观、全面建设小康社会的全局和战略高度，深刻认识和领会促进中小企业发展稳增长、促就业的重要性和紧迫性。

中小企业是解决就业问题的主体，目前我国在中小企业的城镇就业人员比例约占80%，在今后相当长一段时间内，吸纳就业是一项长期的工作和任务。我国中小企业的发展过程，在一定程度上代表着我国经济体制转型和市场经济的发展过程。与此相适应，我国中小企业财政政策也经历了不同的发展阶段。新中国成立后相当长一段时期内，我国采取了优先发展重工业的战略，并赋予大型国有企业优先使用各种社会资源的权力。改革开放以来，作为社会主义公有制经济的重要补充，中小企业，特别是小微企业开始受到广泛关注。在2008年国际金融危机发生后，政府出台了一系列针对性强的扶持政策。我国支持中小企业发展的财政政策在不同的阶段对不同的人群有不同的侧重。针对中小企业发展中面临的生产经营压力加大、成本上升、融资困难和税费偏重等突出问题，近年来，我国从政府采购、税收优惠、资金支持、清理收费等多方面入手，加大对中小企业的支持力度，取得明显成效。

第一阶段（1978~2002年），对中小企业实施开放搞活的政策措施。党的十一届三中全会以来，我国成功实现了从高度集中的计划经济体制向充满活力的社会主义市场经济体制的转变。1978年底，《中共中央关于加快农业发展若干问题的决定（草案）》明确提出鼓励乡镇企业发展。1984年党的十二届三中全会通过了《关于经济体制改革的决定》，提出“增强企业活力”，“发展社会主义商品经济”，“积极发展多种经济形式”，赋予了以个体私营企业为主的中小企业更多的自主权。为促进国有中小企业改革，鼓励和支持发展乡镇企业、集体企业、个体私营企业发展，国家财政在所得税、增值税等方面出台了一系列优惠政策。2000年，国务院转发国家经贸委《关于鼓励和促进中小企业发展的若干政策意见》，提出多项扶持政策，明确“加大财税扶持力度”，“通过财政资金投入、税收优惠等支持中小企业发展”。经国务院批准，中央财政先后设立了科技型中小企业技术创新基金、中小企业国际市场开拓资金和农业科技成果转化资金，初步建立起由税收优惠政策和资金支持政策相结合的财政政策体系，对促进中小企业的发展发挥了积极的作用。

第二阶段（2002～2009 年），通过立法确定中小企业的重要地位和扶持政策。2002 年，国家颁布了《中小企业促进法》，明确中央财政预算安排扶持中小企业发展专项资金，并在税收、政府采购等方面给予中小企业全方位支持，为中小企业建立公平竞争环境提供了法制保障。2005 年，国务院出台了《关于鼓励支持和引导个体私营等非公有制经济发展的若干意见》，进一步解放思想、深化改革，消除包括中小企业在内的非公有制经济发展的体制性障碍，并提出国家将采取加大财税支持力度，支持非公经济发展，对促进中小企业持续健康发展产生了深远影响。在上述立法和相关文件推动下，我国对中小企业发展实施了多种多样的财政政策支持，推动了中小企业的进一步发展。

第三阶段（2009 年至今），进一步完善促进中小企业发展的各项政策。为缓解国际金融危机对中小企业的冲击，促进中小企业转变发展方式，实现又好又快发展，2009 年，国务院出台了《关于进一步促进中小企业发展的若干意见》，从缓解融资困难、加大财税扶持力度、减轻社会负担、加快技术进步和结构调整、支持开拓市场、改进服务等方面提出了政策措施。2009 年，我国特别针对在金融危机冲击下运营困难的企业出台了“五缓四减三补贴”的帮扶政策。所谓“五缓”是指对认定的困难企业，五项社会保险可以缓交；所谓“四减”就是指对困难企业除养老保险以外，其他四项社会保险可以适当降低；同时对困难企业不裁员、保留就业岗位的给予社保补贴、岗位补贴、培训补贴。这项政策对于应对金融危机、稳定就业局势发挥了积极的作用。“十二五”规划纲要再次明确了“大力发展中小企业”的工作任务。针对当前小型微型企业生产经营中面临的突出问题，2012 年 4 月，国务院印发《国务院关于进一步支持小型微型企业健康发展的意见》，明确进一步加大为小型微型企业的财税支持力度，提出“落实各项税收优惠政策”、“完善财政资金支持政策”、“依法设立国家中小企业发展基金”、“政府采购支持小型微型企业发展”等多项政策措施。为了贯彻落实中央的决策部署，财政部陆续出台了一系列扶持中小企业特别是小型微型企业发展的财税政策，形成了以财政资金支持、税收优惠、政府采购、减轻收费负担、鼓励吸纳就业、财务会计制度等为主要内容的中小企业财政政策体系。

8.2　税收政策

近些年来，我国税收制度基本保持稳定，总体上减税是主基调。特别是为应对国际金融危机冲击，国家出台实施了一系列结构性减税政策。其中，既有面向包括中小企业在内的所有企业的税费减免政策，如实施增值税转型改革、新的企业所得税法实施后税率由33%降到25%等，也有专门扶持中小企业发展的税收优惠政策。

8.2.1　专门扶持中小企业发展的税收优惠政策

一是在按20%的低税率缴纳企业所得税的基础上，自2010年1月1日至2011年12月31日，对年应纳税所得额低于3万元（含3万元）的小型微利企业，其所得减按50%计入应纳税所得额。二是为减轻小规模纳税人税负，自2009年1月1日起将增值税小规模纳税人的征收率自6%和4%统一降至3%。三是为促进家政服务企业发展，自2011年10月1日至2014年9月30日，对符合条件的家政服务企业取得的收入免征营业税。四是自2008年1月1日至2012年12月31日，对符合条件的科技企业孵化器和国家大学科技园免征营业税、房产税和城镇土地使用税等。五是改善企业投融资环境。对非营利性中小企业信用担保、再担保机构从事担保业务取得的收入，凡符合规定免税条件的，3年内免征营业税。自2008年1月1日至2013年12月31日，金融企业对中小企业贷款进行风险分类后，按照规定比例计提的贷款损失专项准备金准予在计算应纳税所得额时扣除。创业投资企业采取股权投资方式投资于未上市中小高新技术企业2年以上（含2年），凡符合规定条件的，可按照其对中小高新技术企业投资额的70%抵扣该创业投资企业的应纳税所得额。六是消除个人独资企业和合伙企业重复征税，自2000年起停止征收企业所得税，其某一纳税年度的收入总额减除成本、费用以及损失后的余额，作为投资者的生产经营所得，比照“个体工商户生产经营所得”征收个人所得税；2008年起，合伙企业合伙人是法人和其他组织的，按照先分后税的原则计算缴纳企业所得税。七是简化对中小企业的纳税征管。对增值税小规模纳税人销售货物或者应税劳务，实行按照销售额和征收率计算应纳税额的简易办法。纳税人销售额或营业额未达到国务院财政、税务主管部门规定的增值税或营业税起征点的，免征增值税或营业税。对于应纳税额较小的增值税、消费税、营业税纳税人，经核定可以以1个季度为纳税期限。中小企业缴纳城镇土地使用税确有困难的，可按有关规定向省级财税部门或省级人民政府提出减免税申请。中小企业因有特殊困难不能按期纳税的，可依法申请在三个月内延期缴纳。

8.2.2　受益主体主要是中小企业的税收优惠政策

一是对持有《就业失业登记证》符合条件的人员、随军家属、自主择业的军队转业干部、城镇退役士兵等特殊群体的自主创业给予税收优惠。二是企业为开发新技术、新产品、新工艺所发生的研究开发费用，可享受加计扣除或摊销的优惠政策；企业的固定资产由于技术进步等原因确需加速折旧的，可以缩短折旧年限或采取加速折旧的方法；一个纳税年度内，居民企业技术转让所得不超过500万元的部分免征企业所得税，超过500万元的部分减半征收企业所得税。三是对国家需要重点扶持的高新技术企业，减按15%的税率征收企业所得税；新办软件生产企业经认定后，自获利年度起，可享受企业所得税“两免三减半”优惠政策；自主开发、生产动漫产品涉及营业税应税劳务的，暂减按3%的税率征税营业税；经认定的技术先进型服务企业，减按15%的税率征收企业所得税；经认定的技术先进型服务企业发生的职工教育经费支出，不超过工资薪金总额8%的部分准予在计算应纳税所得额时扣除，超过部分准予在以后纳税年度结转扣除。四是企业购置并实际使用优惠目录规定的环境保护、节能节水、安全生产等专用设备的，该专用设备的投资额的10%可以从企业当年的应纳税额中抵免；当年不足抵免的，可以在以后5个纳税年度结转抵免；自2011年1月1日至2020年12月31日，对设在西部地区的鼓励类产业企业，减按15%的税率征收企业所得税。五是为扶持农产品初加工企业，根据企业所得税法有关规定，自2008年1月1日起，对从事农、林、牧、渔业项目的所得免征、减征企业所得税。六是为促进农业产业化经营，自2008年7月1日起，对农民专业合作社给予免征增值税和印花税优惠政策。七是2008年下半年以来，分七次提高部分劳动密集型商品、附加值和技术含量较高商品的出口退税率。同时，为支持农产品出口，对农产品在其增值税税负远低于5%的情况下，仍给予其5%的出口退税率，对深加工农产品，在允许其按照购进免税农产品买价的13%进行“虚拟抵扣”的情况下，仍给予其13%的出口退税率。2008年8月以来，国家又进一步将深加工农产品的出口退税率由13%调高至15%，这个水平超过了部分深加工工业产品。

8.2.3　进一步加大对中小企业特别是小型微型企业的税收政策支持力度

在减轻中小企业特别是小微企业税收方面，我国出台了多项税收优惠政策，专门扶持小微企业发展，自2009年1月1日起施行的新修订的《增值税暂行条例》将小规模纳税人的征收率自6%和4%统一降至3%；对符合条件的科技企业孵化器和国家大学科技园，自2008年1月1日至2012年12月31日免征营业税、房产税和城镇土地使用税等。

2011年10月以来，针对当前中小企业发展过程中面临的新情况、新问题，为进一步支持我国中小企业，特别是小微企业的发展，经国务院批准，在现有扶持中小企业发展的税收优惠政策基础上，财政部会同税务总局等部门进一步完善了相关税收政策，加大了支持中小企业发展的税收政策力度。具体包括以下几点。

一是大幅提高增值税和营业税的起征点。将销售货物、应税劳务的增值税起征点分别由月销售额2000~5000元、1500~3000元提高到5000~20000元；将按次纳税的起征点由每次（日）销售额150~200元提高到300~500元。将按期缴纳营业税的起征点由月销售额1000~5000元提高到5000~20000元；将按次缴纳营业税的起征点由每次（日）营业额100元提高到300~500元。政策实施过程中，基本上都是按上限执行。全国924万余户个体工商户无需缴纳增值税和营业税，占全部个体工商户的比例达63%以上。

二是将小型微利企业减半征收企业所得税政策，延长执行期限并扩大范围。自2012年1月1日至2015年12月31日，对年应纳税所得额低于6万元（含6万元）的小型微利企业，其所得减按50%计入应纳税所得额，按20%的税率缴纳企业所得税。

三是免征金融机构对小微企业贷款印花税。2011年11月1日起至2014年10月31日，三年内免征金融机构与小型、微型企业签订的借款合同印花税。

四是进一步规范农产品初加工企业所得税优惠政策，对享受企业所得税优惠的农产品初加工范围做了补充规定，进一步扩大了优惠范围。

五是延长农村金融机构营业税优惠政策。将2011年底到期的农村信用社、村镇银行、农村资金互助社、由银行业机构全资发起设立的贷款公司以及法人机构所在地在县及县（市）以下地区的农村合作银行、农村商业银行的金融保险收入，减按3%税率征收营业税的政策，执行期限延长至2015年底。

六是延长金融企业中小企业贷款损失准备金税前扣除政策。对金融企业涉农贷款和中小企业贷款进行风险分类后，按照规定比例计提的贷款损失专项准备金准予在计算应纳税所得额时扣除的政策，延长执行至2013年底。

七是对符合条件的国家中小企业公共服务示范平台中的技术类服务平台纳入现行科技开发用品进口税收优惠政策范围。对其在2015年12月31日前，在合理数量范围内进口国内不能生产或者国内产品性能不能满足需要的科技开发用品，免征进口关税和进口环节增值税、消费税。

八是暂免征收增值税和营业税。从2013年8月1日起，对小微企业中月销售额不超过2万元的增值税小规模纳税人和营业税纳税人，暂免征收增值税和营业税。这将使符合条件的小微企业享受与个体工商户同样的税收政策，为超过600万户小微企业带来实惠，直接关系几千万人的就业和收入。

8.2.4 小结

从税收制度看，我国对中小微企业的税收政策缺乏连续性和系统性。税收优惠较为零散，散见于各个税种中，并且大多以补充规定或通知的形式出现，缺乏有效的法律保证，没有形成针对中小企业的创办、发展、科技开发等各个环节的完整的政策体系。

从企业所得税看，我国采用适用优惠税率政策，适用优惠税率的企业范围越广、实际税率越低，则对中小（小微）企业的优惠政策力度更大。适用优惠税率范围：我国适用10%～20%优惠税率的小微企业分为两类，工业企业年度应纳税所得额不超过30万元、从业人数不超过100人、资产总额不超过3000万元，其他企业年度应纳税所得额不超过30万元、从业人数不超过80人、资产总额不超过1000万元。实际税率：我国企业所得税税率为25%，应纳税所得6万～30万元的优惠税率为20%，6万元以下的小微企业实际税率为10%。我国小微企业的企业所得税实际税负在国际上不算高。

从增值税、营业税上看，由于增值税可以进行抵扣，如果对中小企业给予税率方面的优惠政策，容易造成税负转嫁，因此针对中小企业的税收优惠主要体现在起征点的设定上。自2011年11月1日起，我国大幅提高增值税和营业税的起征点，即将销售货物、应税劳务的增值税起征点提高到5000～20000元，将按次纳税的起征点提高到300～500元；将按期缴纳营业税的起征点提高到5000～20000元，将按次缴纳营业税的起征点提高到300～500元，执行基本上按上限执行。从2013年8月1日起，对小微企业中月销售额不超过2万元的增值税小规模纳税人和营业税纳税人，暂免征收增值税和营业税。

从减轻企业资产购置成本上看，我国通过税收手段减轻企业设备投资等运营成本。我国允许对规定的固定资产采取缩短折旧年限或加速折旧的方法，缩短折旧年限后不得低于规定折旧年限的60%，加速折旧可以采取双倍余额递减或年数总和法，同时对企业购置环保专用设备给予企业所得税抵免。我国目前的优惠政策比较单一，还有进一步提升的空间。

从支持科技创新上看，我国非常重视中小企业在技术创新方面的作用，运用税收手段予以支持。我国对重点扶持的高新技术企业给予企业所得税税率优惠，同时企业研发费用未形成无形资产的可以加计50%税前扣除，形成无形资产的按照无形资产成本的150%摊销，对企业技术转让、购置节能环保设备、鼓励创业投资企业投资中小高新技术企业，以及科技中介机构也有相应的优惠政策。我国采用科研经费税前扣除的方式对中小企业科技创新给予了大力支持，总体来说，我国在支持企业科技创新方面的税收政策力度较大、政策内容也较为丰富。

从行政性收费上看，我国加大行政事业性收费和政府性基金减免力度。从2012年2月1日起，取消253项省、自治区、直辖市设立的涉及企业的行政事业性收费；2012年1月1日至2014年12月31日，对小型微型企业免征22项管理类、登记类、证照类行政事业性收费。通过清理取消这些政府性基金和收费，每年可减轻负担150亿元。2012年以来，进一步加大收费清理力度，累计取消和免征307项行政事业性收费，涉及金额290亿元。

上述税收政策的实施，对于进一步减轻中小企业，尤其是小型微型企业和个体工商户的税费负担，缓解其融资难问题，增加劳动者收入，增强其应对市场风险的能力将会发挥积极作用。

8.3 财政支出政策

8.3.1 专项基金

针对中小企业发展的特点和薄弱环节，从1999年起，我国中央财政先后设立科技型中小企业技术创新基金、中小企业发展专项资金、中小企业国际市场开拓资金、中小企业公共服务体系专项补助资金、中小商贸企业发展专项资金 5 个专项资金，并根据中小企业发展需要，不断细化为 10 小项。采取无偿资助、贷款贴息等方式，促进中小企业发展。中央财政支持中小企业资金规模实现较快增长，由 2008 年的 49.9 亿元增至 2013 年的约 150 亿元，6 年增加了两倍。目前，我国已初步形成定位科学、布局合理、重点支持小微企业的资金政策体系。1999～2012 年，累计安排资金 703.5 亿元，其中 2012 年安排 141.7 亿元，比 1999 年增长了 13.2 倍。重点支持以下几个方面：一是鼓励中小企业技术进步、产业升级，提高市场竞争力和可持续发展能力；二是支持中小企业专业化、集约化、集聚化发展，促进优化经济结构；三是引导创业投资机构、担保机构等社会资本改善中小企业融资环境，提升中小企业融资能力；四是鼓励中小企业积极参与国际市场竞争，促进转变外贸发展方式；五是促进中小企业公共服务体系建设，引导公共服务机构扩大和改善服务。在中央财政带动下，各省（区、市）也因地制宜地出台了扶持中小企业发展的资金政策，据统计，2011 年省级财政资金规模超过 250 亿元。

这些专项资金主要通过直接资助和间接引导两种方式支持中小企业。直接资助即对符合条件的中小企业项目给予资金补助或贷款贴息；间接引导即引导创业投资机构、担保机构、公共服务机构等为中小企业提供融资、技术、信息等服务。

8.3.2　中小企业发展基金

根据《国务院关于进一步支持小型微型企业健康发展的意见》（国发〔2012〕14 号），中央财政设立国家中小企业发展基金，安排资金 150 亿元，分 5 年到位，2012 年安排 30 亿元。主要用于引导地方、创业投资机构及其他社会资金支持处于初创期的小型微型企业。2012 年 5 月 25 日，财政部、工业和信息化部以财企〔2012〕96 号印发《中小企业发展专项资金管理办法》。2013 年中小企业发展专项资金支持重点是促进中小企业结构调整和优化及改善中小企业服务环境，资金安排向小型微型企业和中西部地区倾斜。

8.3.3　小结

从支持中小企业的财政资金规模看，我国在财政预算中安排了支持中小企业发展的资金，且资金规模逐年增加。我国中央政府通过制定财政政策为中小企业发展提供资金支持，通过规范各项支持中小企业发展资金的使用管理办法、明确资金的使用途径，保证为中小企业提供长期、稳定的财政资金来源。2010 年我国中央政府对中小企业的直接财政投入约占中央财政支出的 0.25%①。

从支持中小企业的财政资金使用方向看，我国的财政资金主要用于支持中小企业技术进步、产业升级、优化结构、提供担保和融资便利、帮助参与国际竞争、风险企业设立等方面。

① 国务院发展研究中心课题组。

8.4　政府采购政策

8.4.1　政府采购规模

我国《中小企业促进法》第三十四条规定“政府采购应当优先安排向中小企业购买商品或者服务”，通过政府采购上的倾斜来保证中小企业的稳定市场与发展。《政府采购法》也明确要求，政府采购应当有助于实现国家的经济和社会发展政策目标，包括保护环境、扶持不发达地区和少数民族地区、促进中小企业发展等。

我国高度重视发挥政府采购政策功能，促进中小企业发展。中央财政支持中小企业资金规模实现较快增长，由 2008 年的 49.9 亿元增至 2013 年的约 150 亿元，6 年增加了两倍。一是出台《政府采购促进中小企业发展暂行办法》（财库〔2011〕181 号），规定政府采购活动不得以注册资本金、资产总额、营业收入、从业人员、利润、纳税额等供应商的规模条件对中小企业实行差别待遇或者歧视待遇，明确我国政府采购制度结合国内实际，采取预留份额、降低门槛、价格扣除、鼓励联合体投标和分包等具体措施促进中小企业发展，并通过政府采购计划管理、合同管理、报告和公开制度、信息化建设等措施保证各项政策落实。要求负有编制部门预算职责的各部门应当预留本部门年度政府采购项目预算总额的 30% 以上，专门面向中小企业采购，其中预留给小型和微型企业的比例不低于 60%。对于非专门面向中小企业的项目，对小型和微型企业产品的价格给予 6% ~10% 的扣除。鼓励小型和微型企业组成联合体投标，在联合协议中如果小微企业协议合同金额占到合同总金额 30% 以上，按照与价格扣除政策基本等效的原则，可以给予联合体 2% ~3% 的价格扣除。同时，鼓励采购人允许获得政府采购合同的大型企业依法向中小企业分包。根据 2011 年全国政府采购 11332 亿元的规模测算，小微企业至少得到了 2720 亿元以上的政府采购市场份额。2012 年全国政府采购金额 13900 多亿元，小型和微型企业获得合同金额 5800 多亿元，占 40% 以上。二是印发《财政部关于开展政府采购信用担保试点工作的通知》（财库〔2011〕124 号），启动中央本级和北京、黑龙江、广东等 8 省市的试点准备工作，以政府采购作为平台帮助中小企业融资，以政府采购合同作为抵押凭据直接或通过担保公司担保后向银行贷款，在一定程度上缓解了中小企业在履行合同过程中的资金困难。从试点情况来看，目前仅北京市担保融资就达 21.2 亿元，有效地增强了中小微型企业参与政府采购的能力。

自2012年以来，财政部又出台多项措施，大力支持中小企业特别是小型微型企业参与政府采购，并通过计划管理、合同管理、报告和公开制度、信息化建设等措施予以保障。按照规定，负有预算编制职责的各部门，应当预留本部门年度政府采购项目预算总额的30%以上专门面向中小企业采购，其中预留给小微企业的比例不低于60%；对大中型企业与小微企业组成联合体参与政府采购活动，小微企业合同金额占30%以上的，可给予联合体2% ~3%的价格扣除。

8.4.2 小结

从政府采购总规模看，政府采购总规模大小及其占GDP的比重是政府采购政策目标能否实现的一个重要因素。政府采购总规模占GDP的比重国际平均约10%。我国出台政府采购法十年来，政府采购规模剧增，2011年政府采购规模达到11332亿元，约占GDP的2%。我国政府采购规模还有待进一步提高。

从促进中小企业发展具体措施看，我国将促进中小企业发展作为政府采购的政策目标，力争给中小企业创造平等的竞争环境。一是通过法律法规明确规定政府采购对中小企业的预留份额。我国相关办法要求小微企业至少能获得24%的政府采购份额。二是开展面向中小（小微）企业的定向采购，并对中小（小微）企业给予优惠政策。我国对小微企业给予价格扣除，降低了中小（小微）企业参与政府采购的门槛，提高了中小（小微）企业的竞争力。三是要求（鼓励）中小企业参与大型企业政府采购项目。我国对小微企业的协议合同金额占联合体协议合同总金额30%以上的给予价格扣除，鼓励小微企业参与大中型企业政府采购活动。此外，我国允许中小企业以政府采购合同作为抵押向银行贷款，缓解中小企业履行合同过程中的资金困难。

尽管我国一直将促进中小企业发展作为政府采购的政策目标，但我国政府采购规模较小，不利于各项政策目标的实现。同时，直到我国2011年出台的《政府采购促进中小企业发展暂行办法》才明确了促进中小企业发展的具体政策措施，且政策内容和力度还有进一步完善和提升的空间。

8.5 促进中小企业就业的社保政策

（1）社会保险补贴政策

对各类企业（包括劳动密集型中小及小微企业）招用就业困难人员，与之签订劳动合同并缴纳社会保险费的，按期为就业困难人员实际缴纳的基本养老保险费、基本医疗保险费和失业保险费给予企业补贴。2011年底，全国社会保险补贴资金支出238亿元，其中包括给予中小企业的社会保险补贴资金。

（2）职业培训补贴

对企业新录用四类人员（城镇登记失业人员、农村转移就业劳动力、毕业年度高校毕业生、城乡未继续升学的应届初高中毕业生），与企业签订6个月以上期限劳动合同，在劳动合同签订之日起6个月内由企业依托所属培训机构或政府认定的培训机构开展岗前就业技能培训的，根据培训后继续履行劳动合同情况，按照当地确定的职业培训补贴标准的一定比例，对企业给予定额职业培训补贴。2011年底全国职业培训补贴资金支出68.2亿元，包括中小企业职业培训补贴资金，享受补贴的人数达1131万人。

（3）就业见习补贴政策

对企业吸纳离校未就业高校毕业生参加就业见习的，见习企业可按规定申请就业见习补贴。就业见习企业支出的见习补贴相关费用不计入社会保险缴费基数，但符合税收法律法规规定的，可以在计算企业所得税应纳税所得额时扣除。

（4）应对国际金融危机相关政策

一是允许困难企业在一定期限内缓缴社会保险费。统筹地区在确保社会保险待遇按时足额支付、社会保险基金不出现缺口的前提下，可以对暂时无力缴纳社会保险费的困难企业，允许在一定期限内缓缴城镇职工基本养老保险、城镇职工基本医疗保险、失业保险、工伤保险、生育保险五项社会保险费，缓缴执行期为2009年之内，限期最长不超过6个月。二是阶段性降低四项社会保险费率。统筹地区人民政府在确保参保人员社会保险待遇水平不降低、保证社会保险制度平稳运行、基金不出现缺口的前提下，可在2009年之内适当降低城镇职工基本医疗保险、失业保险、工伤保险、生育保险的费率。三是使用失业保险基金帮助困难企业稳定就业岗位。失业保险基金结余较多的统筹地区，对保证不裁员或少裁员的困难企业，可使用失业保险基金支付社会保险补贴或岗位补贴，补贴执行期限为2009年之内，补贴期限最长不超过6个月。四是鼓励困难企业通过开展职工在岗培训等方式稳定职工队伍，开展在岗培训所需资金按规定从企业职工教育经费中列支，不足部分可在严格标准和程序的前提下，由就业专项资金予以适当支持。据统计，2009年和2010年，"五缓四降三补贴"政策共减轻企业负担和增加企业补贴约740亿元，其中2009年约410亿元，2010年约330亿元。2011年起上述政策不再继续执行。

（5）鼓励企业吸纳高校毕业生政策

对招收高校毕业生达到一定数量的中小企业，地方财政应优先考虑安排扶持中小企业发展资金，并优先提供技术改造贷款贴息。对劳动密集型小企业当年新招收登记失业高校毕业生达到一定比例的，可按规定申请最高不超过200万元的小额担保贷款，并享受财政贴息。对企业招收就业困难高校毕业生、签订劳动合同并缴纳社会保险费的，按规定给予社会保险补贴。对小微企业招用高校毕业生给予培训费。高校毕业生到中小企业就业的，在专业技术职称评定、科研项目经费申请、科研成果或荣誉称号申报等方面，享受与国有企事业单位同等人员同等待遇。最近，各级政府纷纷出台了促进大学毕业生到中小企业就业的补贴政策，如广东省出台29条措施推进高校毕业生就业创业，其中对中小微企业吸纳就业的补贴政策是，中小微企业每新招用一名应届高校毕业生，与其签订1年以上期限劳动合同并按规定缴纳社会保险费的，将给予1000元的一次性补贴。福州市的措施是，毕业生在中小企业就业，企业和毕业生均可获得社保补贴，离校未就业的高校毕业生还可免费接受职业技能培训。出台《关于做好2013年普通高校毕业生就业工作的意见》，对与新聘应届高校毕业生签订一年以上劳动合同、缴纳社会保险的中小企业（民办非企业），分别给予企业、毕业生社会保险补助100元/月、80元/月（补助期限不超过一年）。

8.6 财政政策对就业的影响

8.6.1 财政政策对稳增长、促就业的作用

就业问题是关乎社会稳定的重大问题，也是建设社会主义和谐社会的重要内容，更是加速推进城镇化进程中一个不可回避的现实问题。中央高度重视社会就业问题，全国人大已通过了《就业促进法》，并通过多种手段促进积极就业。财政作为国家重要的宏观调控手段，在促进就业和缓解失业压力过程中担负着重要职责和任务。就业问题的解决与财政政策有着紧密的联系。财政政策是政府促进经济发展、增加就业的直接工具，相对其他政策工具而言，财政政策解决就业问题的作用比较直接和明显，其在经济衰退时期的作用尤为明显。国际经验表明，财政政策是促进经济发展的重要工具。美国反周期财政政策的实践，以及国际上众多国家为提升经济增长潜力、促进经济结构调整而采取的一系列财政政策实践证明，财政政策对经济总量增加的作用是直接的，尤其是在经济衰退时期，通过政府大幅增加支出，可以对企业生产、增加社会需求产生直接的刺激。在经济萧条时期，财政支出不仅可通过增加政府投资刺激经济发展，还可通过廉租房补贴、提高社保水平等转移支付手段，直接或间接地提高居民收入水平，从而有效扩大消费、提振经济和增加就业。

近年来，中小企业和小群体创业在解决自我就业的同时，为社会创造出了巨大的劳动力需求空间。所以政府部门应该实施扶持中小企业发展和支持创业的财政政策，在资金、信贷、税收等政策上对他们进行积极扶持，逐步形成以城镇集体、乡镇集体和私营企业为主体的中小企业群，从而广泛吸收社会各个不同层次、不同素质的劳动力。

8.6.2　财政政策具有扩大就业的乘数效应

财政支出不仅直接拉动就业，还可通过乘数效应带动社会投资以增加就业。

从对就业影响的角度看，财政政策主要从两个方面扩大就业总量。一是直接效应。财政支出直接形成产业资本，创造就业岗位。由于不同产业吸纳劳动力的能力不同，财政投资劳动密集型项目或采购劳动密集型产品比技术密集型产品更有利于扩大就业总量。另外，提高城乡低保补助水平、提高优抚对象的生活补助标准，其产生的边际支出效应较强，能够产生较大的就业效应。二是间接效应。财政支出的增加会因乘数效应使国民收入成倍增加，并促使就业人数的增长。

由于财政政策在扩张过程中具有明显的优势，各国政府纷纷将财政政策作为应对金融危机的主要政策工具，赋予其应急救援和刺激经济增长的使命。上一轮国际金融危机中我国的 4 万亿投资的财政政策既有效地推动了经济企稳回升，又增加了上千万个就业岗位。

8.6.3　税收调节尤为重要

税收政策通过不同目标对象产生不同的就业效应，对劳动密集型产业实行的税收优惠，能够产生较强的就业吸纳效应。

一般而言，采用减税政策能够刺激总供给与总需求的增加，从而增加就业量；反之，采用增税政策就会紧缩经济减少就业量。而减税政策由于减税对象的不同，也会产生不同的就业效应。如果对劳动密集型的产业实行减税，则会产生较强的就业吸纳效应和扩张效应；反之，如果对资本密集型的产业实行减税，则会产生较强的排挤劳动力效应。

从对个人的减税来看，如果对中低收入人群实行减税，则会产生较强的收入效应与消费效应，进而间接扩大就业量；反之，如果对高收入人群减税，则会产生较弱的收入效应与消费效应，对增加就业量的作用有限。所以，世界通行的政策是富人多缴所得税，政策倾向照顾低收入者，而我国在这方面仍需进一步改革。

8.6.4　中小企业减负任务艰巨

当前财政政策对中小企业的支持还不够，中小企业的税负仍然较重，不利于就业岗位的增加。

一方面，当前财政支出政策在促进就业方面存在的主要欠缺是对中小企业的支持力度明显不足，帮扶不够。毋庸置疑，当前小企业已经成为推动我国国民经济发展、促进就业的重要力量。但在金融危机的冲击下，我国各地中小企业出现了不同程度的困难和问题，迫切需要强化政府扶持。但在当前困境中，政府的财政支出对中小企业的支持力度有限，虽然在政府采购中已经初步指定了购买中小企业产品的配额，但整体上对中小企业的各种创业指导、信息服务、市场开拓服务等扶持还较薄弱。

另一方面，目前小企业在发展过程中十分突出的就是负担过重。尽管当前已针对小规模纳税人降低了增值税税率，并在部分地区提高营业税起征点，但总体而言，小企业的税费负担仍然较重，对小企业发展的支持力度也是相当有限，造成我国当前的企业数量明显低于国际平均水平。我国每千人拥有的企业数量不足10家，而发达国家每千人拥有的企业数量平均为45家左右，发展中国家也在20～30家左右。

8.7 促进中小企业就业的财政政策

8.7.1 中小企业对就业的贡献

中小企业一直是就业的主力军，未来一段时间将更好地发挥我国就业的主渠道作用。但近年来随着“刘易斯拐点”的到来，人口红利的减退，我国不少中小企业面临成本上升问题，制约了对就业的吸纳。在经济结构调整和产业升级背景下，帮助我国中小企业摆脱困境，是促进就业的根本出路。因此，应该从财政、税收等各层面支持中小企业发展，并以此促进和扩大就业。

就业问题始终是各国经济发展和社会稳定的一大制约因素。世界各国都十分重视中小企业的发展，一个重要原因就是中小企业在解决就业方面的重要作用。由于中小企业面广量大，开业快，投资少，经营灵活，因而吸纳劳动力的容量相对较大，能创造更多的就业机会，提供就业成为中小企业的主要社会功能。在全世界范围，中小企业一直是各国就业的主要渠道。

在美国，中小企业数量占企业总数99.9%[①]，就业人数占总就业人数的60%，新增加的就业机会有2/3是由中小企业创造的。在欧盟，中小企业对经济发展与就业起着至关重要的作用，占企业总数99.18%的中小企业，就业人数占劳动力总数的68%。在日本，中小企业数量已经占企业数量99%，解决了就业的70%以上，产出占国内生产总值的53%，中小企业在日本国民经济中具有战略地位。

当前我国经工商登记注册的小微企业约有1000万户以上，超过我国企业总数的99%，创造的GDP约占国内生产总值的60%。从从业人员来看，中小企业提供了大量城镇就业岗位，不仅安置了大量的城镇下岗职工，吸收了大批农村剩余劳动力（1978年以来，从农村

① 李子彬主编：《中国中小企业2012蓝皮书》，中国发展出版社2012年版。

转移出来的2.3亿劳动力主要是由中小企业吸纳的)，还有效解决了许多大学生的就业问题。另外，我国小微企业从业人数最多的为300人，另外还有100人、50人和20人三个标准，我国的小微企业提供了80%的城乡就业岗位。可见，中小企业在解决我国就业问题中起到决定性的主导作用。

发展中小企业能有效增加就业机会，提高居民收入水平，摆脱“中等收入陷阱”。中小企业吸纳的就业人口更多，包括吸收大量的低技能就业人口，其对我国城镇新增就业的贡献更大。目前我国90%以上的新增就业机会，都是来自私营中小企业。发展中小企业还对解决劳动力过剩，促进服务业发展具有十分重要的作用。在城镇化进程中，大量人口流入城市，需要大量工作机会，中小企业恰恰发挥了这一作用，使进入到城里的人能够得到就业机会，获得稳定收入，随着经济的增长，收入水平也会提高。同时，发展中小企业对解决目前存在的大学毕业生就业难和企业用工荒这一矛盾也有积极意义。

8.7.2　中小企业未来仍将是我国就业的主渠道

改革开放以来，我国中小企业取得了快速、健康、持续的发展。中小企业的迅速成长，成为推动经济社会发展和构建社会主义和谐社会的重要力量，中小企业已经成为扩大就业的主渠道。今后应在深入贯彻落实科学发展观的过程中，牢牢把握保障和改善民生这一根本目的，继续发挥中小企业就业主渠道作用。

我国是拥有13亿人口的人口大国，具有较大的就业压力。就业是民生之本，就业同时也关系到社会的稳定，目前我国正处在工业化的进程之中，面临着世界上最大规模的人口转移和世界上最大的就业压力。1992～2006年，我国增加劳动力1亿多人，而同时期一度作为计划经济时代就业主渠道的国有部门吸纳就业的能力已经几近饱和，其吸纳就业的功能正在萎缩。从1992～2004年，国有单位职工人数从10889万人减少到6710万人，12年间减少了38%。虽然期间政府重点扶持了国有企业，从1998～2008年，对国有企业的固定资产投资基本保持在民企固定资产投资的4倍左右，但提供的就业每年在减少，而民营企业（主要构成为中小企业）提供的就业则每年都以几百万之数在增加。另外，随着大企业自动化程度的日益提高，用工人数不仅不会增加，反而还会减少，因此单靠大企业难以解决就业问题。而与大企业相比，相同的资金投入，中小企业就能提供更多的工作岗位，在创造新岗位的能力方面大大超过大企业，可以吸纳更多的就业人口。一方面，我国劳动力资源丰富，其数量和密度远远高于发达国家和同水平的发展中国家；但另一方面，我国人均资本存量和资源则非常稀缺。因此，发展劳动密集型产业更适合我国国情，也更能有效缓解目前日益加重的就业压力。而合理发展劳动密集型产业，解决我国富余劳动力的就业问题，关键要看中小企业。目前中小企业提供了80%以上的城镇就业岗位。从目前情况看，国有企业下岗职工80%以上在中小企业实现了再就业。农民工相当大一部分在中小企业务工。并且，中小企业也开始成为一些高校应届毕业生就业的重要渠道。可以断定，目前及将来一段时期中小企业仍将是我国就业的主渠道，需要在现有政策的基础上，更加重视为中小企业提供尽可能宽松的生存、发展环境，从而促进就业。

8.7.3 促进中小企业就业的财政政策建议

经济发展是带动就业的“火车头”。我国经济高速发展，对扩大就业发挥了关键作用。“十二五”期间GDP年均增速7%的目标又对就业和经济增长弹性新的变化进行了充分论证，只要年均GDP达到7%或者更高的水平，就业不会出现大的问题。由于过去劳动力供过于求，所以过去GDP要到8%以上才能满足就业。现在新增劳动力在不断减少，农村可以向城市转移的就业人数也在降低。而且，目前我国最大的就业压力不在农民工群体，而是新毕业的大学生就业。大学毕业生明显增多，但产业结构升级没有那么快。

就业问题的解决与财政政策有着紧密的联系。相对其他政策工具而言，财政政策解决就业问题的作用比较直接和明显，成熟的市场经济国家，不同时期的财政政策取向上有不同偏重。就我国现阶段而言，为缓解就业压力，维护社会发展和改革稳定大局，财政政策的实施在促进经济增长的同时，有必要进一步促进就业增长。2013年7月，中央财政下拨就业专项资金103.84亿元，主要用于支持各地落实积极的就业政策，促进就业增长。加上先前下拨的309.62亿元，目前中央财政共下拨2013年就业专项资金413.46亿元，比2012年增长7%①。现阶段，应对就业问题的着力点应放在小微企业上。小微企业是我国国民经济的重要基石和社会发展的活跃细胞，在优化经济结构、增加税收和就业、科技创新和社会和谐稳定等方面起到了巨大的推动作用。当前，小微企业面临着生产要素成本快速上升、融资困难、税费负担偏重以及企业自身素质有待提高等问题，这就要求各级政府在小微企业的管理工作中，既要不断建立健全管理体制，又要加强政府各部门的配合，共同促进小微企业持续健康发展。

金融危机时期的经验证明，货币政策对促进就业的作用不大，必须依靠财政政策。我国的货币政策空间现在并不是很大，如果大力放松银根，极有可能导致高通胀卷土重来。从总体的政策思路上讲，要完善财政体系建设，加强宏观调控；通过财税改革，扩大就业渠道，优化就业结构；健全筹资机制，加大资金投入；规范社保资金管理，强化社保效益，通过这些举措发挥社会的整体效率，实现充分就业。

（1）扩大就业渠道，优化就业结构

随着经济的不断发展和国际竞争的加剧，运用税收政策，进一步优化产业结构，促进第三产业的发展，创造更多的就业岗位和机会。与发达国家第三产业从业人员超过全部就业人员75%相比，我国第三产业从业人员所占比重仅为4%，发展空间巨大。政府可通过财税政策措施，鼓励第三产业发展，提高第三产业的产值份额和劳动就业比重，从而提高经济增长的就业弹性。同时也要正视我国第三产业内部结构不合理的现实，着力调整第三产业内部结构，实现产业内部各行业的协调均衡发展，要把发展的重点放在与科技进步相

① 《人民日报》2013年7月17日。

关的新兴行业，如咨询业、信息产业和各类技术服务业以及就业容量大、与经济发展和居民生活密切相关的行业。

加大对中小企业扶持力度，应充分借鉴国外经验，以税收减免的方式，或者进一步扩大中小企业基金的种类和规模，或者通过财政补贴的方法扶持中小企业的发展，扩大就业渠道。支持中小企业、劳动密集型产业和服务业发展，吸纳更多的劳动者就业是十分必要的，特别是在内外需严重不足的情况下，更是如此。中国作为一个人口大国，还处于工业化进程中，存在大量没有受过专业培训的农民工，在一定时期内，这部分人员具有较强的就业需求。而目前劳动密集型企业、低端服务业仍是吸纳农民工就业的主渠道之一。要充分发挥我国人力资源充足的优势，最大程度地吸纳其就业。

提高中小企业就业吸引力。就业是民生之本，十八大报告中明确提出要推动实现更高质量的就业，鼓励多渠道多形式就业，促进创业带动就业。实施创办小企业计划，建立一批中小企业创业基地，推动中小企业创业兴业。城镇化过程中，将有大量农村剩余劳动力进入城市，另外还有大学毕业生、剩余劳动力、下岗职工等都需要就业。今后应一方面为中小企业吸收就业人口提供政策性优惠，出台能增加就业的财政政策，对于能大量吸收劳动力就业的中小微企业减税及增加创业的社保补贴覆盖面。另一方面还应采取措施鼓励高校毕业生等到中小企业就业，发挥中小企业吸纳高校毕业生就业的主渠道作用。

（2）进一步优化中小企业发展环境

实践证明，中小企业在增加社会就业方面发挥了十分重要的作用，因此很多国家出台各项财政政策，对新建或扩大投资的中小企业予以扶持。促进中小企业就业要借鉴国外的成功经验，还必须依靠政府、企业、金融机构各层面的共同努力，提高中小企业的创新能力及企业竞争力，促进与扩大就业。政府应当对促进与扩大中小企业就业提供制度支持和政策保障。美国政府主要通过一系列立法及制度安排，引导、鼓励中小企业创新，扩大吸引就业能力。近120年以来，美国政府颁布了一系列反垄断法律和中小企业法规，为中小企业的创新和发展提供法律保障。1982年，美国颁布了《中小企业创新发展法》，鼓励中小企业挖掘自身技术潜力，为创新技术、产品和服务的起步与研发阶段提供资金支持，并鼓励其创新市场化。2010年8月11日，奥巴马总统签署了美国制造业促进法案，其中着重提出了旨在支持中小企业创新、增加竞争力的诸多举措。日本政府制定相应的法律和法规，实施优惠政策支援中小企业，积极为其创造公平竞争的政策法律环境。早在1963年日本政府就颁布了《中小企业基本法》，之后又相继出台了与之相配套的政策法规。1999年又对《中小企业基本法》做了重要调整，通过政策引导，促进中小企业的特色增长。法国规定新建中小企业可免3年的所得税，并在社会福利税收上对增招雇员的企业给予减免优惠；同时按中小企业提供就业机会的多少，给予财政补贴。比如，开办工业类的中小企业，而且企业方向符合政府的地区发展政策和工业发展政策，每提供一个人就业机会，政府就给予2万~4万法郎的财政补贴。除了政府财政补贴以外，还有就业地区发展补贴对三年内增加投资30万法郎以上和增加职工6人以上的中小企业每增加一名就业人员，由地方政府部门补贴1.2万~1.5万法郎。德国规定：在落后地区新建的中小企业可以免交5年营业税，对新建的中小企业所消耗完的动产投资，免征50%的所得税，对中小企业使用内部留存资金进行投资的部分免征财产税。我国在2003年施行《中小企业促进法》、2005年出台鼓励支持和引导个体私营等非公有制经济发展若干意见（即非公经济36条）的基础上，2009年9月22日公布《关于进一步促进中小企业发展的若干意见》，提出8大方面29条具体且具有突破性的意见，提出了进一步扶持中小企业发展的政策措施，也取得了一定的成效。相对于美国、日本等发达国家在政府战略规划下通过法律程序形成完备的中小企业创新机制、中小企业创新带动就业的体系，我国在政府层面上对中小企业创新的支持还存在制度缺陷，存在着越位或者缺位的问题，没有提供良好的发展环境。当前，我国政府应着力为中小企业创造良好的生存发展环境，特别是要加大对中小企业自主创新的扶持力度，发挥政府的引导功能，建立以企业为主体、市场为导向、产学研相结合的中小企业技术创新体系。

当前和今后一段时期，从政府层面来说，政府需要继续完善中小企业扶持政策，制定和完善相关的法律、税收优惠政策，加大财政支持力度。要引导中小企业把创新作为重点，增加研发投入和必要的引进，加大新产品、新技术开发和应用力度，提高自主创新能力，增强发展后劲。同时，针对中小企业长期反映强烈的负担重问题，各级政府和职能部门要努力减轻直至消除，使中央扶持中小企业的相关惠企政策落到实处。中小企业只有减轻负担，轻装上阵，才能更有利于进行改革和创新，才有利于更好地吸纳就业。应进一步贯彻落实《关于进一步支持小型微型企业健康发展的意见》，推动相关配套政策的出台和落实。应加强政策协调，完善协调机制，组织和动员各方面的力量推动中小企业发展。同时，针对中小企业发展的新阶段、新情况、新问题，积极研究制定新的政策，如减少行政审批项目等，不断优化中小企业发展环境。

(3) 支持小微企业是政策重点

由于受国内外经济环境的影响，当前中小微企业生产经营面临一定困难。因此，着力优化中小微企业发展环境，显得愈发重要。一是国家要积极出台扶持小微企业财政政策。国家应在不同时期依据小微企业发展的需求，及时制定、出台、补充和完善一些具有可操作性的优惠政策，同时要建立专门针对小微企业的财政专项补助基金，对符合条件的小微企业贷款给予一定的财政贴息，从而有效降低小微企业的融资成本。此外，落实民间融资借贷制度与办法，以此促进对小微企业的信贷支持。二是各级政府要不断完善小微企业服务体系。政府机关应发挥主导作用，在不断增加财政投入的基础上，按照“政府扶持中介、中介服务企业”的原则，探索适合本地特点的发展模式。应为小微企业服务体系提供培训、咨询、维权等免费服务，以及其他各种形式的增值服务。三是小微企业要寻求适合自身发展的管理措施。小微企业要按照现代企业管理制度的要求，规范企业经营管理。改变家族式、家长式的管理模式、不断提升企业的经营管理水平。随着小微企业的发展，要加大企业管理人员、技术人员、财务人员的培训力度，特别是要逐步规范企业财务会计制度。

(4) 加快推进税费改革，全面落实小微企业相关税收政策

近年来，国家为了支持小微企业发展，陆续出台了一系列的税收优惠政策。如近两年来，国务院常务会议多次提出支持小微企业发展的财政政策，其中包括督促各地提高小型微型企业增值税和营业税起征点，将小型微利企业减半征收企业所得税政策，延长至 2015 年底并扩大范围。税务机关要从实际出发，通过积极宣讲政策、落实政策，确保税收优惠政策落到实处，让小微企业真正得到实惠。2013 年 7 月 24 日国务院常务会议又决定，从 8 月 1 日起，将对小微企业中月销售额不超过 2 万元的增值税小规模纳税人和营业税纳税人，暂免征收增值税和营业税，并抓紧研究相关长效机制。这项政策将使符合条件的小微企业享受与个体工商户同样的税收政策，为超过 600 万户小微企业带来实惠，直接关系几千万人的就业和收入。2011 年金融危机背景下，财政部决定修改《增值税暂行条例实施细则》和《营业税暂行条例实施细则》，其中将销售货物的增值税起征点幅度调整为月销售额 5000～20000 元。在营业税方面，按期纳税的，起征点的幅度提高为月营业额 5000～20000 元。当时的调整目的是为了贯彻落实国务院关于支持小型和微型企业发展的要求，为企业减负。不过根据上述两个实施细则的适用范围则显示，适用范围仅限于"个人"，而"个人"的明确界定为"个体工商户和其他个人"，因此上述两份修改过的实施细则对单位纳税人均不适用。此次新的减税政策扩大适用范围至小微企业，据估算，全年可为小微企业免除约 400 万税款，今年从 8 月起执行可减免 150 万～180 万元①。

今后一是要抓好税收政策的学习及宣传。通过纳税人培训、税务网站等多形式对小微企业经营者、投资人、合伙人、财务人员进行税收政策、税收法律法规辅导，使其明白自身应承担的法律责任和应尽的义务。要适时向小微企业提供或发布一些必要的生产经营信息，使其能够及时的规避风险。二是要抓好税收优惠政策的落实。要采取切实有效的措施，认真抓好国家有关优化经济发展环境、结构性减税、减轻小微企业负担、促进民间投资健康发展的税收政策落实工作。同时各相关部门要形成信息传递链，及时了解、掌握小微企业发展趋势与存在的问题，为制定和完善相关的管理制度和办法提供依据。三是要抓好政策执行情况的监督检查。各级应统筹兼顾，分工负责，形成科学的工作机制，做好政策宣传解释、落实与执行、监督检查、政策执行情况反馈等工作，保证政策落到实处。

(5) 不断减轻小微企业税费负担

美、日、法、英等发达国家都有为数众多的中小企业，为社会提供了大量的就业岗位，创造了可观的生产总值。多数国家都通过立法来制定税收促进中小企业发展的优惠政策。多数国家都制定了税收优惠政策，贯穿中小企业创办、发展、再投资、科技开发、甚至联合改组等各个环节，也涉及流转税、所得税、财产税等多个税种，内容比较系统，采用定期减免、降低税率、加速折旧、增加费用扣除、投资抵免、亏损抵补等多种税收优惠措施，大力促进中小企业的发展，特别是对新创办企业，对新技术、新产品开发企业，税

① 北京华兴盛税务师事务所副总经理陈志坚。

收优惠很多很细，使不同类型的各种企业都能得到税收政策的支持和鼓励。

近些年来，我国税收制度基本保持稳定，总体上减税是主基调。特别是为应对国际金融危机冲击，国家出台实施了一系列结构性减税政策。其中，既有面向包括中小企业在内的所有企业的税费减免政策，如实施增值税转型改革、新的企业所得税法实施后税率由33%降到25%等，也有专门扶持中小企业发展的税收优惠政策。从供给经济学的角度看，税费高低与要素的供给水平成反比。在企业、产品和要素方面的税费负担越重，创业者越不愿意进入，资本越不愿意流入，劳动力越不愿意供给。目前来看，出台的减税措施已有不少，进一步减税的空间有限，重点应放在进一步减轻中小企业，尤其是小型微型企业和个体工商户的收费负担方面，加大行政事业性收费和政府性基金减免力度，清理和废除政府各部门和各行政事业机构对个体、微型和小企业的有关一切不合理收费和罚款项目，提高创业期中小企业存活率，缓解企业融资难问题，促进就业，增加劳动者收入，增强其应对市场风险的能力。同时，加快推进营业税改增值税进程。

除了国家合理降低法定的税费负担外，从税费征管的角度，我们还要高度重视小微企业核定征收和遵从成本对实际税费负担的影响。一是要注重征收方式的合理性。许多小微企业由于会计账簿不健全，在征管中往往采用核定征收的方式征收税款，与查账征收相比，税务机关在核定征收时拥有更大的自由裁量权，所采用的核定征收方法和依据是否科学、合理将直接影响纳税人的税收负担，核定征收方法科学合理尤为重要。同时要尽可能避免出现在经济增速放缓的情况下，税务机关为完成税收任务而随意变更核定征收标准，增加小微企业实际税负的现象。二是要探索建立便利化征管机制。如由一个税务机关代理征收所有税费，避免出现多个征管机关对一个企业进行重复征管的情况；在核定征收的方式下，可以考虑采用单一的综合定额或综合征收率征收所有税费，归属不同政府部门的税费按照相应的分配比例在征收税费后在入库环节再进行分配。三是要注重减轻小微企业的非税负担。对符合标准的小微企业积极推行免收工商注册费、发票工本费、残疾人保障金等措施，做好及时审批，快捷服务，切实废除各种不合理的收费，减轻小微企业负担。

（6）扩大面向中小企业的政府采购

尽管我国一直将促进中小企业发展作为政府采购的政策目标，但我国政府采购规模较小，不利于各项政策目标的实现。同时，我国2011年出台的《政府采购促进中小企业发展暂行办法》才明确了促进中小企业发展的具体政策措施，且政策内容和力度还有进一步完善和提升的空间。

（7）加强对中小企业的融资支持

金融机构出于利润最大化的需要，很难选择盈利能力较弱、风险较高且缺乏抵押担保能力的中小企业，不利于中小企业的健康发展。因此，今后应完善制度建设，对金融机构支持中小企业融资的相关义务作出规范，同时，改善中小企业融资环境，落实促进中小企业发展的金融政策。

扩展融资机构。只是在银行内部成立中小企业信贷部或面向中小企业开展某种临时性

的信贷业务满足不了中小微企业的融资需求，应考虑成立专门面向中小企业的国家政策性银行，

加强信用担保制度。近年来，我国融资性担保行业取得了快速发展，但是在服务能力、管理水平上还存在较大差距，今后需要引导和支持其继续健康发展，继续推进中小企业信用担保体系建设，发挥应有的积极作用，完善融资服务。

拓宽中小企业融资渠道。我国于 2009 年 10 月设立了创业板市场，在创业板上市实行审批制度，中国证监会从众多企业中优中选优，尽管成立初期对其风险进行了警示，但仍吸引了大批资金进行过度炒作，也失去了创业板高风险的特点，远远不能满足众多等待上市的中小企业的融资需求。今后还应拓展更多的融资渠道，完善创业投资和融资租赁政策。

（8）推动中小企业科技创新

按照工业和信息化部“十二五”中小企业成长规划的要求，今后应主攻促进中小企业“专精特新”和集聚发展，增强企业内生动力。运用财税政策支持中小企业创新，不仅是要加大科技型中小企业技术创新基金、中小企业发展专项资金、中小企业国际市场开拓资金、中小企业公共服务体系专项补助资金和中小商贸企业发展专项资金这 5 项专项资金的资金规模，还应根据中小企业发展需要，进一步发挥包括减免税、加速折旧、投资抵免、消除重复征税、改善企业投融资环境等财税政策对鼓励企业技术创新的作用。今后支持重点：一是鼓励中小企业技术进步、产业升级，提高市场竞争力和可持续发展能力；二是支持中小企业专业化、集约化、集聚化发展，促进优化经济结构；三是引导创业投资机构、担保机构等社会资本改善中小企业融资环境，提升中小企业融资能力；四是鼓励中小企业积极参与国际市场竞争，促进转变外贸发展方式；五是促进中小企业公共服务体系建设，引导公共服务机构扩大和改善服务。

第 9 章

促进中小企业就业的金融政策

- 国务院出台的政策回顾
- 直接融资政策体系
- 支持中小企业发展的间接融资政策体系
- 支持中小企业发展的金融服务政策体系

截至 2012 年底，我国工商登记企业有 1366.60 万户（不含 4059.27 万个体工商户），中小企业超过企业总户数的 99%。目前，中小企业创造的最终产品和服务价值相当于国内生产总值的 60% 左右，缴税额为国家税收总额的 50% 左右，提供了近 80% 的城镇就业岗位。

中小企业对于国民经济的作用由此可见。尤其是在就业方面，中小企业解决了大部分劳动力的就业问题，中小企业几乎涉猎国民经济的各个行业，尤其劳动密集型的行业像第三产业和部分制造业等，吸纳了大量的劳动力。所以中小企业活则就业稳、经济活。而中小企业一旦出现问题，那么不仅经济面临着较强的下行风险，同时就业的问题也会异常严重，甚至导致社会动荡。

中小企业发展和中小企业就业之间存在因果关系。中小企业存在和发展是中小企业吸纳就业、解决失业问题的前提。反之，促进中小企业就业以解决国家整体的就业压力，根源还在于促进中小企业的发展。中小企业发展的内涵广泛，包括中小企业管理机制完善、技术研发、资金支持等。而在这些影响中小企业发展的因素中，目前来看最关键的因素还在资金的支持。所以金融支持对于中小企业的发展至关重要，同时也间接影响着中小企业就业。

9.1　国务院出台的政策回顾

回顾促进中小企业发展的政策的历史，国务院数次出台政策意见，目的是促进中小企业融资和发展。

9.1.1　中小企业促进法

2002 年 6 月 29 日，第九届全国人民代表大会常务委员会第二十八次会议通过了《中华人民共和国中小企业促进法》，标志着我国促进中小企业发展走上规范化和法制化轨道。在该法中，第一章总则的第四条从法律层面明确规定了国务院负责制定中小企业政策，对全国中小企业的发展进行统筹规划。所以，关于扶持和促进中小企业发展的金融政策都是由国务院及其下属部门制定的。

第二章资金扶持涉及支持中小企业金融政策方面的内容。第二章中总第十二条规定国家设立中小企业发展基金，第十三条规定了中小企业发展基金的用途之一是支持建立中小企业信用担保体系。第十四条，中国人民银行应当加强信贷政策指导，改善中小企业融资环境。中国人民银行应当加强对中小金融机构的支持力度，鼓励商业银行调整信贷结构，加大对中小企业的信贷支持。第十五条，各金融机构应当对中小企业提供金融支持，努力改进金融服务，转变服务作风，增强服务意识，提高服务质量。各商业银行和信用社应当改善信贷管理，扩展服务领域，开发适应中小企业发展的金融产品，调整信贷结构，为中小企业提供信贷、结算、财务咨询、投资管理等方面的服务。国家政策性金融机构应当在其业务范围内，采取多种形式，为中小企业提供金融服务。第十六条，国家采取措施拓宽中小企业的直接融资渠道，积极引导中小企业创造条件，通过法律、行政法规允许的各种方式直接融资。第十七条，国家通过税收政策鼓励各类依法设立的风险投资机构增加对中小企业的投资。第十八条，国家推进中小企业信用制度建设，建立信用信息征集与评价体系，实现中小企业信用信息查询、交流和共享的社会化。第十九条，县级以上人民政府和有关部门应当推进和组织建立中小企业信用担保体系，推动对中小企业的信用担保，为中小企业融资创造条件。中小企业信用担保管理办法由国务院另行规定。第二十条，国家鼓励各种担保机构为中小企业提供担保信用。第二十一条，国家鼓励中小企业依法开展多种形式的互助性融资担保。

9.1.2 关于鼓励支持和引导个体私营等非公有制经济发展的若干意见

2005年8月12日，国务院出台了《国务院关于鼓励支持和引导个体私营等非公有制经济发展的若干意见》，非公有制经济以中小企业为主。该意见包括了七个方面，其中第二个方面主要讲对于非公有制经济的金融政策，内容如下。

（1）加大信贷支持力度

第一，有效发挥贷款利率浮动政策的作用，引导和鼓励各金融机构从非公有制经济特点出发，开展金融产品创新，完善金融服务，切实发挥银行内设中小企业信贷部门的作用，改进信贷考核和奖惩管理方式，提高对非公有制企业的贷款比重。第二，城市商业银行和城市信用社要积极吸引非公有资本入股；农村信用社要积极吸引农民、个体工商户和中小企业入股，增强资本实力。第三，政策性银行要研究改进服务方式，扩大为非公有制企业服务的范围，提供有效的金融产品和服务。鼓励政策性银行依托地方商业银行等中小金融机构和担保机构，开展以非公有制中小企业为主要服务对象的转贷款、担保贷款等业务。

（2）拓宽直接融资渠道

非公有制企业在资本市场发行上市与国有企业一视同仁。第一，在加快完善中小企业板块和推进制度创新的基础上，分布推进创业板市场，健全证券公司代办股份转让系统的功能，为非公有制企业利用资本市场创造条件。第二，鼓励符合条件的非公有制企业到境外上市。第三，规范和发展产权交易市场，推动各类资本的流动和重组。鼓励非公有制经济以股权融资、项目融资等方式筹集资金。第四，建立健全创业投资机制，支持中小投资公司的发展。第五，允许符合条件的非公有制企业依据国家有关规定发行企业债券。

（3）鼓励金融服务创新

第一，改进对非公有制企业的资信评估制度，对符合条件的企业发放信用贷款。第二，对符合有关规定的企业，经批准可开展工业产权和非专利技术等无形资产的质押贷款试点。第三，鼓励金融机构开办融资租赁、公司理财和账户托管等业务。第四，改进保险机构服务方式和手段，开展面向非公有制企业的产品和服务创新。第五，支持非公有制企业依照有关规定吸引国际金融组织投资。

（4）建立健全信用担保体系

支持非公有制经济设立商业性或互助性信用担保机构。鼓励有条件的地区建立中小企业信用担保基金和区域性信用再担保机构。建立和完善信用担保的行业准入、风险控制和补偿机制，加强对信用担保机构的监管。建立健全担保业自律性组织。

9.1.3　关于进一步促进中小企业发展的若干意见

2009年9月22日，国务院发布了《国务院关于进一步促进中小企业发展的若干意见》，意见中提出了促进中小企业发展的八个方面：①进一步营造有利于中小企业发展的良好环境；②切实缓解中小企业融资困难；③加大对中小企业的财税扶持力度；④加快中小企业技术进步和结构调整；⑤支持中小企业开拓市场；⑥努力改进对中小企业的服务；⑦提高中小企业经营管理水平；⑧加强对中小企业工作的领导。这八个方面包括了29条细则，其中涉及支持中小企业发展的金融政策的部分主要集中在第二个方面切实缓解中小企业融资困难中，包括了5条细则（5～9），分别是：全面落实支持小企业发展的金融政策；加强和改善对中小企业的金融服务；进一步拓宽中小企业融资渠道；完善中小企业信用担保体系；发挥信用信息服务在中小企业融资中的作用。

（1）落实金融政策

第一，完善小企业信贷考核体系，提高小企业贷款呆账核销效率，建立完善信贷人员尽职免责机制。第二，鼓励建立小企业贷款风险补偿基金，对金融机构发放小企业贷款按增量给予适度补助，对小企业不良贷款损失给予适度风险补偿。

（2）加强和改善对中小企业的金融服务

第一，要求国有商业银行和股份制银行都要建立小企业金融服务专营机构，完善中小企业授信业务制度，逐步提高中小企业中长期贷款的规模和比重。第二，提高贷款审批效率，创新金融产品和服务方式。包括两项措施，分别是完善财产抵押制度和贷款抵押物认定办法，采取动产、应收账款、仓单、股权和知识产权质押等方式，缓解中小企业贷款抵质押不足的矛盾；对商业银行开展中小企业信贷业务实行差异化的监管政策。第三，建立和完善中小企业金融服务体系。包括两项措施：加快研究鼓励民间资本参与发起设立村镇银行、贷款公司等股份制金融机构的办法，积极支持民间资本以投资入股的方式，参与农村信用社改制为农村商业银行、城市信用社改制为城市商业银行以及城市商业银行的增资扩股；支持、规范发展小额信贷公司，鼓励有条件的小额贷款公司转为村镇银行。

（3）进一步拓宽中小企业融资渠道

第一，加快创业板市场建设，完善中小企业上市育成机制，扩大中小企业上市规模，增加直接融资。第二，完善创业投资政策，大力发展创业投资企业。鼓励有关部门和地方政府设立创业投资引导基金，引导社会资金设立主要支持中小企业的创业投资企业，积极发展股权投资基金。第三，完善融资租赁政策，大力发展融资租赁企业。发挥融资租赁、典当、信托等融资方式在中小企业融资中的作用。第四，稳步扩大中小企业集合债券和短期融资券的发行规模，积极培育和规范发展产权交易市场，为中小企业产权和股权交易提供服务。

（4）完善中小企业信用担保体系

设立包括中央、地方财政出资和企业联合组建的多层次中小企业融资担保基金和担保机构。第一，各级财政要加大支持力度，综合运用资本注入、风险补偿和奖励补助等多种方式，提高担保机构对中小企业的融资担保能力。第二，落实好对符合条件的中小企业信用担保机构免征营业税、准备金提取和代偿损失税前扣除的政策。国土资源、住房城乡建设、金融、工商等部门要为中小企业和担保机构开展抵押物和出质的登记、确权、转让等提供优质服务。第三，加强对融资性担保机构的监管，引导其规范发展。第四，鼓励保险机构积极开发为中小企业服务的保险产品。

（5）发挥信用信息服务在中小企业融资中的作用

第一，推进中小企业信用制度建设，建立和完善中小企业信用信息征集机制和评价体系，提高中小企业的融资信用等级。第二，完善个人和企业征信系统，为中小企业融资提供方便快速的查询服务。第三，构建守信受益、失信惩戒的信用约束机制，增强中小企业信用意识。

9.1.4 “国九条”

2011年10月12日，国务院常务会议上研究制定了支持中小企业发展的九条金融财税政策措施简称“国九条”。九条中有六条是金融政策支持。三条财税政策中还有一条是支持金融机构的，也应该算作从金融方面对中小企业的政策支持。

（1）加大对小型微型企业的信贷支持

银行业金融机构对小型微型企业贷款的增速不低于全部贷款平均增速，增量高于上年同期水平，对达到要求的小金融机构继续执行较低存款准备金率。商业银行重点加大对单户授信500万元以下小型微型企业的信贷支持。加强贷款监管和最终用户监测，确保用于小型微型企业正常的生产经营。

（2）清理纠正金融服务不合理收费，切实降低企业融资的实际成本

除银团贷款外，禁止商业银行对小型微型企业贷款收取承诺费、资金管理费。严格限

制商业银行向小型微型企业收取财务顾问费、咨询费等费用。

(3) 拓宽小型微型企业融资渠道

逐步扩大小型微型企业集合票据、集合债券、短期融资券发行规模，积极稳妥发展私募股权投资和创业投资等融资工具。进一步推动交易所市场和场外市场建设，改善小型微型企业股权质押融资环境。积极发展小型微型企业贷款保证保险和信用保险。

(4) 细化对小型微型企业金融服务的差异化监管政策

对小型微型企业贷款余额和客户数量超过一定比例的商业银行放宽机构准入限制，允许其批量筹建同城支行和专营机构网点。对商业银行发行金融债所对应的单户500万元以下的小型微型企业贷款，在计算存贷比时可不纳入考核范围。允许商业银行将单户授信500万元以下的小型微型企业贷款视同零售贷款计算风险权重，降低资本占用。适当提高对小型微型企业贷款不良率的容忍度。

(5) 促进小金融机构改革与发展

强化小金融机构重点服务小型微型企业、社区、居民和“三农”的市场定位。在审慎监管的基础上促进农村新型金融机构组建工作，引导小金融机构增加服务网点，向辖内县域和乡镇地区延伸机构。

(6) 在规范管理、防范风险的基础上促进民间借贷健康发展

有效遏制民间借贷高利贷化倾向，依法打击非法集资、金融传销等违法活动。严格监管，禁止金融从业人员参与民间借贷。对小型微型企业的金融支持，要按照市场原则进行，减少行政干预，防范信用风险和道德风险。

三条财税政策中，涉及金融服务的是第二条。支持金融机构加强对小型微型企业的金融服务。对金融机构向小型微型企业贷款合同三年内免征印花税。将金融企业中小企业贷款损失准备金税前扣除政策延长至2013年底。将符合条件的农村金融机构金融保险收入减按3%征收营业税的政策，延长至2015年底。

9.1.5 关于金融支持小微企业发展的实施意见

国务院办公厅2013年8月8日颁布了《国务院办公厅关于金融支持小微企业发展的实施意见》。再次从八个方面提出了支持小微企业发展的金融政策。

(1) 确保实现小微企业贷款增速和增量“两个不低于”的目标

继续坚持“两个不低于”的小微企业金融服务目标，在风险总体可控的前提下，确保小微企业贷款增速不低于各项贷款平均水平、增量不低于上年同期水平。在继续实施稳健的货币政策、合理保持全年货币信贷总量的前提下，优化信贷结构，腾挪信贷资源，在盘活存量中扩大小微企业融资增量，在新增信贷中增加小微企业贷款份额。充分发挥再贷款、再贴现和差别准备金动态调整机制的引导作用，对中小金融机构继续实施较低的存款准备金率。进一步细化“两个不低于”的考核措施，对银行业金融机构的小微企业贷款比例、贷款覆盖率、服务覆盖率和申贷获得率等指标，定期考核，按月通报。要求各银行业

金融机构在商业可持续和有效控制风险的前提下，单列小微企业信贷计划，合理分解任务，优化绩效考核机制，并由主要负责人推动层层落实。

（2）加快丰富和创新小微企业金融服务方式

增强服务功能、转变服务方式、创新服务产品，是丰富和创新小微企业金融服务方式的重点内容。进一步引导金融机构增强支小助微的服务理念，动员更多营业网点参与小微企业金融服务，扩大业务范围，加大创新力度，增强服务功能；牢固树立以客户为中心的经营理念，针对不同类型、不同发展阶段小微企业的特点，不断开发特色产品，为小微企业提供量身定做的金融产品和服务。积极鼓励金融机构为小微企业全面提供开户、结算、理财、咨询等基础性、综合性金融服务；大力发展产业链融资、商业圈融资和企业群融资，积极开展知识产权质押、应收账款质押、动产质押、股权质押、订单质押、仓单质押、保单质押等抵质押贷款业务；推动开办商业保理、金融租赁和定向信托等融资服务。鼓励保险机构创新资金运用安排，通过投资企业股权、基金、债权、资产支持计划等多种形式，为小微企业发展提供资金支持。充分利用互联网等新技术、新工具，不断创新网络金融服务模式。

（3）着力强化对小微企业的增信服务和信息服务

加快建立“小微企业—信息和增信服务机构—商业银行”利益共享、风险共担新机制，是破解小微企业缺信息、缺信用导致融资难的关键举措。积极搭建小微企业综合信息共享平台，整合注册登记、生产经营、人才及技术、纳税缴费、劳动用工、用水用电、节能环保等信息资源。加快建立小微企业信用征集体系、评级发布制度和信息通报制度，引导银行业金融机构注重用好人才、技术等“软信息”，建立针对小微企业的信用评审机制。建立健全主要为小微企业服务的融资担保体系，由地方人民政府参股和控股部分担保公司，以省（区、市）为单位建立政府主导的再担保公司，创设小微企业信贷风险补偿基金。指导相关行业协会推进联合增信，加强本行业小微企业的合作互助。充分挖掘保险工具的增信作用，大力发展贷款保证保险和信用保险业务，稳步扩大出口信用保险对小微企业的服务范围。

（4）积极发展小型金融机构

积极发展小型金融机构，打通民间资本进入金融业的通道，建立广覆盖、差异化、高效率的小微企业金融服务机构体系，是增加小微企业金融服务有效供给、促进竞争的有效途径。进一步丰富小微企业金融服务机构种类，支持在小微企业集中的地区设立村镇银行、贷款公司等小型金融机构，推动尝试由民间资本发起设立自担风险的民营银行、金融租赁公司和消费金融公司等金融机构。引导地方金融机构坚持立足当地、服务小微的市场定位，向县域和乡镇等小微企业集中的地区延伸网点和业务，进一步做深、做实小微企业金融服务。鼓励大中型银行加快小微企业专营机构建设和向下延伸服务网点，提高小微企业金融服务的批量化、规模化、标准化水平。

（5）大力拓展小微企业直接融资渠道

加快发展多层次资本市场，是解决小微企业直接融资比例过低、渠道过窄的必由之路。进一步优化中小企业板、创业板市场的制度安排，完善发行、定价、并购重组等方面的政策和措施。适当放宽创业板市场对创新型、成长型企业的财务准入标准，尽快启动上市小微企业再融资。建立完善全国中小企业股份转让系统（以下称“新三板”），加大产品创新力度，增加适合小微企业的融资品种。进一步扩大中小企业私募债券试点，逐步扩大中小企业集合债券和小微企业增信集合债券发行规模，在创业板、“新三板”、公司债、私募债等市场建立服务小微企业的小额、快速、灵活的融资机制。在清理整顿各类交易场所基础上，将区域性股权市场纳入多层次资本市场体系，促进小微企业改制、挂牌、定向转让股份和融资，支持证券公司通过区域性股权市场为小微企业提供挂牌公司推荐、股权代理买卖等服务。进一步建立健全非上市公众公司监管制度，适时出台定向发行、并购重组等具体规定，支持小微企业股本融资、股份转让、资产重组等活动。探索发展并购投资基金，积极引导私募股权投资基金、创业投资企业投资于小微企业，支持符合条件的创业投资企业、股权投资企业等发行企业债券，专项用于投资小微企业，促进创新型、创业型小微企业融资发展。

（6）切实降低小微企业融资成本

进一步清理规范各类不合理收费，是切实降低小微企业综合融资成本的必然要求。继续对小微企业免征管理类、登记类、证照类行政事业性收费。规范担保公司等中介机构的收费定价行为，通过财政补贴和风险补偿等方式合理降低费率。继续治理金融机构不合理收费和高收费行为，开展对金融机构落实收费政策情况的专项检查，对落实不到位的金融机构要严肃处理。

（7）加大对小微企业金融服务的政策支持力度

对小微企业金融服务予以政策倾斜，是做好小微企业金融服务、防范金融风险的必要条件。进一步完善和细化小微企业划型标准，引导各类金融机构和支持政策更好地聚焦小微企业。充分发挥支持性财税政策的引导作用，强化对小微企业金融服务的正向激励；在简化程序、扩大金融机构自主核销权等方面，对小微企业不良贷款核销给予支持。建立科技金融服务体系，进一步细化科技型小微企业标准，完善对各类科技成果的评价机制。在银行业金融机构的业务准入、风险资产权重、存贷比考核等方面实施差异化监管。继续支持符合条件的银行发行小微企业专项金融债，用所募集资金发放的小微企业贷款不纳入存贷比考核。逐步推进信贷资产证券化常规化发展，引导金融机构将盘活的资金主要用于小微企业贷款。鼓励银行业金融机构适度提高小微企业不良贷款容忍度，相应调整绩效考核机制。继续鼓励担保机构加大对小微企业的服务力度，推进完善有关扶持政策。积极争取将保险服务纳入小微企业产业引导政策，不断完善小微企业风险补偿机制。

（8）全面营造良好的小微金融发展环境

推进金融环境建设，营造良好的金融环境，是促进小微金融发展的重要基础。地方人民政府要在健全法制、改善公共服务、预警提示风险、完善抵质押登记、宣传普及金融知识等方面，抓紧研究制定支持小微企业金融服务的政策措施；切实落实融资性担保公司、小额贷款公司、典当行、投资（咨询）公司、股权投资企业等机构的监管和风险处置责任，加大对非法集资等非法金融活动的打击惩处力度；减少对金融机构正常经营活动的干预，帮助维护银行债权，打击逃废银行债务行为；化解金融风险，切实维护地方金融市场秩序。有关部门要研究采取有效措施，积极引导小微企业提高自身素质，改善经营管理，健全财务制度，增强信用意识。

9.2 直接融资政策体系

9.2.1 股权融资政策

在中小企业融资中，股权融资所占的份额小，与发达国家相比，所占份额相对更小。所以股权融资是未来中小企业融资的一个重要方面，也是我国市场经济走向成熟的必然之路。

国务院于2013年7月推出的“金融国十条”中，第七条涉及了股权融资的政策导向，提出加快发展多层次资本市场，要求进一步优化主板、中小企业板、创业板市场的制度安排，完善发行、定价、并购重组等方面的各项制度。适当放宽创业板对创新型、成长型企业的财务准入标准。将中小企业股份转让系统试点扩大至全国，规范非上市公众公司管理。

(1) 主板

关于主板上市的条件和管理办法，证监会在2006年5月17日发布了《首次公开发行股票并上市管理办法》（第32号证监会令）。该办法从五个方面设立了发行条件，这些发行条件对于中小企业来讲，相对苛刻。主体资格方面，发行人必须是股份有限公司而且持续经营三年以上。发行人的注册资本已足额缴纳，生产经营合法，最近三年内主营业务和高级管理人员无重大变化，股权清晰。独立性方面，发行人要具有完整的业务体系和直接面向市场独立经营的能力。发行人的资产完整、人员独立、财务独立、机构独立、业务独立。规范运作方面，发行人已经依法建立健全了股东大会、董事会、监事会、独立董事、董事会秘书制度。发行人的董事、监事和高级管理人员了解相关法律并且符合相关法律、法规和行政规章制度的要求。发行人的内部控制制度健全，有严格的资金管理制度，公司章程明确规定了对外担保的审批权限和审议程序。财务和会计方面，发行人资产质量良好，资产负债结构合理，内部控制有效，会计基础工作规范，编制财务报表真实，完整披露关联方关系、恰当披露关联方交易，依法纳税，不存在重大偿债风险。该办法还有最重要的一点也是对于中小企业来讲要求较高的财务指标要求如下：

（一）最近 3 个会计年度净利润均为正数且累计超过人民币 3000 万元，净利润以扣除非经常性损益前后较低者为计算依据；

（二）最近 3 个会计年度经营活动产生的现金流量净额累计超过人民币 5000 万元；或者最近 3 个会计年度营业收入累计超过人民币 3 亿元；

（三）发行前股本总额不少于人民币 3000 万元；

（四）最近一期末无形资产（扣除土地使用权、水面养殖权和采矿权等后）占净资产的比例不高于 20%；

（五）最近一期末不存在未弥补亏损。

募集资金的运用方面，该办法规定，募集资金需要有明确的使用方向，原则上应当用于主营业务。募集资金和投资项目与发行人现实条件相适应，投资项目要符合国家相关政策、法律、法规和规章。发行人董事会应当对募集资金投资项目的可行性进行分析，应当建立募集资金专项存储制度。

（2）创业板

关于创业板上市的条件和管理办法，证监会 2009 年 3 月 31 日颁布了《首次公开发行股票并在创业板上市管理暂行办法》（证监会第 61 号令）。该办法的发行条件相比主板上市的发行条件简化了很多。具体要求如下：发行人是持续经营三年以上的股份有限公司，发行人注册资本已足额缴纳，主要经营一种业务，最近两年内主营业务和高级管理人员没有重大变化。发行人具有持续盈利能力，依法纳税，不存在重大偿债风险，股权清晰，资产完整，业务、人员、机构和财务独立，具有完整的业务体系和直接面向市场独立经营的能力。发行人具有完善的公司治理结构，会计基础工作规范，内部控制制度健全且被有效执行，具有严格的资金管理制度。发行人的公司章程已明确对外担保的审批权限和审议程序，董事、监事和高级管理人员了解相关法律并符合相关要求，最近三年内不存在损害投资者合法权益和社会公众利益的重大违法行为。发行人所募集的资金用于主营业务，且应当建立募集资金专项存储制度。该办法关于财务指标的要求如下：

①最近两年连续盈利，最近两年净利润累计不少于一千万元，且持续增长；或者最近一年盈利，且净利润不少于五百万元，最近一年营业收入不少于五千万元，最近两年营业收入增长率均不低于百分之三十。净利润以扣除非经常性损益前后孰低者为计算依据。

②最近一期末净资产不少于两千万元，且不存在未弥补亏损。

③发行后股本总额不少于三千万元。

相较于主板上市条件的要求，关于净利润和营业收入的规定分别小了三倍和六倍，可以说创业板的条件比较适合中小企业上市融资。

（3）新三板市场

证监会 2013 年 2 月 2 日公布了《全国中小企业股份转让系统有限责任公司管理暂行办

法》（证监会89号令）。办法中明确规定了全国中小企业股份转让系统是经国务院批准设立的全国性证券交易场所。股票在全国股份转让系统挂牌的公司为非上市公众公司，股东数量可以超过200人。全国股份转让系统公司应当就股票挂牌、股票转让、主办券商管理、挂牌公司管理、投资者适当性管理等依法制定基本义务规则。全国股份转让系统的登记结算业务由中国证券登记结算有限责任公司负责。

全国股份转让系统实行主办券商制度，主办券商应当对所推荐的挂牌公司履行持续督导义务。在全国股份转让系统股票挂牌的公司不受股东所有制性质的限制，不限于高新技术企业但应当符合如下条件：

（一）依法设立且存续满两年。有限责任公司按原账面净资产值折股整体变更为股份有限公司的，存续时间可以从有限责任公司成立之日起计算；

（二）业务明确，具有持续经营能力；

（三）公司治理机制健全，合法规范经营；

（四）股权明晰，股票发行和转让行为合法合规；

（五）主办券商推荐并持续督导；

（六）全国股份转让系统公司要求的其他条件。

该条件和主板市场和创业板市场的上市条件相比，要求非常低，没有关于净利润和营业收入等的硬性要求。符合以上条件的申请挂牌公司应当与主办券商签订推荐挂牌并持续督导协议，按照全国股份转让系统公司的有关规定编制申请文件，并向全国股份转让系统公司申报。申请挂牌公司取得全国股份转让系统公司同意挂牌的审查意见及中国证监会核准文件后，按照全国股份转让系统公司规定的有关程序办理挂牌手续。

挂牌公司在挂牌成功后，在公司治理、信息披露、暂停与恢复转让、终止与重新挂牌等方面还受到相关规定的要求。挂牌公司应当依照公司章程的规定，规范重大事项的内部决策程序。挂牌公司与控股股东、实际控制人及其控制的其他企业应实行人员、资产、财务分开，各自独立核算、独立承担责任和风险。控股股东、实际控制人及其控制的其他企业应切实保证挂牌公司的独立性，不得利用其股东权利或者实际控制能力，通过关联交易、垫付费用、提供担保及其他方式直接或者间接侵占挂牌公司资金、资产，损害挂牌公司及其他股东的利益。挂牌公司董事会做出的对公司治理机制的讨论评估应当在年度报告中披露。挂牌公司应当按照全国股份转让系统公司相关规定编制并披露定期报告和临时报告。在全国股份转让系统公司规定的相关条件下暂停转让和终止挂牌。

9.2.2 债权融资政策

中国证券监督委员会最早在2004年10月15日颁布了《证券公司债券管理暂行办法》，规范了证券公司发行债券募集资金的相关要求和条件，从发行和承销、托管和转让、信息披露、偿债措施和法律责任等五个方面具体规范了证券公司发行债券的行为。但是该法不包括可转换公司债券的发行。该法要求发行人为综合类证券公司，最近一期期末经审计的净资产不低于10亿元，最近两年内未发生重大违法违规行为，具有健全的股东会、董事会运作机制和有效的内部管理制度，资产未被具有实际控制权的自然人、法人或其他组织及其关联人占用。如果证券公司定向发行债券，则要求最近一期期末经审计的净资产不低于5亿元，而且定向发行的对象只能是合格投资者。

除了以上的条件之外，还有几点凸显了该办法对于债券发行规范性的要求和风险性的警惕。发行人应当聘请证券资信评级机构对本期债券进行信用评级并对跟踪评级做出安排。发行人应当为债券的发行提供担保。为债券的发行提供保证的，保证人应当具有代为清偿债务的能力，保证应当是连带责任保证；为债券的发行提供抵押或质押的，抵押或质押的财产应当由具备资格的资产评估机构进行评估。公开发行债券的担保金额应不少于债券本息的总额。定向发行债券的担保金额原则上不少于债券本息的百分之五十，担保金额不足百分之五十或者未提供担保定向发行债券的，应当在发行和转让时向投资者作特别风险提示，并由投资者签字。发行人应当为债券持有人聘请债权代理人。聘请债权代理人应当订立债权代理协议，明确发行人、债券持有人及债权代理人之间的权利义务及违约责任。发行人应当聘请律师事务所参照中国证监会证券发行的有关规定出具法律意见书和律师工作报告。发行人应当聘请有主承销商资格的证券公司组织债券的承销。

由此可见，对于债券发行的条件，证监会要求非常严格，而且发行的企业仅限于证券公司，原因在于证券公司对于债券的了解相较于其他企业更加清晰。

2007年8月14日，中国证券监督管理委员会发布了《公司债券发行的试点办法》（49号证监会令）。该法是对公司债券发行规范和管理第一个行政法规，意义重大。该法从发行条件、发行程序、债券持有人权益保护和监督管理等四个方面对公司债券的发行进行了说明和规范。该法相较于三年前出台的对证券公司发行债券的要求要简单很多，也方便了公司以债券的形式进行融资。该法要求发行公司债券应当符合以下规定：

（一）公司的生产经营符合法律、行政法规和公司章程的规定，符合国家产业政策；

（二）公司内部控制制度健全，内部控制制度的完整性、合理性、有效性不存在重大缺陷；

（三）经资信评级机构评级，债券信用级别良好；

（四）公司最近一期末经审计的净资产额应符合法律、行政法规和中国证监会的有关规定；

（五）最近三个会计年度实现的年均可分配利润不少于公司债券一年的利息；

（六）本次发行后累计公司债券余额不超过最近一期末净资产额的百分之四十；金融类公司的累计公司债券余额按金融企业的有关规定计算。

从以上的条件可以看出，证监会给予了公司债券很大的自由裁量权，这就意味着对于发行公司债券的鼓励。除了以上比较笼统的要求条件之外，该办法还规定了不得发行公司债券的条件，从反面补充了对发行人的要求：

（一）最近三十六月内公司财务会计文件存在虚假记载，或公司存在其他重大违法行为；

（二）本次发行申请文件存在虚假记载、误导性陈述或者重大遗漏；

（三）对已发行的公司债券或者其他债务有违约或者迟延支付本息的事实，仍处于继续状态；

（四）严重损害投资者合法权益和社会公共利益的其他情形。

凡是存在以上情况的不允许企业发行公司债券。

关于公司债券每张面值一百元的额度，发行价格由发行人和保荐人通过市场询价确定。而关于公司债券的信用评级，应当委托经中国证监会认定、具有从事证券服务业务资格的资信评级机构进行。公司与资信评级机构应当约定，在债券有效存续期间，资信评级机构每年至少公告一次跟踪评级报告。对于为公司提供的担保需要具备以下条件：

（一）担保范围包括债券的本金及利息、违约金、损害赔偿金和实现债权的费用；

（二）以保证方式提供担保的，应当为连带责任保证，且保证人资产质量良好；

（三）设定担保的，担保财产权属应当清晰，尚未被设定担保或者采取保全措施，且担保财产的价值经有资格的资产评估机构评估不低于担保金额；

（四）符合《物权法》、《担保法》和其他有关法律、法规的规定。

综合以上条件，对于公司债券发行的要求，中国证监会并没有非常苛刻，依据合理、合法、鼓励的原则，对公司债券给予了肯定。

9.3 支持中小企业发展的间接融资政策体系

银监会出台的关于扶持中小企业的政策、法规或者指导意见最早始于2005年。2005年7月28日，银监会出台了《银行开展小企业贷款业务指导意见》，该指导意见的出台目的在于促进和指导各银行不断改善对小企业的金融服务。该指导意见对中小企业的界定还是基于2003年出台的中小企业划分标准。

该指导意见中的贷款泛指各类贷款、贸易融资、贴现、保理、贷款承诺、保证、信用证、票据承兑等表内外授信和融资业务。该指导意见中的银行包括政策性银行、商业银行和农村合作银行。城市信用社开展小企业贷款业务可参照该指导意见。

该指导意见内容丰富。针对中小企业的特点，相应的要求各银行从各个方面适应这些特点，实现对中小企业的扶持。

9.3.1　中小企业贷款政策

（1）建立符合中小企业特点的信贷机制

①设立专门机构，加强管理。各银行应有专门部门负责小企业贷款工作，对小企业贷款业务加强专项指导和分账考核。开展小企业贷款的基层行应设立独立的小企业贷款科室或小组，并运用管理会计和内部核算，单独考核小企业贷款业务的成本和收益。银行开展小企业贷款业务实行客户经理制，在具体管理中，实行"四只眼睛"原则，每两位客户经理共管一批客户。

②开展制度创新，重构流程。银行应根据小企业贷款业务的特点，积极开展制度创新，建立符合小企业贷款业务特点的信用评级、业务流程、风险控制、人力资源管理和内部控制等制度。银行应针对小企业业务特点，重新构建激励约束机制，制定专门的业绩考核和奖惩机制，建立与小企业贷款业务相适应的信贷文化。在收入分配上应强调小企业信贷人员收入与其业务量、效益和贷款质量等综合绩效指标挂钩，上不封顶。信贷员绩效指标应包括当月发放贷款的笔数与金额；当月新发展的客户数和新客户贷款金额；逾期率和损失率；贷款余额和发放笔数等内容。贷款质量和当月新发放贷款应占主要比重。

③针对企业特点，细分市场。银行应对小企业市场进行必要的细分，制定符合小企业客户特点的市场策略，积极开展产品创新，推出符合小企业不同需求的贷款产品和金融服务，包括固定资产贷款和周转资金贷款。固定资产贷款包括购建厂房贷款和购买设备贷款。对购建厂房贷款可根据小企业具体情况酌情给予一定的宽限期（期内只还息不还本）支持。周转资金贷款包括信用证外销贷款、购买原材料贷款和一般营运周转贷款。信用证外销贷款依据不可撤销信用证办理，贷款支持度视风险程度而定，最高可支持到信用证金额的80%；购买原材料贷款依据出口远期信用证或银行承兑保证办理，贷款支持度视风险程度而定，最高可支持到信用证或银行承兑金额的80%；一般营运周转贷款的贷款金额原则上可支持到企业最近一年报税营业额的20%。周转资金贷款期限最长为360天，期满须清本清息。小企业贷款产品应体现起点金额、利率浮动水平、担保要求、贷款期限和还款方式等方面的差异，以供小企业根据各自情况进行选择。

（2）风险防范机制

①构建标准化流程，深入了解情况。银行应尽量实现贷款产品和运作流程的标准化，简化贷款手续，减少审批环节，缩短审批时间，以提高效率，降低成本，改善服务。银行审核小企业贷款申请，可根据小企业的实际情况，不单纯依赖正式的财务报表、商业计划或各类书面文件。但须注重现场调查，注意收集非财务信息和软信息。应深入小企业生产、经营和销售现场，通过实地调查和与借款企业管理人员交流等方式，了解借款人经营动态和资信情况。应从多方面、多渠道收集有关借款企业及其经营者家庭收支和信用情况的第一手信息，尽量减少借贷双方的信息不对称。

②进行充分的信用评价，落实责任到人。信贷人员对借款人信息进行汇总和分析后，

应编制反映借款企业关键财务信息的财务简表，并着重对借款企业的借款原因、现金流量、还款能力和经营者个人信用情况作出专业的分析和判断。必要时，应把借款企业与企业经营者家庭合并为一个社会经济单位进行信用分析，全面分析其还款能力和信用情况。信贷人员经调查分析后，向审核部门或有权审批人提交书面的贷款建议。信贷人员应对贷款建议中所含信息的真实性、全面性和可靠性负责。如有失职行为，应按有关规定处理。信贷人员必须在贷款建议中披露贷款申请人是否为自己的关系人。信贷人员的贷款建议除对借款人借款原因、还款能力和经营者个人信用情况及还款可能性进行分析外，还应在贷款金额、担保条件、贷款利率、期限和还款方式等方面提出建议。

③创新抵质押方式，实行差别税率。贷款应主要以借款人经营活动所形成的现金流量和个人信用为基础，并可以其已有可抵押资产和未来融资项下形成的资产和权益进行抵、质押；只有在确认第一还款来源不足时，方可要求借款人提供有效担保。银行在法律法规允许的范围内，应探索在动产和权利上设置抵押或质押，灵活采用担保方式，增加担保物品种，在方便小企业取得贷款的同时，增强对借款人的还款约束，提高贷款偿还的可靠性。银行应充分利用贷款利率放开的市场环境，在小企业贷款上必须引入贷款利率的风险定价机制。可在法规和政策允许的范围内，根据风险水平、筹资成本、管理成本、贷款目标收益、资本回报要求以及当地市场利率水平等因素自主确定贷款利率，对不同借款人实行差别利率，并在风险发生变化时，随时自主调整。

（3）灵活机制

①贷款服务灵活。贷款期限和偿还方式应符合小企业借款人现金流量的特点。视需要，可采取分期定额、分期利随本清、灵活地附加必要宽限期（期内只付息不还本）等还款方式，满足小企业借款人需求。同时加强还款约束和贷后监督，降低信贷风险。银行应在控制风险的前提下合理下放对小企业贷款的审批权限，优化简化审批流程，提高贷款审批效率，为小企业客户提供快捷的服务。

②信贷风险控制灵活。银行应采取符合小企业贷款流程特点的信贷风险控制措施。除适当的审贷分离及严密的贷前调查和贷后监督以外，应通过强化激励和约束机制，充分调动信贷人员的积极性，确保作为贷款决策基础的借款人信息及贷款建议真实、可靠。信贷人员应承担贷后监督的主要责任，应加强贷后跟踪，与借款企业保持密切的工作联系，随时掌握借款企业的动态。对于可能影响借款企业还款能力的重大事件，应及时书面具实报告并采取必要措施。到期未偿还贷款的催收工作应由信贷人员负责。但在需要运用法律手段进行催收时，可由有关部门或人员接管。经营正常、按期还本付息的小企业如需办理贷款展期或重组，应事先提出申请。信贷人员须对此申请进行评估后，提出书面建议报有权部门审核，批准后方得办理。信贷人员建议缩减额度或不予展期的小企业贷款，应书面具实报告，经有权部门审核后，以专案方式办理，加强风险管理，但必须在两周内向借款企业告知审核结果和相应要求。银行应对借款人还款行为提供足够激励和约束，强化客户信用观念。借款人还款记录良好，可在贷款金额、期限、利率和担保条件上给予优惠；还款

情况不好，除据合同规定停止放款、加紧催收欠款以及加收高额罚息外，还应对其采取社会曝光和业界信用警示通报等措施。

③信息管理灵活。银行应建立适应小企业贷款业务需求的统计制度和信息管理系统。信息管理系统应记录和汇总以往所有贷款申请情况和相应的贷款偿还情况；应使信贷人员能及时监测贷款逾期情况，包括逾期借款类别（分固定资产和周转金两种）、逾期天数、逾期贷款还款情况及贷款余额；应使信贷人员了解正常还款客户的情况。小企业信贷人员应具备良好品德操守，无不良记录。银行应对小企业贷款相关人员事先进行严格和专门的培训，使之掌握小企业贷款理念、方法和特点，并通过经常的训练，使之具备一定的专业技能和行业知识，善于总结工作经验，确保有关政策和程序得到有效执行。银行应建立小企业贷款工作的尽职调查制度及相应的问责与免责制度，对小企业贷款业务的各项活动进行合规性检查和稽核，并根据实际情况和有关规定追究或免除有关责任人的相应责任。银行应按要求向银行业监管机构报送小企业贷款有关信息，包括小企业贷款金额、逾期率、损失率和贷款展期或重组率等。

9.3.2　改进中小企业授信的政策

中小企业的信贷扶持政策一经推出之后，各商业银行、政策性银行、城市商业银行等都对中小企业给予了重视，但是在实际操作过程中，还面临一个最大的障碍，那就是银行对于中小企业的授信问题。授信是银行对中小企业贷款的前提，也是决定银行对中小企业支持力度的关键。银监会就授信问题于 2006 年就出台了《商业银行小企业授信工作尽职指引（试行）》，并于 2007 年 6 月 29 日最终出台了《银行开展小企业授信工作指导意见》来规范和促进中小企业授信工作的开展和落实。

该指导意见首先明确了小企业授信的定义，即银行对单户授信总额 500 万元（含）以下和企业资产总额 1000 万元（含）以下，或授信总额 500 万元（含）以下和企业年销售额 3000 万元（含）以下的企业，各类从事经营活动的法人组织和个体经营户的授信。授信涵盖的范围包括各类贷款、贸易融资、贴现、保理、贷款承诺、保证、信用证、票据承兑等表内外授信和融资业务。银行则包括政策性银行、商业性银行。商业性银行泛指国有商业银行、股份制商业银行、城市商业银行、农村商业银行、农村合作银行、城市信用社、农村信用社、村镇银行和外资银行等。

(1) 建立符合中小企业特点的授信体系

银行应根据小企业授信的特点和内在规律开展小企业授信，做到程序可简，条件可调，成本可算，利率可浮，风险可控，责任可分。

创新小企业授信业务，完善业务流程、风险管理和内部控制，着重建立和完善小企业授信“六项机制”，包括利率的风险定价机制，独立核算机制，高效的审批机制，激励约束机制，专业化的人员培训机制，违约信息通报机制。

建立专业化的组织架构，形成层级管理下相对独立的业务考核单元，组建专职队伍，进行专业化运作。

构建标准化的业务流程。可借助信贷管理信息系统，对不同的小企业授信产品，分别制定相应的标准化授信业务流程，明确各业务环节的操作标准和限时办理要求，实行前中后台业务专业化、标准化处理。

明确市场及客户定位。对小企业市场及客户进行必要的细分，制定市场策略，研究各类小企业客户群的特点、经营规律和风险特征，建立小企业客户准入、退出标准和目标客户储备库，提高营销的针对性和有效性。

树立品牌意识，加强小企业授信产品品牌化建设。根据小企业生命周期和融资需求“短、小、频、急”的特点，以市场为导向，以客户为中心，推进产品创新，满足不同地区、不同行业、不同类型、不同发展阶段小企业的需求。

根据小企业融资主体、融资额度、融资期限、担保方式等要素的不同，提供不同的产品组合服务。可提供流动资金贷款，周转贷款，循环贷款，打包贷款，出口退税账户托管贷款，商业汇票承兑、贴现，买方或协议付息票据贴现，信用卡透支，法人账户透支，进出口贸易融资，应收账款转让，保理，保函，贷款承诺等。

银行可引入银团贷款方式提供小企业授信服务。

（2）高效的审批机制

银行应建立高效的审批机制。在控制风险的前提下，合理设定审批权限，优化审批流程，提高审批效率。

根据不同区域的经济发展水平和信用环境，不同分支机构的经营管理水平、风险控制能力，不同授信产品的风险程度等，实行差别授权管理。

对小企业授信环节可同步或合并进行。对小企业客户的营销与授信的预调查可同步进行，授信的调查与审查可同步进行，前期授信后的检查与当期授信调查可同步进行；对小企业信用评估、授信额度的核定、授信审批环节可合并进行；可尝试对小企业授信业务实行集中、批量处理。

银行可分别授予客户经理、授信审查人员一定的授信审批权限。

授信调查应注重现场实地考察，不单纯依赖小企业财务报表或各类书面资料，不单纯依附担保。

注重收集小企业的非财务信息，包括小企业及其业主或主要股东个人信用情况、家庭收支状况、企业经营管理情况、技术水平、行业状况及市场前景等。根据调查和所收集信息情况，编制有关小企业或其业主个人或主要股东的资产负债表、损益表和现金流量表，作为分析小企业财务状况和偿还能力的主要依据。

建立和完善小企业客户信用风险评估体系。可依据企业存续时间、经营者素质、经营状况、偿债能力、资信状况和发展前景等指标，制定小企业信用评分体系，突出对小企业业主或主要股东个人的信用，以及小企业所处市场环境和信用环境的评价。

银行可发放信用贷款。对资信良好、确能偿还贷款的小企业，银行可在定价充分反映风险的基础上，发放一定金额、一定期限的信用贷款。

银行可接受房产和商铺抵押，商标专用权、专利权、著作权等知识产权中的财产权质押，仓单、提单质押，基金份额、股权质押，应收账款质押，存货抵押，出口退税税单质押，资信良好企业供销合同质押，小企业业主或主要股东个人财产抵押、质押以及保证担保等。

银行可灵活采用担保方式，充分利用经营业主联户担保、经济联合体担保、借助出口信用保险代替担保等新型贷款担保形式，对获得国家财政贴息、创业投资基金和科技型小企业技术创新基金等支持的小企业，或专业担保机构提供担保的小企业给予授信支持。

创新授信额度使用和偿还方式。可开展循环贷款，整贷零偿，零贷零偿，分期还本付息，一次性还本分期付息，宽限期分期还本付息等。

（3）利率的风险定价机制

银行应建立利率的风险定价机制。坚持收益覆盖成本和风险的原则，在法规和政策允许的范围内，根据风险水平、筹资成本、管理成本、授信目标收益、资本回报要求以及当地市场利率水平等因素，自主确定贷款利率，对不同小企业或不同授信实行差别定价。

鼓励客户经理在银行服务所在社区建立广泛的、经常性的社区关系，以便于收集信息和监督授信的使用情况。

根据不同授信产品的风险特点，分别确定不同的授信后管理重点。重点监测销售归行、现金流变化、偿还情况和担保变化情况，对可能影响授信偿还的重大事件，应及时书面报告并采取必要措施。

加强小企业授信风险分类管理。按照贷款逾期天数与保证方式相结合的原则，对小企业授信进行风险分类。在科学测算的基础上，合理制定小企业授信不良率控制指标，并随风险变化及时调整。

建立合理的小企业贷款损失准备金的提取和呆账核销机制，按照相关规定提取准备金和核销呆账。对已核销的授信要做到“账销、案存、权在”。

建立适应小企业授信业务需求的统计制度和信息管理系统。信息管理系统应记录和汇总以往所有小企业授信申请、使用和偿还情况；应使授信业务人员能及时监测授信风险情况，包括授信类别、风险分类结果、还款情况、授信余额及担保变化情况等。

建立和加强与地方政府、公安、税务、工商、行业协会和会计师事务所、律师事务所、信用管理咨询公司等机构的沟通协调，关注并收集与小企业及其业主或主要股东个人相关的公共信息、法定信息、身份信息和信用交易信息等。

（4）违约信息通报机制

银行应建立违约信息通报机制。应通过授信后监测手段，及时将小企业违约信息及其关联企业信息录入本行信息管理系统或在内部进行通报；定期向中国银监会及其派出机构报告；通过银行业协会向银行业金融机构通报，对恶意逃废银行债务的小企业予以联合制裁和公开披露。

(5) 独立核算机制

银行应建立独立核算机制。改进和完善成本管理，建立以内部转移价格为基础的独立核算机制和内部合作考核机制，制定专项指标，单独考核小企业授信业务的成本和收益。

(6) 激励约束机制

银行应构建激励约束机制。制定专门的业绩考核和奖惩机制，加大资源配置力度，突出对分支机构和授信人员的正向激励，可提取一定比例的小企业授信业务净收益奖励一线业务人员。

将小企业授信情况纳入对分支机构的考核范围，考核指标应包括其所创造的经济增加值、新增和存量授信户数、笔数和金额、授信质量、管理水平等。对客户经理的考核，可采取与业务量和已实现业绩贡献及资产质量挂钩的方式；对其他小企业授信人员的考核，可采取薪酬与其业务、效益和授信质量等综合绩效指标挂钩的方式。

应采取激励和约束措施强化小企业的信用意识。对信用良好的小企业，可在授信金额、期限、利率和担保条件上给予优惠，对经营正常、按期付息的小企业贷款可办理展期或重组。对信用差的小企业，除采取风险处置措施外，还可采取违约信息通报措施。

中国银监会对银行小企业授信实行激励政策。对小企业授信业务表现出色的商业银行，可准予其增设机构和网点；对小企业授信业务表现出色的地方法人银行业金融机构，可考虑准予其跨区域增设机构和网点。

制定小企业授信尽职调查制度及相应的问责与免责制度。按照《商业银行小企业授信工作尽职指引（试行）》（银监发〔2006〕69号）要求，摒弃传统的对单笔、单户贷款责任追究的做法，在考核整体质量及综合回报的基础上，根据实际情况和有关规定追究或免除有关责任人的相应责任，做到尽职者免责，失职者问责。

(7) 专业化的人员培训机制

银行应建立专业化的人员培训机制。积极研究和借鉴国内外小企业授信的成功经验，采取分层次、按梯队的方式，加强对小企业授信人员的业务培训，推行岗位资格认定和持证上岗制度，使其更新理念，掌握小企业授信业务特点和风险控制方法，提高营销和收集、整理、分析财务和非财务信息的能力，熟悉尽职要求，逐步形成良好的小企业授信文化。

按要求向中国银监会及其派出机构报送小企业授信有关信息，包括小企业授信金额、户数、资产质量等。

9.3.3 建立中小企业服务专营机构的政策

为了改进小企业金融服务，发挥专业化经营优势，银监会于2008年12月1日发布了《中国银监会关于银行建立小企业金融服务专营机构的指导意见》。

小企业金融服务专营机构（以下简称专营机构）是根据战略事业部模式建立、主要为小企业提供授信服务的专业化机构。各行设立专营机构可自行命名，但必须含小企业字样

（如小企业信贷中心）。此类机构可申请单独颁发金融许可证和营业执照。

专营机构的业务范围限于《银行开展小企业授信工作指导意见》（银监发〔2007〕53号）中所包含的授信业务，即各类贷款、贸易融资、贴现、保理、贷款承诺、保证、信用证、票据承兑等表内外授信和融资业务，以及相关的中间服务业务。所以，中小企业专营机构的设立要实现对授信工作的要求。

各银行设立的专营机构应建立独立的风险定价机制。充分利用各种渠道获得小企业信息，特别是现场实地核查和搜集非财务信息，按照收益覆盖成本和风险的原则，引入专业化定价技术，通过综合测算，在现行利率政策允许范围内实施差别化定价。

专营机构应建立独立的成本利润核算机制。根据业务规模和收益，建立以内部转移定价为基础的独立成本利润核算机制，制定专项指标，合理安排各项经营成本，单独核算经营利润。

专营机构应建立独立高效的信贷审批机制。在保证贷款质量、控制贷款风险的前提下合理设置审批权限，探索多种审批方式，可对部分授信环节进行合并或同步进行，以优化操作流程，提高审批效率。

专营机构应建立独立的激励约束机制。对小企业金融服务的业绩考核要独立于其他银行业务，制定专门的业绩考核和奖惩机制，加大资源配置力度，注重经营绩效和风险管理相结合，探索多种激励约束方式。

专营机构应建立专业化的小企业金融服务人才队伍。把事业心、专业知识、经验和潜力作为选拔人员的主要标准，通过专题培训，推行岗位资格认定和持证上岗制度，提升小企业金融服务人员的业务营销能力和风险控制能力。

专营机构应建立违约信息通报机制。通过授信后监测手段，及时将小企业违约信息及其关联企业信息录入本行信息管理系统或在内部进行通报；定期向银监会及其派出机构报告；通过银行业协会向银行业金融机构通报，对恶意逃废银行债务的小企业予以联合制裁或公开披露。

专营机构应建立独立有效的风险管理机制。采取与小企业性质、规模相适应的风险管理技术，对授信调查、授信审批、贷款发放、风险分类、风险预警、不良资产处置等各个环节的风险进行管控。

专营机构应根据小企业的特点和实际业务情况设立合理的风险容忍度。同时，建立授信尽职免责制度，在考核整体质量及综合回报的基础上，根据实际情况和有关规定追究或免除有关当事人的相应责任，做到尽职者免责，失职者问责。

专营机构应建立单独的小企业贷款风险分类和损失拨备制度，制定专项的不良贷款处置政策，建立合理的快速核销机制，在国家政策允许范围内简化不良贷款核销流程，以降低不良贷款率，提高业务人员开展小企业金融服务的积极性。

专营机构应注重开发、使用适应小企业金融服务的专业化技术，以推动小企业金融产品与服务的创新。

9.4 支持中小企业发展的金融服务政策体系

9.4.1 信用担保体系建设政策

近年来，主要以中小企业为服务对象的中小企业信用担保机构快速发展，担保资金不断增加，业务水平和运行质量稳步提高，服务领域进一步拓展，为解决中小企业融资难和担保难等问题发挥了重要作用。但也要看到，目前中小企业信用担保体系建设还存在许多问题，主要是担保机构总体规模较小，实力较弱，抵御风险能力不强，行业管理不完善等，亟须采取有效措施加以解决。根据《中华人民共和国中小企业促进法》和《国务院关于鼓励支持和引导个体私营等非公有制经济发展的若干意见》（国发〔2005〕3号）的要求，为促进中小企业信用担保机构持续健康发展，国务院办公厅于2006年11月23日转发了发改委、财政部等部门联合发布的《关于加强中小企业信用担保体系建设的意见》。

（1）建立健全担保机构的风险补偿机制

①切实落实《中华人民共和国中小企业促进法》有关规定，在国家用于促进中小企业发展的各种专项资金（基金）中，安排部分资金用于支持中小企业信用担保体系建设。各地区也要结合实际，积极筹措资金，加大对中小企业信用担保体系建设的支持力度。

②鼓励中小企业信用担保机构出资人增加资本金投入。对于由政府出资设立，经济效益和社会效益显著的担保机构，各地区要视财力逐步建立合理的资本金补充和扩充机制，采取多种形式增强担保机构的资本实力，提高其风险防范能力。

③各地区、各部门要积极创造条件，采取多种措施，组织和推进中小企业信用担保体系建设，引导担保机构充分发挥服务职能，根据有关法律法规和政策，积极为有市场、有效益、信用好的中小企业开展担保业务，切实缓解中小企业融资难、担保难等问题。

④为提高中小企业信用担保机构抵御风险的能力，各地区可根据实际，逐步建立主要针对从事中小企业贷款担保的担保机构的损失补偿机制。鼓励有条件的地区建立中小企业信用担保基金和区域性再担保机构，以参股、委托运作和提供风险补偿等方式支持担保机构的设立与发展，完善中小企业信用担保体系的增信、风险补偿机制。

（2）完善担保机构税收优惠等支持政策

①继续执行《国务院办公厅转发国家经贸委关于鼓励和促进中小企业发展若干政策意见的通知》（国办发〔2000〕59号）中规定的对符合条件的中小企业信用担保机构免征三

年营业税的税收优惠政策。同时，进一步研究完善促进担保机构发展的其他税收政策。

②开展贷款担保业务的担保机构，按照不超过当年年末责任余额 1% 的比例以及税后利润的一定比例提取风险准备金。风险准备金累计达到其注册资本金 30% 以上的，超出部分可转增资本金。担保机构实际发生的代偿损失，可按照规定在企业所得税税前扣除。

③为促进担保机构的可持续发展，对主要从事中小企业贷款担保的担保机构，担保费率实行与其运营风险成本挂钩的办法。基准担保费率可按银行同期贷款利率的 50% 执行，具体担保费率可依项目风险程度在基准费率基础上上下浮动 30% ~50%，也可经担保机构监管部门同意后由担保双方自主商定。

(3) 推进担保机构与金融机构的互利合作

①按照平等、自愿、公平及等价有偿、诚实信用的原则，鼓励、支持金融机构与担保机构加强互利合作。鼓励金融机构和担保机构根据双方的风险控制能力合理确定担保放大倍数，发挥各自优势，加强沟通协作，防范和化解中小企业信贷融资风险，促进中小企业信贷融资业务健康发展。

②金融机构要针对中小企业的特点，创新与担保机构的合作方式，拓展合作领域，积极开展金融产品创新，推出更多适合中小企业多样化融资需求的金融产品和服务项目。政策性银行可依托中小商业银行和担保机构，开展以中小企业为主要服务对象的转贷款、担保贷款业务。

③金融机构要在控制风险的前提下，合理下放对小企业贷款的审批权限，简化审贷程序，提高贷款审批效率。对运作规范、信用良好、资本实力和风险控制能力较强的担保机构承保的优质项目，可按人民银行利率管理规定适当下浮贷款利率。

(4) 为担保机构开展业务创造有利条件

①担保机构开展担保业务中涉及工商、房产、土地、车辆、船舶、设备和其他动产、股权、商标专用权、专利权等抵押物登记和出质登记，凡符合要求的，登记部门要按照《中华人民共和国担保法》的规定为其办理相关登记手续。担保机构可以查询、抄录或复印与担保合同和客户有关的登记资料，登记部门要提供便利。

②登记部门要简化程序、提高效率，积极推进抵押物登记、出质登记的标准化和电子化，提高服务水平，降低登记成本。同时，担保机构办理代偿、清偿、过户等手续的费用，要按国家有关规定予以减免。在办理有关登记手续过程中，有关部门不得指定评估机构对抵押物（质物）进行强制性评估，不得干预担保机构正常开展业务。

③各部门和有关方面按照规定可向社会公开的企业信用信息，应向担保机构开放，支持担保机构开展与担保业务有关的信息查询。有条件的地方要建立互联互通机制，实现可公开企业信用信息与担保业务信息的互联互通和资源共享。

(5) 加强对担保机构的指导和服务

①全国中小企业信用担保体系建设工作由发展改革委牵头，财政部、人民银行、税务总局、银监会参加，各部门要密切配合，加强沟通与协调，及时研究解决工作中的重大问

题。地方各级人民政府要加强领导，提高认识，高度重视中小企业信用担保体系建设工作，将其纳入中小企业成长工程，积极采取措施予以推进。

②加强对担保机构经营的指导。各地区要指导和督促担保机构加强内部管理，规范经营行为，完善各种规章制度，努力提高经营水平和防控风险能力。要建立健全担保机构的信用评级制度，督促担保机构到有资质的评级机构进行信用评级，并将信用等级向社会公布。根据实际情况对担保机构实行备案管理，全面掌握担保机构经营状况，及时跟踪指导。

③积极为担保机构做好服务工作。各地区要组织开展面向中小企业信用担保机构的信息咨询、经验交流、业务培训、行业统计、权益保护、行业自律及对外交流等工作，切实推进担保机构自身建设和文化建设，促进担保机构持续健康发展。

9.4.2 信息服务体系建设政策

在现代化社会里，信息的互联互通越来越凸显其重要性。信息是市场交易主体交易必须具备的基本要素，但是获取信息往往需要付出较大的成本，而且有很多信息很难获取。所以信息不对称的情况时有发生。信息不对称在经济学中是导致经济运行效率或者市场交易效率低的主要原因之一，尤其体现在金融行业。信息服务呼之欲出，原因在于信息服务需要专门的市场主体来完成，需要政府的有效支持，需要法律法规的完善。信息服务的专门化在一定程度上缓解了市场交易主体的信息不对称问题，尤其是像中小企业这样的交易主体。他们没有更多的资金来构建自身的信息搜集部门，所以借助专门化的信息服务机构是势在必行。

从另外一个角度来考虑，提供信息服务的主体也就是征信机构的规范和管理是构建社会信用体系建设，完善信息服务的关键。2013年1月21日，国务院第228次常务会议通过了《征信业管理条例》。该条例的公布说明我国征信规范迈出了实质性的一步，同时也有助于完善社会信用体系的建设。

该条例所称征信业务，是指对企业、事业单位等组织的信用信息和个人的信用信息进行采集、整理、保存、加工，并向信息使用者提供的活动。该条例所称征信机构，是指依法设立，主要经营征信业务的机构。设立经营个人征信业务的征信机构，应当符合《中华人民共和国公司法》规定的公司设立条件和下列条件，并经国务院征信业监督管理部门批准：（一）主要股东信誉良好，最近3年无重大违法违规记录；（二）注册资本不少于人民币5000万元；（三）有符合国务院征信业监督管理部门规定的保障信息安全的设施、设备和制度、措施；（四）经营个人征信业务的征信机构的董事、监事和高级管理人员，应当熟悉与征信业务相关的法律法规，具有履行职责所需的征信业从业经验和管理能力，最近3年无重大违法违规记录，并取得国务院征信业监督管理部门核准的任职资格；（五）国务院征信业监督管理部门规定的其他审慎性条件。未经国务院征信业监督管理部门批准，任何单位和个人不得经营个人征信业务。设立经营企业征信业务的征信机构，应当符合《中华人民共和国公司法》规定的设立条件，并自公司登记机关准予登记之日起30日内向所在地的国务院征信业监督管理部门派出机构办理备案，并提供下列材料：（一）营业执照；（二）股权结构、组织机构说明；（三）业务范围、业务规则、业务系统的基本情况；（四）信息安全和风险防范措施。

除了以上的企业设立条件之外，该条例还从征信业务规则、异议和投诉、监督管理、法律责任等多个方面对征信业务的规范进行了详细的解释。

为了防范金融风险、促进金融业发展提供相关信息服务，国家设立金融信用信息基础数据库。金融信用信息基础数据库由专业运行机构建设、运行和维护。该运行机构不以盈利为目的，由国务院征信业监督管理部门监督管理。金融信用信息基础数据库接收从事信贷业务的机构按照规定提供的信贷信息。金融信用信息基础数据库为信息主体和取得信息主体本人书面同意的信息使用者提供查询服务。国家机关可以依法查询金融信用信息基础数据库的信息。从事信贷业务的机构应当按照规定向金融信用信息基础数据库提供信贷信息。从事信贷业务的机构向金融信用信息基础数据库或者其他主体提供信贷信息，应当事先取得信息主体的书面同意。金融信用信息基础数据库的构建是完善中小企业信息服务建设的关键环节之一，中小企业借助该信息平台，能够更好地防控风险。

第 10 章

促进中小企业就业的教育政策

- 职业技术教育政策
- 就业培训政策
- 继续教育政策

10.1　职业技术教育政策

职业教育在我国的教育体系中有着重要的作用。基于目前的教育体系，职业教育的作用在于为社会输送能够满足岗位需要的技术工人和服务业从业人员。随着服务业的大力发展，经济结构的不断调整，社会对于技术工人和服务业从业人员的要求逐步提高，这就要求加强对于职业教育的重视。同时，职业教育的毕业生主要就业于中小企业，所以这也极大地促进了中小企业的就业和发展。

10.1.1　职业教育法的颁布

我国政府对职业教育一直给予了高度重视，1996年《中华人民共和国职业教育法》颁布。该法充分说明了职业教育在我国教育体系中的重要意义，说明了职业教育体系的构建，职业教育的实施和职业教育的保障条件。

该法中强调，职业教育是国家教育事业的重要组成部分，是促进经济、社会发展和劳动就业的重要途径。国家需要发展职业教育，推进职业教育改革，提高职业教育质量，建立、健全适应社会主义市场经济和社会进步需要的职业教育制度。各级人民政府应当将发展职业教育纳入国民经济和社会发展规划。行业组织和企业、事业组织应当依法履行实施职业教育的义务。实施职业教育应当根据实际需要，同国家制定的职业分类和职业等级标准相适应，实行学历证书、培训证书和职业资格证书制度。国家实行劳动者在就业前或者上岗前接受必要的职业教育的制度。

(1) 职业教育体系的构建

首先，国家根据不同地区的经济发展水平和教育普及程度，实施以初中后为重点的不同阶段的教育分流，建立、健全职业学校教育与职业培训并举，并与其他教育相互沟通、协调发展的职业教育体系。

其次，职业学校教育分为初等、中等、高等职业学校教育。初等、中等职业学校教育分别由初等、中等职业学校实施；高等职业学校教育根据需要和条件由高等职业学校实施，或者由普通高等学校实施。其他学校按照教育行政部门的统筹规划，可以实施同层次的职业学校教育。职业培训则是从相对非正式的角度补充职业教育。职业培训包括从业前培训、转业培训、学徒培训、在岗培训、转岗培训及其他职业性培训，可以根据实际情况分为初级、中级、高级职业培训。职业培训分别由相应的职业培训机构、职业学校实施。

其他学校或者教育机构可以根据办学能力，开展面向社会的、多种形式的职业培训。

此外，残疾人职业教育除由残疾人教育机构实施外，各级各类职业学校和职业培训机构及其他教育机构应当按照国家有关规定接纳残疾学生。

（2）职业教育体系的实施

从政府的角度，县级以上地方各级人民政府应当举办发挥骨干和示范作用的职业学校、职业培训机构，对农村、企业、事业组织、社会团体、其他社会组织及公民个人依法举办的职业学校和职业培训机构给予指导和扶持。县级人民政府应当适应农村经济、科学技术、教育统筹发展的需要，举办多种形式的职业教育，开展实用技术的培训，促进农村职业教育的发展。政府主管部门、行业组织应当举办或者联合举办职业学校、职业培训机构，组织、协调、指导本行业的企业、事业组织举办职业学校、职业培训机构。

从企业的角度，企业应当根据本单位的实际，有计划地对本单位的职工和准备录用的人员实施职业教育。企业可以单独举办或者联合举办职业学校、职业培训机构，也可以委托学校、职业培训机构对本单位的职工和准备录用的人员实施职业教育。从事技术工种的职工，上岗前必须经过培训；从事特种作业的职工必须经过培训，并取得特种作业资格。

从社会角度，国家鼓励事业组织、社会团体、其他社会组织及公民个人按照国家有关规定举办职业学校、职业培训机构。境外的组织和个人在中国境内举办职业学校、职业培训机构的办法，由国务院规定。联合举办职业学校、职业培训机构，举办者应当签订联合办学合同。政府主管部门、行业组织、企业、事业组织委托学校、职业培训机构实施职业教育的，应当签订委托合同。职业学校、职业培训机构实施职业教育应当实行产教结合，为本地区经济建设服务，与企业密切联系，培养实用人才和熟练劳动者。职业学校、职业培训机构可以举办与职业教育有关的企业或者实习场所。

职业学校的设立需要满足如下条件：①有组织机构和章程；②有合格的教师；③有符合规定标准的教学场所、与职业教育相适应的设施、设备；④有必备的办学资金和稳定的经费来源。职业培训机构的设立，必须符合下列基本条件：①有组织机构和管理制度；②有与培训任务相适应的教师和管理人员；③有与进行培训相适应的场所、设施、设备；④有相应的经费。

（3）职业教育的保障条件

国家鼓励通过多种渠道依法筹集发展职业教育的资金。省、自治区、直辖市人民政府应当制定本地区职业学校学生人数平均经费标准；国务院有关部门应当会同国务院财政部门制定本部门职业学校学生人数平均经费标准。职业学校举办者应当按照学生人数平均经费标准足额拨付职业教育经费。各级人民政府、国务院有关部门用于举办职业学校和职业培训机构的财政性经费应当逐步增长。任何组织和个人不得挪用、克扣职业教育的经费。

企业应当承担对本单位的职工和准备录用的人员进行职业教育的费用，具体办法由国务院有关部门会同国务院财政部门或者由省、自治区、直辖市人民政府依法规定。企业未按《中华人民共和国职业教育法》第二十条的规定实施职业教育的，县级以上地方人民政府应当责令改正；拒不改正的，可以收取企业应当承担的职业教育经费，用于本地区的职业教育。

省、自治区、直辖市人民政府按照教育法的有关规定决定开征的用于教育的地方附加费，可以专项或者安排一定比例用于职业教育。各级人民政府可以将农村科学技术开发、技术推广的经费，适当用于农村职业培训。职业学校、职业培训机构可以对接受中等、高等职业学校教育和职业培训的学生适当收取学费，对经济困难的学生和残疾学生应当酌情减免。收费办法由省、自治区、直辖市人民政府规定。

国家支持企业、事业组织、社会团体、其他社会组织及公民个人按照国家有关规定设立职业教育奖学金、贷学金，奖励学习成绩优秀的学生或者资助经济困难的学生。职业学校、职业培训机构举办企业和从事社会服务的收入应当主要用于发展职业教育。国家鼓励金融机构运用信贷手段，扶持发展职业教育。国家鼓励企业、事业组织、社会团体、其他社会组织及公民个人对职业教育捐资助学，鼓励境外的组织和个人对职业教育提供资助和捐赠。提供的资助和捐赠，必须用于职业教育。

县级以上各级人民政府和有关部门应当将职业教育教师的培养和培训工作纳入教师队伍建设规划，保证职业教育教师队伍适应职业教育发展的需要。职业学校和职业培训机构可以聘请专业技术人员、有特殊技能的人员和其他教育机构的教师担任兼职教师。有关部门和单位应当提供方便。国务院有关部门、县级以上地方各级人民政府以及举办职业学校、职业培训机构的组织、公民个人，应当加强职业教育生产实习基地的建设。企业、事业组织应当接纳职业学校和职业培训机构的学生和教师实习；对上岗实习的，应当给予适当的劳动报酬。县级以上各级人民政府和有关部门应当建立、健全职业教育服务体系，加强职业教育教材的编辑、出版和发行工作。

10.1.2　推进职业教育改革和发展政策

在《中华人民共和国职业教育法》出台后，我国职业教育事业有了很大发展，各级各类职业学校教育和职业培训取得显著成绩，为社会主义现代化建设培养了大量高素质劳动者和实用人才。但是，职业教育的改革与发展也面临一些问题，一些地方对发展职业教育的重要性缺乏足够的认识；投入不足，基础薄弱，办学条件较差；管理体制、办学体制、教育教学质量不适应经济建设和社会发展的需要；就业准入制度没有得到有效执行，影响了受教育者的积极性；地区之间、城乡之间发展不平衡。全国按照该法进行实践中遇到了一些问题，为了明确职业教育的出路，国务院于 2002 年出台了《国务院关于大力推进职业教育改革与发展的决定》。

(1) 职业教育在促进就业和经济发展中的作用

职业教育为初、高中毕业生和城乡新增劳动者、下岗失业人员、在职人员、农村劳动者及其他社会成员提供多种形式、多种层次的职业学校教育和职业培训，是我国教育体系的重要组成部分，是国民经济和社会发展的重要基础。推进职业教育的改革与发展是实施科教兴国战略、促进经济和社会可持续发展、提高国际竞争力的重要途径，是调整经济结构、提高劳动者素质、加快人力资源开发的必然要求，是拓宽就业渠道、促进劳动就业和再就业的重要举措。

（2）发展职业教育的侧重点

以中等职业教育为重点，保持中等职业教育与普通高中教育的比例大体相当，扩大高等职业教育的规模。职业学校和职业培训机构要进一步适应经济和社会发展以及劳动力市场需求，增强自主发展能力，改善办学条件，全面提高教育质量和效益。大中城市和经济发达地区要在继续发展中等职业教育和职业培训的同时，积极发展高等职业教育，有条件的市（地）可以举办综合性、社区性的职业技术学院。

（3）职业教育管理和办学体制改革

①推进职业教育管理体制改革，建立并逐步完善在国务院领导下，分级管理、地方为主、政府统筹、社会参与的职业教育管理体制。

在国务院领导下，建立职业教育工作部际联席会议制度，研究解决职业教育工作中的重大问题。国务院教育行政部门负责职业教育工作的统筹规划、综合协调、宏观管理，劳动保障部门和其他有关部门在各自职责范围内，负责职业教育的有关工作。

发展职业教育的主要责任在地方。县级以上地方各级人民政府要加强对本行政区域内职业教育工作的领导和统筹协调，结合当地经济建设和社会发展实际，制定促进职业教育发展的政策和措施，研究解决工作中的实际问题；各级教育行政部门会同劳动保障等有关部门管理本行政区域内各有关职业学校的教育业务工作。要依法严格审批程序，规范职业学校和培训机构的办学行为。

②强化市（地）级人民政府在统筹职业教育发展方面的责任。市（地）级人民政府要统筹规划，促进本行政区域内职业教育与其他各类教育协调发展，建立多渠道筹措职业教育经费的机制，组织动员社会力量举办职业教育；要整合和充分利用现有各种职业教育资源，打破部门界限和学校类型界限，积极发挥市场机制的作用，提高办学效益，优化职业学校布局结构，防止职业教育资源流失。省（自治区、直辖市）所属中等和高等职业学校可以由省级有关部门与职业学校所在市（地）联合共建、共管，增强其为区域经济服务的功能。

③深化职业教育办学体制改革，形成政府主导、依靠企业、充分发挥行业作用、社会力量积极参与的多元办学格局。

县级以上地方各级人民政府要在发展职业教育中发挥主导作用，重点办好起骨干和示范作用的职业学校和职业培训机构，组织、指导并支持企业、行业和社会力量举办职业学校和职业培训机构。要规范中等和高等职业学校的名称，并体现职业特点。实施高中阶段学历教育的各类职业学校统一规范为“××职业技术学校”，高等专科学校和成人高等学校要逐步统一规范为“××职业技术学院”。

行业主管部门对行业职业教育进行协调和业务指导，继续办好职业学校和培训机构。

行业组织受政府主管部门委托，开展行业人力资源预测、制定行业职业教育和培训规划、指导行业职业教育、职工培训和职业技能鉴定、参与相关专业的课程教材建设和教师培训等工作，也可以举办职业学校或职业培训机构。

充分依靠企业举办职业教育。企业要根据实际需要举办职业学校和职业培训机构，强化自主培训功能，加强对职工特别是一线职工、转岗职工的教育和培训，形成职工在岗和轮岗培训的制度，实行培训、考核、使用、待遇相统一的政策。企业要和职业学校加强合作，实行多种形式联合办学，开展“订单”培训，并积极为职业学校提供兼职教师、实习场所和设备，也可在职业学校建立研究开发机构和实验中心。有条件的大型企业可以单独举办或与高等学校联合举办职业技术学院。中小企业应依托职业学校和职业培训机构进行职工培训和后备职工培养。企业举办的职业学校和职业培训机构应积极面向社会开展职业教育和培训。

鼓励和支持民办职业教育的发展。非营利性的民办职业学校，享受举办社会公益事业的有关优惠政策。地方人民政府和其他单位，可以采取出租闲置的国有、集体资产等措施，对民办职业学校予以扶持。民办职业学校教师、学生享有与公办职业学校教师、学生同等义务与权利。对举办民办职业教育有突出贡献的单位和个人予以表彰奖励。鼓励公办学校引入民办机制。

积极引进国（境）外优质职业教育资源。鼓励国（境）外组织和个人依照我国法律和办学资格要求，同我国境内职业教育机构和其他社会组织，合作举办高水平的职业学校或职业培训机构。努力拓展职业学校毕业生国（境）外就业市场。

④扩大职业学校的办学自主权，增强其自主办学和自主发展的能力。依法保障职业学校在专业设置、招生规模确定、学籍管理、教师聘用及经费使用等方面享有充分的自主权。有条件的职业学校可以跨区域招生，可以与本地、异地职业学校联合办学。职业学校要建立由企业、行业等社会各界人士参加的咨询委员会或理事会，为学校重大问题提供咨询或参与决策。

（4）职业教育教学改革

①职业学校和职业培训机构要适应经济结构调整、技术进步和劳动力市场变化，及时调整专业设置，积极发展面向新兴产业和现代服务业的专业，增强专业适应性，努力办出特色。

大力加强技术工人尤其是高级技术工人和技师的培养和培训。积极推进课程和教材改革，开发和编写反映新知识、新技术、新工艺和新方法、具有职业教育特色的课程和教材。加强职业学校与企业、行业等用人单位的联系，建立职业学校与劳动力市场密切联系的机制。

②加强实践教学，提高受教育者的职业能力。职业学校要把教学活动与生产实践、社会服务、技术推广及技术开发紧密结合起来，把职业能力培养与职业道德培养紧密结合起来，保证实践教学时间，严格要求，培养学生的实践能力、专业技能、敬业精神和严谨求

实作风。改善教学条件，加强校内外实验实习基地建设。职业学校要加强与相关企事业单位的共建和合作，利用其设施、设备等条件开展实践教学。职业学校相对集中的地区应建设一批可共享的实验和训练基地。加强职业教育信息化建设，推进现代信息技术在教育教学中的应用。积极发展现代远程职业教育，开发职业教育资源库和多媒体教育软件，为职业学校和学生提供优质教育资源。

③加强职业教育教师队伍建设。积极开展以骨干教师为重点的全员培训，提高教师的职业道德、实践能力和教学水平，培养一批高水平的骨干教师和专业带头人。鼓励职业学校教师在职攻读相关专业学位、提高学历层次。要有计划地安排教师到企事业单位进行专业实践和考察，提高教师的专业水平。广泛吸引和鼓励企事业单位工程技术人员、管理人员和有特殊技能的人员到职业学校担任专、兼职教师，提高具有相关专业技术职务资格教师的比例。深化职业学校人事制度改革，在职业学校推行教师全员聘任制和管理人员公开选拔、竞争上岗和职务聘任制度，建立健全激励和约束机制。职业学校教师职务资格评审要突出职业教育特点，改进评审办法。重视职业学校校长培训工作，逐步实行校长持证上岗的制度。加强职业教育师资培养培训基地建设，逐步完善职业教育师资培养培训网络。

④坚持学历教育与职业培训并重，实行灵活的办学模式和学习制度。职业学校要实行学历教育与职业培训相结合、全日制与部分时间制相结合、职前教育与职后教育相结合，努力办成面向社会的、开放的、多功能的教育和培训中心。要根据不同专业、不同教育培训项目和学习者的实际需要，实行灵活的学制和学习方式，推行学分制等弹性学习制度，为学生半工半读、工学交替、分阶段完成学业等创造条件。

⑤加强中等职业教育与高等职业教育，职业教育与普通教育、成人教育的衔接与沟通，建立人才成长“立交桥”。扩大中等职业学校毕业生进入高等学校尤其是进入高等职业学校继续学习的比例，适当增加高等职业教育专科毕业生接受本科教育的比例。适度发展初中后五年制高等职业教育；在高中阶段开展职业教育与普通教育相沟通的综合课程教育试验，建立中等职业教育与高等职业教育相衔接的课程体系；高等职业学校可单独组织对口招生考试，优先招收中等职业学校优秀毕业生；注重专业知识、职业技能的考核，对取得相应中级职业资格证书的中等职业学校毕业生，可以免除技能考核。

（5）加快农村和西部地区职业教育发展

①农村和西部地区职业教育是今后一段时期职业教育发展的重点。根据现代农业发展和经济结构调整的需要，继续推进农科教结合和基础教育、职业教育、成人教育的“三教统筹”。农村职业学校要加强与企业、农业科研和科技推广单位的合作，发挥专业优势，实行学校、公司、农户相结合，推动农业产业化发展。推行“绿色证书”教育，培养一大批科技示范户和致富带头人。国家采取措施，扶持农村地区、西部地区、少数民族地区和贫困地区职业教育的发展，办好一批骨干职业学校。建立县、乡、村三级实用型、开放型的农民文化科技教育培训体系，把职业学校和成人学校办成人力资源开发、技术培训与推广、劳动力转移培训和扶贫开发服务的基地。

②加强东部地区和西部地区、大中城市和农村的学校对口支援工作。东部地区和大中城市要为西部地区和农村的职业学校培养培训骨干教师，帮助改善办学条件。推动东部地区与西部地区、大中城市与农村开展合作办学，鼓励东部地区和大中城市职业学校的校长和教师到西部地区和农村职业学校任职和办学。东部地区和中西部地区大中城市要面向西部地区和农村招生，对家庭经济困难学生应适当减免学费。现代远程教育和培训以及自学考试等要积极向广大农村和西部地区延伸。

（6）加强职业教育与劳动就业的联系

①大力推行劳动预备制度，严格执行就业准入制度。用人单位招收、录用职工，属于国家规定实行就业准入控制的职业（工种），必须从取得相应学历证书或职业培训合格证书并获得相应职业资格证书的人员中录用；属于一般职业（工种），必须从取得相应的职业学校学历证书、职业培训合格证书的人员中优先录用。从事个体工商经营的，也必须接受职业教育和培训。劳动保障、人事等部门要加大对就业准入制度执行情况的监察力度，加强监督管理，对违反规定，随意招收未经职业教育或培训人员就业的要责其纠正并给予处罚。

②完善学历证书、培训证书和职业资格证书制度。职业学校毕业生申请与所学专业相关的中级以下（含中级）职业技能鉴定时，只进行操作技能考核。部分教学质量高、社会声誉好的中等职业学校和高等职业学校开设的主体专业，经劳动保障和教育行政部门认定，其毕业生在获得学历证书的同时，可视同职业技能鉴定合格，取得相应的职业资格证书。经人事、教育行政和相关行业主管部门认定的职业学校相关专业的毕业生，不受工作年限的限制，可直接申请参加专业技术从业资格考试，并免试部分科目。各地劳动保障、人事或相关部门要统筹规划，注意发挥和利用职业学校的优势，优先在具备条件的职业学校设立职业技能鉴定站（所）或职业资格考试机构。

③加强职业指导和就业服务，拓宽毕业生就业渠道。职业学校要加强职业指导工作，引导学生转变就业观念，开展创业教育，鼓励毕业生到中小企业、小城镇、农村就业或自主创业。地方人民政府要利用社会就业服务体系或建立职业学校毕业生就业服务机构，为职业学校毕业生在本地或异地就业提供信息、咨询服务和便利条件。工商、税务部门要研究制定优惠政策，适当减免有关税费，支持职业学校毕业生自主创业或从事个体经营，金融机构要为符合贷款条件的提供贷款。对外经济贸易部门、劳动保障部门、教育行政部门要创造条件，积极协助符合条件的职业学校毕业生到国（境）外就业。

（7）多渠道筹集资金，增加职业教育经费投入

①各级人民政府要加大对职业教育的经费投入。省级人民政府要制定本地区职业学校生均经费标准，并依法督促各类职业学校举办者足额拨付职业教育经费。县级以上地方各级人民政府和国务院有关部门用于举办职业学校和职业培训机构的财政性经费应当逐步增长，确保公办职业学校教师工资按时足额发放，并监督民办职业教育机构按时足额发放教师工资。城市教育费附加安排用于职业教育的比例不低于15%，已经普及九年义务教育的

地区不低于20%，主要用于职业学校实验实习设备的更新和办学条件的改善。各级人民政府在安排使用农村科技开发经费、技术推广经费和扶贫资金时，要安排一部分农村劳动力培训经费；安排农业基础设施建设投资时，要安排一部分农村职业学校和成人学校的建设经费。

中央财政增加职业教育专项经费，重点用于补助农村和中西部地区加强职业教育师资培训、课程教材开发和多媒体教育资源建设以及骨干和示范职业学校建设。地方人民政府也要增加职业教育专项经费。

②各类企业要按《中华人民共和国职业教育法》的规定实施职业教育和职工培训，承担相应的费用。一般企业按照职工工资总额的1.5%足额提取教育培训经费，从业人员技术素质要求高、培训任务重、经济效益较好的企业可按2.5%提取，列入成本开支。要保证经费专项用于职工特别是一线职工的教育和培训，严禁挪作他用。企业技术改造和项目引进，都应按规定比例安排资金用于职工技术培训。对不按规定实施职工职业教育和培训，经责令改正而拒不改正的企业，县级以上地方各级人民政府可以收取其应当承担的职业教育经费，用于本地区的职业教育。

③利用金融、税收以及社会捐助等手段支持职业教育的发展。县级以上各级人民政府应支持企事业单位、社会团体、其他社会组织及公民个人按照国家有关规定设立职业教育奖学金，奖励学习成绩优秀的学生，资助经济困难的学生。金融机构要为家庭经济困难学生接受职业教育提供助学贷款，优先为符合贷款条件的农村职业学校毕业生开展生产经营提供小额贷款。认真执行国家对教育的税收优惠政策，支持职业学校办好实习基地、发展校办产业和开展社会服务。鼓励社会各界及公民个人对职业教育提供资助和捐赠，企业和个人通过政府部门或社会中介机构对职业教育的资助和捐赠，可在应纳税所得额中全额扣除。

④加强职业教育经费管理。省级教育行政部门、劳动保障部门要会同价格主管部门合理确定职业学校和职业培训机构的学费标准，并向社会公布。职业学校按规定收取的学费实行收支两条线管理，地方各级财政部门要确保全额返还职业学校，不得冲抵财政拨款，任何部门不得截留或挪作他用。严禁向职业学校乱收费。要严格执行财务管理和审计制度，提高职业教育经费的使用效益。

（8）加强领导，推动职业教育持续健康发展

①各级人民政府要把职业教育工作纳入当地经济和社会发展的总体规划，列入政府重要议事日程，帮助职业学校和职业培训机构解决实际困难和问题。

调动和保护社会各个方面兴办职业教育的积极性，充分发挥行业、企业、社会中介组织和人民团体在发展职业教育中的作用。加强职业教育理论研究和政策研究，健全科学研究和教学研究机构，为职业教育宏观决策和职业学校改革与发展服务。

②依法治教、依法办学、依法管理。各级人民政府和有关部门要认真贯彻《中华人民共和国职业教育法》和《中华人民共和国劳动法》等有关法律法规，加强职业教育和就业

准入的法制建设，完善执法监督机制，加大执法力度，提高依法治教的水平。要加强对职业教育的督导检查，各级人民政府的教育督导部门要把职业教育作为教育督导的重要内容。加强和改进对职业教育的评估，积极探索发挥市场作用和社会参与的职业教育评估方式。

③营造有利于职业教育改革与发展的社会氛围。大力宣传职业教育和高素质劳动者在社会主义现代化建设中的重要作用，在全社会弘扬“三百六十行，行行出状元”的风尚。企业要根据经济效益情况逐步提高生产、服务一线高素质劳动者特别是高级技工和技师的经济收入。积极开展各种职业技能、技术竞赛活动，表彰职业教育的先进单位和个人，在全社会形成重视、支持职业教育的浓厚氛围。

10.1.3　大力发展职业教育政策

2002 年全国职业教育工作会议以后，各地区、各部门认真贯彻《国务院关于大力推进职业教育改革与发展的决定》（国发〔2002〕16 号），加强了对职业教育工作的领导和支持，以就业为导向改革与发展职业教育逐步成为社会共识，职业教育规模进一步扩大，服务经济社会的能力明显增强。但从总体上看，职业教育仍然是我国教育事业的薄弱环节，发展不平衡，投入不足，办学条件比较差，办学机制以及人才培养的规模、结构、质量还不能适应经济社会发展的需要。为了进一步贯彻落实《中华人民共和国职业教育法》和《中华人民共和国劳动法》，适应全面建设小康社会对高素质劳动者和技能型人才的迫切要求，促进社会主义和谐社会建设，国务院于 2005 年再次出台了《国务院关于大力发展职业教育的决定》，再次突出强调了职业教育的重要性。

（1）职业教育是经济社会发展的重要基础和教育工作的战略重点

①大力发展职业教育，加快人力资源开发，是落实科教兴国战略和人才强国战略，推进我国走新型工业化道路、解决“三农”问题、促进就业再就业的重大举措；是全面提高国民素质，把我国巨大人口压力转化为人力资源优势，提升我国综合国力、构建和谐社会的重要途径；是贯彻党的教育方针，遵循教育规律，实现教育事业全面协调可持续发展的必然要求。在新形势下，各级人民政府要以邓小平理论和“三个代表”重要思想为指导，落实科学发展观，把加快职业教育，特别是加快中等职业教育发展与繁荣经济、促进就业、消除贫困、维护稳定、建设先进文化紧密结合起来，增强紧迫感和使命感，采取强有力措施，大力推动职业教育快速健康发展。

②职业教育能够为我国调整经济结构和转变增长方式服务。现代制造业、现代服务业紧缺的高素质高技能专门人才的培养都需要职业教育来实现。职业教育的高度发展有利于这些生产、服务一线急需的技能型人才的培养。

③职业教育能够为农村劳动力转移服务。农民进城务工需要接受一定的职业教育才能上岗工作，所以职业教育的发展构成了农民进城务工的必要条件之一。

④职业教育能够为建设社会主义新农村服务。不仅农民进城需要职业教育进行岗前培

训，农民留在农村也需要职业教育作为支撑，农村各类职业学校、成人文化技术学校以及各种农业技术推广培训机构能够大范围培养农村实用型人才和技能型人才，大面积普及农业先进实用技术，大力提高农民思想道德和科学文化素质。

⑤职业教育能够提高劳动者素质特别是职业能力。以企业为主体的继续教育和再就业培训工程，在企业中建立的工学结合的职工教育和培训体系，面向在职职工开展的普遍的、持续的文化教育和技术培训，能够显著提高员工的职业技能。面向初高中毕业生、城镇失业人员、农村转移劳动力开展的各种形式的职业技能培训和创业培训，能够提高他们的就业能力、工作能力、职业转换能力以及创业能力。社区教育、远程教育，通过自学考试和举办夜校、周末学校等多种形式的职业教育形式，能够满足人民群众多样化的学习需求。

（2）以就业为导向，深化职业教育教学改革

①推进职业教育办学思想的转变。坚持“以服务为宗旨、以就业为导向”的职业教育办学方针，积极推动职业教育从计划培养向市场驱动转变，从政府直接管理向宏观引导转变，从传统的升学导向向就业导向转变。促进职业教育教学与生产实践、技术推广、社会服务紧密结合，积极开展订单培养，加强职业指导和创业教育，建立和完善职业院校毕业生就业和创业服务体系，推动职业院校更好地面向社会、面向市场办学。

②进一步深化教育教学改革。根据市场和社会需要，不断更新教学内容，改进教学方法。合理调整专业结构，大力发展面向新兴产业和现代服务业的专业，大力推进精品专业、精品课程和教材建设。加快建立弹性学习制度，逐步推行学分制和选修制。加强职业教育信息化建设，推进现代教育技术在教育教学中的应用。把学生的职业道德、职业能力和就业率作为考核职业院校教育教学工作的重要指标。逐步建立有别于普通教育的，具有职业教育特点的人才培养、选拔与评价的标准和制度。

③加强职业院校学生实践能力和职业技能的培养。重视实践和实训环节教学，继续实施职业教育实训基地建设计划，在重点专业领域建成2000个专业门类齐全、装备水平较高、优质资源共享的职业教育实训基地。中央财政职业教育专项资金，以奖励等方式支持市场需求大、机制灵活、效益突出的实训基地建设。进一步推进学生获取职业资格证书工作。取得职业院校学历证书的毕业生，参加与所学专业相关的中级职业技能鉴定时，免除理论考核，操作技能考核合格者可获得相应的职业资格证书。到2010年，省级以上重点中等职业学校和有条件的高等职业院校都要建立职业技能鉴定机构，开展职业技能鉴定工作，其学生考核合格后，可同时获得学历证书和相应的职业资格证书。

④大力推行工学结合、校企合作的培养模式。与企业紧密联系，加强学生的生产实习和社会实践，改革以学校和课堂为中心的传统人才培养模式。中等职业学校在校学生最后一年要到企业等用人单位顶岗实习，高等职业院校学生实习实训时间不少于半年。建立企业接收职业院校学生实习的制度。实习期间，企业要与学校共同组织好学生的相关专业理论教学和技能实训工作，做好学生实习中的劳动保护、安全等工作，为顶岗实习的学生支

付合理报酬。逐步建立和完善半工半读制度，在部分职业院校中开展学生通过半工半读实现免费接受职业教育的试点，取得经验后逐步推广。

⑤积极开展城市对农村、东部对西部职业教育对口支援工作。把发展职业教育作为城市与农村、东部与西部对口支援工作的重要内容。各地区要加强统筹协调，把职业教育对口支援工作与农村劳动力转移、教育扶贫、促进就业紧密结合起来。要充分利用东部地区和城市优质职业教育资源和就业市场，进一步推进东西部之间、城乡之间职业院校的联合招生、合作办学。实行更加灵活的学制，有条件地方的职业学校可以采取分阶段、分地区的办学模式，学生前1至2年在西部地区和农村学习，其余时间在东部地区和城市学习。鼓励东部和城市对西部和农村的学生跨地区学习减免学费，并提供就业帮助。

⑥把德育工作放在首位，全面推进素质教育。坚持育人为本，突出以诚信、敬业为重点的职业道德教育。确定一批职业教育德育工作基地，选聘一批劳动模范、技术能手作为德育辅导员。加强职业院校党团组织建设，积极发展学生党团员。要发挥学校教育、家庭教育和社会教育的作用，为学生健康成长创造良好社会环境。

（3）加强基础能力建设，努力提高职业院校的办学水平和质量

①建立和完善遍布城乡、灵活开放的职业教育和培训网络。在合理规划布局、整合现有资源的基础上，每个市（地）都要重点建设一所高等职业技术学院和若干所中等职业学校。每个县（市、区）都要重点办好一所起骨干示范作用的职教中心（中等职业学校）。乡镇要依托中小学、农民文化技术学校及其他培训机构开展职业教育和培训。社区要大力开展职业教育和培训服务。企业要建立健全现代企业培训制度。

②加强县级职教中心建设。继续实施县级职教中心专项建设计划，国家重点扶持建设1000个县级职教中心，使其成为人力资源开发、农村劳动力转移培训、技术培训与推广、扶贫开发和普及高中阶段教育的重要基地。各地区要安排资金改善县级职教中心办学条件。

③加强示范性职业院校建设。实施职业教育示范性院校建设计划，在整合资源、深化改革、创新机制的基础上，重点建设高水平的培养高素质技能型人才的1000所示范性中等职业学校和100所示范性高等职业院校。大力提升这些学校培养高素质技能型人才的能力，促进他们在深化改革、创新体制和机制中起到示范作用，带动全国职业院校办出特色，提高水平。2010年以前，原则上中等职业学校不升格为高等职业院校或并入高等学校，专科层次的职业院校不升格为本科院校。

④加强师资队伍建设。实施职业院校教师素质提高计划，地方各级财政要继续支持职业教育师资培养培训基地建设和师资培训工作。建立职业教育教师到企业实践制度，专业教师每两年必须有两个月到企业或生产服务一线实践。制定和完善职业教育兼职教师聘用政策，支持职业院校面向社会聘用工程技术人员、高技能人才担任专业课教师或实习指导教师。加强“双师型”教师队伍建设，职业院校中实践性较强的专业教师，可按照相应专业技术职务试行条例的规定，申请评定第二个专业技术资格，也可根据有关规定申请取得相应的职业资格证书。

（4）积极推进体制改革与创新，增强职业教育发展活力

①推动公办职业学校办学体制改革与创新。公办职业学校要积极吸纳民间资本和境外资金，探索以公有制为主导、产权明晰、多种所有制并存的办学体制。推动公办职业学校与企业合作办学，形成前校后厂（场）、校企合一的办学实体。推动公办职业学校资源整合和重组，走规模化、集团化、连锁化办学的路子。要发挥公办职业学校在职业教育中的主力军作用。

②深化公办职业学校以人事分配制度改革为重点的内部管理体制改革。进一步落实职业院校的办学自主权。中等职业学校实行校长负责制和聘任制，高等职业院校实行党委领导下的校长负责制和任期制。全面推行教职工全员聘用制和岗位管理制度，建立能够吸引人才、稳定人才、合理流动的制度。深化内部收入分配改革，将教职工收入与学校发展、所聘岗位及个人贡献挂钩，调动教职工积极性。

③大力发展民办职业教育。贯彻落实《中华人民共和国民办教育促进法》及其实施条例，把民办职业教育纳入职业教育发展的总体规划。加大对民办职业教育的支持力度，制定和完善民办学校建设用地、资金筹集的相关政策和措施。在师资队伍建设、招生和学生待遇等方面对民办职业院校与公办学校要一视同仁。依法加强对民办职业院校的管理，规范其办学行为。扩大职业教育对外开放，借鉴国外有益经验，积极引进优质资源，推进职业教育领域中外合作办学，努力开拓职业院校毕业生国（境）外就业市场。

（5）依靠行业企业发展职业教育，推动职业院校与企业的密切结合

①企业要强化职工培训，提高职工素质。继续办好已有职业院校，企业可以联合举办职业院校，也可以与职业院校合作办学。企业有责任接受职业院校学生实习和教师实践。对支付实习学生报酬的企业，给予相应税收优惠。

②认真落实“一般企业按照职工工资总额的1.5%足额提取教育培训经费，从业人员技术要求高、培训任务重、经济效益较好的企业，可按2.5%提取”的规定，足额提取教育培训经费，主要用于企业职工特别是一线职工的教育和培训。企业新上项目都要安排员工技术培训经费。

③行业主管部门和行业协会要在国家教育方针和政策指导下，开展本行业人才需求预测，制订教育培训规划，组织和指导行业职业教育与培训工作；参与制订本行业特有工种职业资格标准、职业技能鉴定和证书颁发工作；参与制订培训机构资质标准和从业人员资格标准；参与国家对职业院校的教育教学评估和相关管理工作。

（6）严格实行就业准入制度，完善职业资格证书制度

①用人单位招录职工必须严格执行“先培训、后就业”、“先培训、后上岗”的规定，从取得职业学校学历证书、职业资格证书和职业培训合格证书的人员中优先录用。要进一步完善涉及人民生命财产安全的相关职业的准入办法。劳动保障、人事和工商等部门要加大对就业准入制度执行情况的监察力度。对违反规定、随意招录未经职业教育或培训人员的用人单位给予处罚，并责令其限期对相关人员进行培训。有关部门要抓紧制定完善就业

准入的法规和政策。

②全面推进和规范职业资格证书制度。加强对职业技能鉴定、专业技术人员职业资格评价、职业资格证书颁发工作的指导与管理。要尽快建立能够反映经济发展和劳动力市场需要的职业资格标准体系。

(7) 多渠道增加经费投入，建立职业教育学生资助制度

①各级人民政府要加大对职业教育的支持力度，逐步增加公共财政对职业教育的投入。各级财政安排的职业教育专项经费，重点支持技能型紧缺人才专业建设，职业教育师资培养培训，农业和地矿等艰苦行业、中西部农村地区和少数民族地区的职业教育和成人教育发展。省级政府应当制订本地区职业院校学生人数平均经费标准。

②进一步落实城市教育费附加用于职业教育的政策。从2006年起，城市教育费附加安排用于职业教育的比例，一般地区不低于20%，已经普及九年义务教育的地区不低于30%。农村科学技术开发、技术推广的经费可适当用于农村职业培训。职业院校和培训机构开展的下岗失业人员再就业培训可按规定享受再就业培训补贴。国家和地方安排的扶贫和移民安置资金要加大对贫困地区农村劳动力培训的投入力度。国家鼓励企事业单位、社会团体和公民个人捐资助学，对通过政府部门或非赢利组织向职业教育的资助和捐赠，按规定享受税收优惠政策。要合理确定职业院校的学费标准，确保学费收入全额用于学校发展。要加强对职业教育经费的使用管理，提高资金的使用效益。

③建立职业教育贫困家庭学生助学制度。中央和地方财政安排经费，资助接受中等职业教育的农村贫困家庭和城镇低收入家庭子女。中等职业学校要从学校收入中安排一定比例用于奖、助学金和学费减免，并把组织学生参加勤工俭学和半工半读作为助学的重要途径。金融机构要为贫困家庭学生接受职业教育提供助学贷款，各地区要把接受职业教育的贫困家庭学生纳入国家助学贷款资助范围。要通过助学金、奖学金、贷学金等多种形式，对贫困家庭学生和选学农业及地矿等艰苦行业职业教育的学生实行学费减、免和生活费补贴。对高等职业院校学生的资助，按国家有关高等学校学生资助政策执行。

(8) 切实加强领导，动员全社会关心支持职业教育发展

①各级人民政府要加强对职业教育发展规划、资源配置、条件保障、政策措施的统筹管理，为职业教育提供强有力的公共服务和良好的发展环境。要从严治教，规范管理，引导职业教育健康协调可持续发展。要充分发挥职业教育工作部际联席会议的作用，统筹协调全国职业教育工作，研究解决重大问题。国务院教育行政部门负责职业教育工作的统筹规划、综合协调、宏观管理，劳动保障部门和其他有关部门在各自职责范围内，负责职业教育的有关工作。县级以上地方政府也要建立职业教育工作部门联席会议制度。

②各级人民政府要切实加强对职业教育工作的领导，把职业教育工作纳入目标管理，作为对主要领导干部进行政绩考核的重要指标，并接受人大、政协的检查和指导。建立职业教育工作定期巡视检查制度，把职业教育督导作为教育督导的重要内容，加强对职业教育的评估检查。加强职业教育科学研究工作，充分发挥社会团体和中介服务机构的作用，

为职业教育宏观管理和职业院校改革与发展服务。

③逐步提高生产服务一线技能人才，特别是高技能人才的社会地位和经济收入，实行优秀技能人才特殊奖励政策和激励办法。定期开展全国性的职业技能竞赛活动，对优胜者给予表彰奖励。大力表彰职业教育工作先进单位与先进个人。广泛宣传职业教育的重要地位和作用，宣传优秀技能人才和高素质劳动者在社会主义现代化建设中的重要贡献，提高全社会对职业教育的认识，形成全社会关心、重视和支持职业教育的良好氛围。

10.2 就业培训政策

就业培训和职业培训这两个概念很难区分。就业培训的目的在于就业；职业培训是指在上岗前或者上岗后进行的短期培训学习，目的在于促进就业或者提高工作能力。无论是岗前培训还是上岗后培训，本质目的都是统一的，就是促进就业。

职业培训相较于职业教育来讲，对于促进就业的直接性更强。职业教育是构筑一个教育体系来培养适应现代工商业和服务业需求的高技术、高素质员工，是一个长期概念。职业培训具有短期性，职业培训在短时间内让有一定素质和技能基础的员工能够熟悉工作流程、了解业务、胜任工作需要。它最大化实现了岗位对于员工的要求，从而极大促进了就业的实现和就业的稳定。

改革开放以来，我国职业培训工作取得了显著成效，职业培训体系初步建立，政策措施逐步完善，培训规模不断扩大，劳动者职业素质和就业能力得到不断提高，对促进就业和经济社会发展发挥了重要作用。与此同时，职业培训工作仍不适应社会经济发展、产业结构调整和劳动者素质提高的需要，职业培训的制度需要进一步健全，工作力度需要进一步加大，针对性和有效性需要进一步增强。为认真落实《国家中长期人才发展规划纲要（2010—2020年）》、《国家中长期教育改革和发展规划纲要（2010—2020年）》要求，全面提高劳动者职业技能水平，加快技能人才队伍建设，2010年10月20日国务院颁布了《国务院关于加强职业培训促进就业的意见》。

10.2.1 职业培训的重大意义和目标任务

（1）*加强职业培训是促进就业和经济发展的重大举措*

职业培训是提高劳动者技能水平和就业创业能力的主要途径。大力加强职业培训工作，建立健全面向全体劳动者的职业培训制度，是实施扩大就业的发展战略，解决就业总量矛盾和结构性矛盾，促进就业和稳定就业的根本措施；是贯彻落实人才强国战略，加快技能人才队伍建设，建设人力资源强国的重要任务；是加快经济发展方式转变，促进产业结构调整，提高企业自主创新能力和核心竞争力的必然要求；也是推进城乡统筹发展，加快工业化和城镇化进程的有效手段。

（2）职业培训工作的目标任务

当前和今后一个时期，职业培训工作的主要任务是：适应扩大就业规模、提高就业质量和增强企业竞争力的需要，完善制度、创新机制、加大投入，大规模开展就业技能培训、岗位技能提升培训和创业培训，切实提高职业培训的针对性和有效性，努力实现“培训一人、就业一人”和“就业一人、培训一人”的目标，为促进就业和经济社会发展提供强有力的技能人才支持。“十二五”期间，力争使新进入人力资源市场的劳动者都有机会接受相应的职业培训，使企业技能岗位的职工得到至少一次技能提升培训，使每个有培训愿望的创业者都参加一次创业培训，使高技能人才培训满足产业结构优化升级和企业发展需求。

10.2.2 大力开展各种形式的职业培训

（1）健全职业培训制度

适应城乡全体劳动者就业需要和职业生涯发展要求，健全职业培训制度。要统筹利用各类职业培训资源，建立以职业院校、企业和各类职业培训机构为载体的职业培训体系，大力开展就业技能培训、岗位技能提升培训和创业培训，贯通技能劳动者从初级工、中级工、高级工到技师、高级技师的成长通道。

（2）开展就业技能培训

要面向城乡各类有就业要求和培训愿望的劳动者开展多种形式就业技能培训。坚持以就业为导向，强化实际操作技能训练和职业素质培养，使他们达到上岗要求或掌握初级以上职业技能，着力提高培训后的就业率。对农村转移就业劳动者和城镇登记失业人员，要重点开展初级技能培训，使其掌握就业的一技之长；对城乡未继续升学的应届初高中毕业生等新成长劳动力，鼓励其参加1～2个学期的劳动预备制培训，提升技能水平和就业能力；对企业新录用的人员，要结合就业岗位的实际要求，通过师傅带徒弟、集中培训等形式开展岗前培训；对退役士兵要积极开展免费职业技能培训；对职业院校学生要强化职业技能和从业素质培养，使他们掌握中级以上职业技能。鼓励高等院校大力开展职业技能和就业能力培训，加强就业创业教育和就业指导服务，促进高校毕业生就业。

（3）加强岗位技能提升培训

适应企业产业升级和技术进步的要求，进一步健全企业职工培训制度，充分发挥企业在职业培训工作中的重要作用。鼓励企业通过多种方式广泛开展在岗职工技能提升培训和高技能人才培训。要结合技术进步和产业升级对职工技能水平的要求，通过在岗培训、脱产培训、业务研修、技能竞赛等多种形式，加快提升企业在岗职工的技能水平。鼓励企业通过建立技能大师工作室和技师研修制度、自办培训机构或与职业院校联合办学等方式，结合企业技术创新、技术改造和技术项目引进，大力培养高技能人才。鼓励有条件的企业积极承担社会培训任务，为参加职业培训人员提供实训实习条件。

（4）积极推进创业培训

依托有资质的教育培训机构，针对创业者特点和创业不同阶段的需求，开展多种形式的创业培训。要扩大创业培训范围，鼓励有创业要求和培训愿望、具备一定创业条件的城乡各类劳动者以及处于创业初期的创业者参加创业培训。要通过规范培训标准、提高师资水平、完善培训模式，不断提高创业培训质量；要结合当地产业发展和创业项目，根据不同培训对象特点，重点开展创业意识教育、创业项目指导和企业经营管理培训，通过案例剖析、考察观摩、企业家现身说法等方式，提高受培训者的创业能力。要强化创业培训与小额担保贷款、税费减免等扶持政策及创业咨询、创业孵化等服务手段的衔接，健全政策扶持、创业培训、创业服务相结合的工作体系，提高创业成功率。

10.2.3　切实提高职业培训质量

（1）大力推行就业导向的培训模式

根据就业需要和职业技能标准要求，深化职业培训模式改革，大力推行与就业紧密联系的培训模式，增强培训针对性和有效性。在强化职业技能训练的同时，要加强职业道德、法律意识等职业素质的培养，提高劳动者的技能水平和综合职业素养。全面实行校企合作，改革培训课程，创新培训方法，引导职业院校、企业和职业培训机构大力开展订单式培训、定向培训、定岗培训。面向有就业要求和培训愿望城乡劳动者的初级技能培训和岗前培训，应根据就业市场需求和企业岗位实际要求，开展订单式培训或定岗培训；面向城乡未继续升学的应届初高中毕业生等新成长劳动力的劳动预备制培训，应结合产业发展对后备技能人才需求，开展定向培训。

（2）加强职业技能考核评价和竞赛选拔

各地要切实加强职业技能鉴定工作，按统一要求建立健全技能人才培养评价标准，充分发挥职业技能鉴定在职业培训中的引导作用。各级职业技能鉴定机构要按照国家职业技能鉴定有关规定和要求，为劳动者提供及时、方便、快捷的职业技能鉴定服务。完善企业技能人才评价制度，指导企业结合国家职业标准和企业岗位要求，开展企业内职业技能评价工作。在职业院校中积极推行学历证书与职业资格证书“双证书”制度。充分发挥技能竞赛在技能人才培养中的积极作用，选择技术含量高、通用性广、从业人员多、社会影响大的职业广泛开展多层次的职业技能竞赛，为发现和选拔高技能人才创造条件。

（3）强化职业培训基础能力建设

依托现有各类职业培训机构及培训设施，加大职业培训资源整合力度，加强职业培训体系建设，提高职业培训机构的培训能力。在产业集中度高的区域性中心城市，提升改造一批以高级技能培训为主的职业技能实训基地；在地级城市，提升改造一批以中、高级技能培训为主的职业技能实训基地；在经济较发达的县市，提升改造一批以初、中级技能培训为主的职业技能实训基地，面向社会提供示范性技能训练和鉴定服务。完善职业分类制度，加快国家职业技能标准和鉴定题库的开发与更新，为职业培训和鉴定提供技术支持。加强职业培训师资队伍建设，依托有条件的大中型企业和职业院校，开展师资培训，加快培养既能讲授专业知识又能传授操作技能的教师队伍。实行专兼职教师制度，建立和完善职业培训教师在职培训和到企业实践制度。根据职业培训规律和特点，加强职业培训特别是高技能人才培训的课程体系、培训计划大纲以及培训教材的开发。

（4）切实加强就业服务工作

加强覆盖城乡的公共就业服务体系建设，为各类劳动者提供完善的职业培训政策信息咨询、职业指导和职业介绍等服务，定期公布人力资源市场供求信息，引导各类劳动者根据市场需求，选择适合自身需要的职业培训。基层劳动就业和社会保障公共服务平台要了解、掌握培训需求，收集、发布培训信息，积极动员组织辖区内各类劳动者参加职业培训和职业技能鉴定，及时提供就业信息和就业指导，协助落实相关就业扶持政策，促进其实现就业。

（5）鼓励社会力量开展职业培训工作

各地要根据国家有关法律法规规定，明确民办职业培训机构的师资、设备、场地等基本条件，鼓励和引导社会力量开展职业培训，在师资培养、技能鉴定、就业信息服务、政府购买培训成果等方面与其他职业培训机构同等对待。同时，要依法加强对各类民办职业培训机构招生、收费、培训等环节的指导与监管，进一步提高民办职业培训机构办学质量，推动民办职业培训健康发展。

（6）完善政府购买培训成果机制

各地要建立培训项目管理制度，完善政府购买培训成果机制，按照“条件公开、自愿申请、择优认定、社会公示”的原则，制定承担政府补贴培训任务的培训机构的基本条件、认定程序和管理办法，组织专家进行严格评审，对符合条件的向社会公示。要严格执行开班申请、过程检查、结业审核三项制度。鼓励地方探索第三方监督机制，委托有资质的社会中介组织对培训机构的培训质量及资金使用情况进行评估。

10.2.4　加大职业培训资金支持力度

（1）完善职业培训补贴政策

城乡有就业要求和培训愿望的劳动者参加就业技能培训或创业培训，培训合格并通过技能鉴定取得初级以上职业资格证书（未颁布国家职业技能标准的职业应取得专项职业能力证书或培训合格证书），根据其获得职业资格证书或就业情况，按规定给予培训费补贴；企业新录用的符合职业培训补贴条件的劳动者，由企业依托所属培训机构或政府认定培训机构开展岗前培训的，按规定给予企业一定的培训费补贴。对通过初次职业技能鉴定并取得职业资格证书或专项职业能力证书的，按规定给予一次性职业技能鉴定补贴。对城乡未继续升学的应届初高中毕业生参加劳动预备制培训，按规定给予培训费补贴的同时，对其中农村学员和城市家庭经济困难学员给予一定生活费补贴。

（2）加大职业培训资金投入

各级政府对用于职业培训的各项补贴资金要加大整合力度，具备条件的地区，统一纳入就业专项资金，统筹使用，提高效益。各级财政要加大投入，调整就业专项资金支出结构，逐步提高职业培训支出比重。有条件的地区要安排经费，对职业培训教材开发、师资培训、职业技能竞赛、评选表彰等基础工作给予支持。由失业保险基金支付的各项培训补贴按相关规定执行。

（3）落实企业职工教育经费

企业要按规定足额提取并合理使用企业职工教育经费，职工教育经费的60%以上应用于一线职工的教育和培训，企业职工在岗技能提升培训和高技能人才培训所需费用从职工教育经费列支。企业应将职工教育经费的提取与使用情况列为厂务公开的内容，定期或不定期进行公开，接受职工代表的质询和全体职工的监督。对自身没有能力开展职工培训，以及未开展高技能人才培训的企业，县级以上地方人民政府可依法对其职工教育经费实行统筹，人力资源社会保障部门会同有关部门统一组织培训服务。

（4）加强职业培训资金监管

各地人力资源社会保障部门要会同财政部门加强对职业培训补贴资金的管理，明确资金用途、申领拨付程序和监管措施。2012年底前，各省（区、市）地级以上城市要依托公共就业服务信息系统建立统一的职业培训信息管理平台，对承担培训任务的培训机构进行动态管理，对参训人员实行实名制管理，不断提高地区之间信息共享程度。要根据当地产业发展规划、就业状况以及企业用人需要，合理确定并向社会公布政府补贴培训的职业（工种），每人每年只能享受一次职业培训补贴。要按照同一地区、同一工种补贴标准统一的原则，根据难易程度、时间长短和培训成本，以职业资格培训期限为基础，科学合理地确定培训补贴标准。根据培训对象特点和培训组织形式，在现有补贴培训机构方式的基础上，积极推进直补个人、直补企业等职业培训补贴方式，有条件的地区可以探索发放培训券（卡）的方式。要采取切实措施，对补贴对象审核、资金拨付等重点环节实行公开透明的办法，定期向全社会公开资金使用情况，审计部门依法加强对职业培训补贴资金的审计，防止骗取、挪用、以权谋私等问题的发生，确保资金安全，审计结果依法向社会公告。监察部门对重大违纪违规问题的责任人进行责任追究，涉及违法的移交司法机关处理。

10.2.5 加强组织领导

（1）完善工作机制

地方各级人民政府、各有关部门要进一步提高对职业培训工作重要性的认识，进一步增强责任感和紧迫感，从全局和战略的高度，切实加强职业培训工作。要把职业培训工作作为促进就业工作的一项重要内容，列入重要议事日程，定期研究解决工作中存在的问题。要建立在政府统一领导下，人力资源社会保障部门统筹协调，发展改革、教育、科技、财政、住房城乡建设、农业等部门各司其职、密切配合，工会、共青团、妇联等人民团体广泛参与的工作机制，共同推动职业培训工作健康协调可持续发展。

（2）科学制定培训规划

各地要根据促进就业和稳定就业的要求，在综合考虑当地劳动者职业培训实际需求、社会培训资源和能力的基础上，制定中长期职业培训规划和年度实施计划，并纳入本地区经济社会和人才发展总体规划。各地人力资源社会保障部门要结合本地区产业结构调整和发展状况、企业用工情况，对劳动力资源供求和培训需求信息等进行统计分析，并定期向社会发布。充分发挥行业主管部门和行业组织在职业培训工作中的作用，做好本行业技能人才需求预测，指导本行业企业完善职工培训制度，落实职业培训政策措施。

（3）加大宣传表彰力度

进一步完善高技能人才评选表彰制度，并对在职业培训工作中作出突出贡献的机构和个人给予表彰。充分运用新闻媒体，广泛开展主题宣传活动，大力宣传各级党委、政府关于加强职业培训工作的方针政策，宣传技能成才和成功创业的典型事迹，宣传优秀职业院校和职业培训机构在职业培训方面的特色做法和显著成效，营造尊重劳动、崇尚技能、鼓励创造的良好氛围。

10.3 继续教育政策

改革开放以来，继续教育为广大社会成员提供了多渠道接受中、高等学历教育和各类培训的机会，为我国实现从人口大国向人力资源大国转变作出了重要贡献。但是，随着新时期我国经济社会的快速发展，继续教育面临的问题也日益突显，主要表现是：教育观念相对落后，总体参与率不高；优质资源不足，共享程度偏低；教学内容、方法和手段需要进一步改革，质量保障体系有待健全；统筹管理体制尚未形成，经费投入机制很不完善，制度和法律法规不够健全等。继续教育仍然是我国教育体系中较为薄弱的环节，还不能完全适应经济社会快速发展的需要和广大人民群众日益增长的多样化学习需求，改革和发展的任务十分繁重。

为深入贯彻全国教育工作会议精神和《国家中长期教育改革和发展规划纲要（2010－2020年）》、《国家中长期人才发展规划纲要（2010－2020年）》，落实《国民经济和社会发展第十二个五年规划纲要》关于“加快发展继续教育，建设全民学习、终身学习的学习型社会”的要求，大力提升继续教育服务国家发展战略的能力，教育部公布了《关于加快继续教育的若干意见》征求意见稿。

10.3.1 发展继续教育的重要意义

继续教育是面向学校教育之后所有社会成员的教育活动，特别是成人教育活动，是终身教育体系的重要组成部分，是提高国民科技文化素质和就业、创业、创新能力的重要途径。在新的历史时期，加快发展继续教育是提升国家核心竞争力和推进创新型国家建设的必然要求，是促进我国经济发展方式转变和产业结构调整的重要支撑，是构建终身教育体系和建设学习型社会的迫切需要，是持续开发人力资源和满足广大社会成员日益增长的多样化教育需求的重要举措，对于推动社会主义文化大发展大繁荣、建设更高水平的小康社会和社会主义现代化国家具有重大意义。

10.3.2 加快发展继续教育的基本原则和目标任务

（1）基本原则

坚持以人为本，服务社会。人力资源是我国经济社会发展的第一资源，继续教育是持续开发人力资源的主要途径。要把满足经济社会发展和广大人民群众多样化学习需求作为继续教育的根本出发点和落脚点，主动服务更高水平的小康社会建设和广大社会成员更新知识、拓展技能、提高素质的需求，促进人的全面发展，促进社会公平，促进人力资源强国建设。

坚持终身教育，构建体系。树立终身教育理念，推进继续教育改革发展和各类学习型组织建设，开展全民终身学习活动，建设终身学习公共服务体系，建立适应终身学习的体制机制和法律法规，搭建终身学习“立交桥”，构建灵活开放的终身教育体系。

坚持政府统筹，分类管理。强化政府责任和统筹规划。建立健全分级分类管理体制，明确各级政府、行业部门、有关社会机构的管理职责，加强统筹协调和规范管理。加大各级政府对继续教育经费和政策的支持力度，推动全社会积极参与继续教育，促进行业、区域和城乡之间继续教育的协调发展。

坚持优化结构，提高质量。创新办学和服务体系，优化专业、项目和课程设置，进一步提高继续教育的针对性和实效性。坚持科学的质量观，着力加强质量标准和评价体系建设，促进规模、结构、质量、效益协调发展，职前教育和职后教育有效衔接，学历继续教育和非学历继续教育协调发展。

坚持改革创新，扩大开放。以体制机制改革为重点，改革人才培养、办学和管理体制，改革质量评价和考试招生制度，改革教学内容、方法、手段，建立学习成果认证、积累和转换制度。坚持开放办学，建立资源开放与共享服务机制。坚持对外开放，加强对外交流与合作。

坚持依法治教，规范办学。加强继续教育制度和法律法规建设，建立健全投入机制、激励机制和监管机制，依法治教，规范管理，强化监督、评价和检查，规范办学和服务行为。

（2）发展目标和基本任务

到 2015 年，形成资源比较丰富、结构相对合理、灵活开放的继续教育办学与服务体系，各类示范性学习型组织基本形成，全民终身学习活动蓬勃开展，继续教育参与率大幅提升，体制机制和法规制度基本健全，各类社会成员有机会、有条件接受不同形式和类型的继续教育，促进全民学习、终身学习的学习型社会和人力资源强国建设，促进全体人民学有所教、学有所成、学有所用。从业人员年参与各类继续教育 2.9 亿人次，参与率达到 42% 以上。

新时期继续教育工作的基本任务是：面向从业人员，以及有创业、择业、转岗需求人员和就业困难、失业人员开展相应的职业教育培训，使他们在职业道德、文化知识、专业技术和实践能力等方面满足相应岗位的要求；面向有接受中等或高等教育意愿的社会成员开展相应的学历继续教育；面向各类社会成员开展形式多样的道德规范、科技文化、文明生活、休闲文化和健康教育，满足人们日益增长的精神文化生活和幸福生活的需求；建设各类学习型组织，推动全民终身学习。

10.3.3　加快发展继续教育的主要任务

（1）大力发展职业导向的非学历继续教育

以加强人力资源能力建设为核心，大力发展职业导向的非学历继续教育。根据创新型国家建设和人才规划纲要的要求，以提高岗位适应能力和创新能力为核心，有计划、分领域、分层次大力加强对党政管理、企业经营管理、专业技术、高技能、农村实用、社会工作等各类人才的继续教育培训活动，特别是加强重点领域急需紧缺专门人才和高层次创新人才的培训。到 2015 年，每人每年接受教育培训的时间累计不少于 12 天或 72 学时。

根据经济发展方式转变和产业结构调整升级的需求，以提升企事业单位员工岗位能力、职业道德和文化素质为重点，大力推进企事业单位全员培训，特别是加强技能型人员、一线经营管理人员和新进员工的岗位培训。到 2015 年，企事业单位员工培训的年参与率不低于 45%。

根据建设新农村和发展现代农业的要求，以培养新型农民为重点，深入开展农村劳动力实用技术培训，重点开展农村发展带头人、农村技能服务型人才、农村生产经营型人才和新型职业农民的实用技术和专业技能培训。到 2015 年，农村居民培训的年参与率达到 20% 以上。

大力加强农村转移劳动者的转业培训。广泛开展面向进城务工人员、待业人员、失业人员的职业教育培训，帮助他们掌握在城市和非农产业就业的基本知识和职业能力，不断提升技能水平和就业能力。到 2015 年，上述人员都有机会和条件参与相应的职业教育培训。

（2）稳步发展学历继续教育

以提高教育内容和教育方式的针对性为重点，稳步发展各级各类学历继续教育。改革发展成人中等学历继续教育，加强技能型人才培养；稳步发展高等学历继续教育，加强应用型、复合型和创新型高层次人才培养。积极推进高等学校网络教育和远程开放教育改革发展，改革完善高等教育自学考试制度，加快成人高等教育综合改革。到2015年，学历继续教育在籍学生总规模达到1200万人以上。

（3）广泛开展社会生活教育

以提高城乡社区成员综合素养和生活品质为目的，开展内容丰富、形式多样的道德规范、科技文化、文明生活、休闲文化和健康教育，满足其多样化、个性化的终身学习需求，丰富精神文化生活，提高生活幸福指数。重视发展老年教育。积极开展青少年校外教育。东部地区和中心城市城乡社区成员参与有组织社区教育的比率达到60%以上，中西部地区达到40%以上。

（4）重视开展扫盲教育

以提高科技文化知识水平和生活质量为目的，继续推进扫盲教育，重点做好面向进城务工青壮年文盲、农村地区留守青壮年文盲和妇女文盲的文化科技扫盲教育工作，特别是民族地区、边境地区和集中连片贫困地区的扫盲工作。以学习者需求为基础设置扫盲课程，编制扫盲教材，把读写算知识学习与成人的基本生活技能、职业技能、保健卫生、法律知识及权益保障等紧密结合起来。充分运用信息技术，搭建数字化扫盲教育资源共享平台。到2015年，成人文盲数量较2000年减少50%以上。

（5）加快推进各类学习型组织建设

引导全民树立终身学习理念，促进全民终身学习的文化建设，营造终身学习的良好氛围。加快推进学习型企业、学习型机关、学习型社区等各类学习型组织建设。分类研究制定各类学习型组织的建设标准，建立各类学习型组织评价制度和推广机制，组织建设学习型城市和各类学习型组织示范工作，继续推进“全民终身学习活动周”活动，倡导全民阅读，推动全民学习。

10.3.4　优化继续教育办学与服务体系

（1）充分发挥学校资源优势开展继续教育

引导推动各级各类学校特别是普通高校和职业院校面向社会积极开展继续教育，大力推进学校的教学资源向社会开放。重视发挥普通高校在高等学历和非学历继续教育中的引领、示范作用，成人高校在社区教育、行业企业继续教育中的积极作用。鼓励中、高等职业学校实行职前与职后教育、学历与非学历教育、全日制与非全日制教育并举，面向行业企业、社区开展继续教育。统筹农村职业学校、成人学校和中小学等教育资源，坚持“农科教结合”，实行基础教育、职业教育、继续教育“三教统筹”，面向农村地区开展多样化的继续教育活动。

（2）支持行业企业积极开展职工继续教育

充分发挥行业企业继续教育机构在专业技术人才培养、职工岗位技能培训和素质教育方面的主渠道作用。鼓励企业大力开展本企业员工教育培训，创建学习型企业。鼓励行业企业依托普通高校和职业学校联合共建专业化、综合化的职工继续教育基地和产学研基地。

（3）建立健全城乡社区教育网络

引导各地完善区（县）、街道（乡镇）、居委会（村）三级社区教育网络，并以社区教育机构和老年大学为依托建设老年教育网络。面向社区成员广泛开展科技文化、文明生活和休闲文化教育，面向进城务工人员开展职业技能、文明素养和行为习惯的教育培训，面向残障人士等困难群体开展公益性职业教育培训。农村社区要开展多种形式的文化、科技和扫盲教育。继续大力加强社区教育实验区、示范区建设。到2015年，全国副省级和地级以上城市社区建立专门社区教育机构的比例分别达到70%和40%。

（4）提高社会教育培训机构继续教育办学服务水平

大力推进社会教育培训机构的规范化建设，努力提高办学服务水平。鼓励有条件的社会教育培训机构向专业化和集团化方向发展。重点扶持一批培训质量高、社会效益好、市场前景广、信誉度高的社会教育培训机构。

（5）发挥传播媒体和社会公共文化设施的继续教育服务功能

充分发挥报刊、书籍、广播、电视、互联网等各类大众传媒的继续教育功能，鼓励社会成员自主学习。推进图书馆、博物馆、科技馆、文化馆、体育场馆等向全社会开放，加快文化教育资源免费开放进程，强化社会公共文化设施的教育服务和学习服务功能。

10.3.5　着力加强继续教育质量建设

（1）全面提高学历继续教育质量

实施本专科继续教育质量提升计划，探索多样化人才培养模式的改革与创新。注重发挥社会主义核心价值体系的教育引领作用，引导学习者形成良好的职业观、事业观，树立报效祖国、奉献社会的责任感、使命感。优化学科专业和人才培养结构，建立专业管理和课程建设的新机制。开展高等学历继续教育的专业和课程体系综合改革试点，根据现代产业体系建设的要求，重点建设一批专科、本科示范性专业点和精品课程。创新教育教学方法，倡导参与式、探究式、讨论式、启发式教学。搭建公共服务平台，加强对学习过程的支持服务，为学习者提供便捷、灵活、个性化的学习环境。加强实践环节，与行业企业等方面合作建设继续教育实训基地和产学研基地。建立健全宽进严出的学习制度和灵活开放的教学管理制度。完善业余学习、个性化学习、自主化学习模式。探索建立课程证书、结业证书、毕业证书、学位证书等多证书衔接的管理运行框架。逐步统一各类学历继续教育政策和基本要求，改革高等学历继续教育招生录取办法，统一学历证书式样和内容要求。

（2）增强非学历继续教育的实效性

支持各类继续教育机构充分运用现代信息技术，根据现代产业体系建设、行业企业发展需要和学习者需求，开展灵活多样的非学历继续教育。优化项目和课程体系设计，建立继续教育品牌项目和课程资源的评价、公示制度。推进非学历继续教育资源的共建共享，加强优质课程和资源建设，注重教学内容的实用性、时效性和先进性。

（3）建立学习成果认证、积累和转换制度

成立国家继续教育学习成果认证委员会，研究建立各类继续教育学习成果认证、学分积累和转换的“学分银行”制度，有计划、分步骤地推进不同类型继续教育间的学分积累与转换工作。高等学校和职业院校要探索建立学历和非学历继续教育沟通与衔接的制度。选择有条件的高等学校开展校际间继续教育沟通衔接的研究与试点。选择有条件的区域开展面向各类学习者的学习成果认证和转换的研究与试点。

（4）加强继续教育教师队伍建设和管理

按照专兼结合、分类发展的原则，加强各级各类继续教育机构高素质教师队伍建设，以教学质量和教学效果为考核重点强化动态管理，推进师资共享。制定相关的政策和措施，鼓励和引导各类教师、研究人员以及相关专业人才积极参与继续教育教学活动。加强继续教育教师的培养培训工作。

（5）加强继续教育质量标准和评价体系建设

建立教育行政部门和有关部门共同制定质量标准，政府、办学机构、社会多元评价相结合的新机制。研究制定继续教育办学机构资质认证标准、教师资格认证标准和培养质量标准以及评价办法。以提高应用能力和综合素质为导向，建立完善各级各类学历继续教育质量标准，将学历继续教育的教学质量评价纳入到学校教学质量评价体系。充分发挥行业组织的作用，以职业需求和岗位能力为导向，建立完善各级各类职业和岗位培训质量标准。定期开展教育质量评价工作，评价结果以适当形式向社会公布。

10.3.6 大力推进继续教育信息化建设

（1）建立数字化学习资源开放共享机制

研究制定国家继续教育数字化资源建设规范和标准，创新开发机制和共享机制。建立国家继续教育数字化资源中心，建设各类公益性继续教育数字化资源库。推动普通高校和职业院校有针对性地建设10000门课程的数字化学习资源，通过多种模式和机制向公众开放。建设100个综合性、区域性、行业性继续教育数字化资源示范中心和100个资源开发示范基地。采取政策引导、项目推动、成果展示、供需洽谈、定期发布资源建设目录等措施，推动建立各类学校、行业企业、社区教育体系之间继续教育资源共建共享机制，为全社会各类学习者提供优质数字化资源。

（2）大力发展现代远程教育

建立健全高等学校开展网络教育的制度，创新网络教育教学模式，开发网络教育精品课程，发展高质量、高水平、高层次的网络高等学历教育和非学历教育。发挥广播电视大学系统集成优势，加快推进开放大学建设，积极发展远程开放教育。大力加强继续教育信息化基础设施建设，建设以互联网、广播电视网、移动通信网、卫星通信等为主要载体的覆盖全国城乡、开放便捷的终身学习公共服务平台及体系。建设农村、城市社区、行业企业等不同类型的数字化学习示范中心，推进数字化社区建设。

（3）加强继续教育信息化建设和管理

成立全国继续教育信息化工作委员会，统筹制订发展规划、标准以及相应的技术规范，组织推动继续教育公共信息服务平台建设。各地要建立相应的组织管理机构，建设继续教育资源服务机制、专家团队和技术支持体系，加强继续教育工作者的信息素养培训。加快信息化人才培养，提升各类继续教育教师的信息技术应用能力。大力推进继续教育考试与评价系统的信息化建设。

10.3.7　建立健全继续教育管理体制与法规制度

（1）建立政府统筹管理体制

国家建立跨部门的继续教育领导协调机构，统筹管理和指导全国继续教育工作。地方各级政府建立相应的继续教育领导协调机构，统筹协调、指导本区域的继续教育工作。全国县级以上（含县级）教育行政部门成立继续教育专门管理机构。各级地方政府要切实履行继续教育工作职能，完善政策法规，制定发展规划，加大经费投入，强化统筹管理，协调推动资源整合共享，搭建公共服务平台，加强试点示范，加强监督检查等工作。

（2）健全有关部门和行业主管部门管理机制

在国家关于加快发展继续教育方针政策的指导下，各有关部门和行业主管部门负责本部门、本行业继续教育的发展规划、政策制度建设、行业标准和机构管理办法制定，指导、管理和监督本行业继续教育工作。

（3）建立健全继续教育激励制度与机制

要着力加强继续教育激励制度建设，特别是在关系国家经济命脉、人民生活与生命安全的专业和行业领域要建立健全继续教育的激励机制。实施继续教育和劳动人事制度沟通与衔接的制度。健全就业准入制度和岗位培训制度，严格实行技能技术岗位劳动者持证上岗。进一步完善各类职业资格证书、技能等级证书定期更新与继续教育相结合的管理制度，将从业人员接受继续教育的状况作为各类证书定期注册的重要条件，把参与继续教育的学习经历和成果与岗位聘任（聘用）、职务（职称）评聘、职业注册等人事管理制度相衔接。实行带薪继续教育假制度。定期表彰为继续教育工作做出突出贡献的单位和个人。

（4）建立健全继续教育经费投入保障制度与机制

建立健全政府、用人单位和学习者共同分担成本、多渠道筹措经费的继续教育投入制度与机制。各级政府要把继续教育投入列入本级政府财政预算，并加大对公益性和普惠性继续教育项目的经费支持。探索实行按城乡居住人口拨付社区教育专项经费的制度。加大对中西部和民族地区以及弱势群体、特殊群体继续教育的支持力度。进一步完善财政、税收、金融、土地等优惠政策，鼓励企事业单位、社会团体和组织以及个人投资办学或捐资助学。企事业单位要认真落实按职工工资总额1.5%～2.5%的标准及时足额提取职工教育经费的规定，并确保用于职工教育培训。对不能足额提取或不能完全用于职工教育培训的单位，地方政府应按照教育附加费征收办法予以征缴，统筹管理使用。落实企业职工教育经费支出以及继续教育学习者学费支出所得税前扣除政策。设立继续教育发展基金。企业、社会组织和个人对于继续教育的捐赠支出，准予在缴纳所得税时按国家有关规定在计算应纳税所得额中扣除。

（5）建立健全继续教育监管制度与机制

加快继续教育监管制度与机制的建设，加大对继续教育机构办学和服务质量的监管力度。规范各类继续教育机构的招生、考试、发证、收费和其他办学行为，加大对违规违纪办学行为的惩处力度，完善继续教育机构准入和退出机制。积极发挥区域协会、行业协会、专业学会和相关中介机构的质量评价和监测作用。加强继续教育统计和信息发布工作。将广大社会成员的继续教育参与率与满意度以及企事业单位继续教育经费执行情况等监督检查结果定期向社会公布。

（6）大力推进继续教育法律法规建设

推进终身学习法、继续教育条例等法律法规的研究制定工作。在教育法、劳动法、职业教育法、高等教育法、教师法、民办教育促进法、学位条例的修订以及其他相关法律法规的制定或修订中，要充分考虑继续教育、终身学习的内容。鼓励各地根据当地经济社会和教育发展实际，制定本地区继续教育事业科学发展的地方性法规。各行业和企事业单位结合本行业和本单位发展需要，制定并实施继续教育法规的落实措施。

10.3.8 切实加强对继续教育工作的领导

（1）落实各级政府管理职责

各级政府要根据《国家中长期教育改革和发展规划纲要（2010－2020年）》精神，研究制定本地区继续教育专题规划。把继续教育纳入地方经济社会发展规划、教育事业发展规划。要认真履责，依法治教，加强制度建设，完善政策措施，改进管理方式，及时研究解决继续教育改革发展中的重大问题和人民群众关心的热点问题。要建立健全继续教育管理体制和工作协调机制，明确各部门责任，加大经费和政策支持力度。明确各级各类继续教育的责任主体，把继续教育各项任务的落实情况作为考核相关管理机构和主要负责人工作业绩的重要内容，推进本地区继续教育快速健康发展。

（2）加强指导和支持

各有关部门要充分认识加快发展继续教育的重要意义，认真履行职责，切实加强工作指导，积极落实各项政策措施，支持地方政府做好工作，促进继续教育为建设更高水平的小康社会和人的全面发展服务。教育行政部门要认真履行统筹协调、规划研究、标准制定、指导管理、监督检查、公共服务等职能，其他部门要根据各自职责分工，明确职责和任务，强化工作措施。各部门要协同配合，加强合作，把各项工作落到实处。

（3）构建继续教育健康发展环境

大力提高全社会对继续教育重要性的认识，增强加快发展继续教育的主动性和自觉性。充分发挥继续教育行业组织在提供服务、反映诉求、行业自律等方面的作用。加强继续教育研究基地建设，加强继续教育理论、政策法规、教育实践和国际比较研究。鼓励支持开展多种形式的继续教育对外交流与合作，积极借鉴国际继续教育先进理念，大力引进国际继续教育优质资源，建立健全继续教育中外合作办学政策与制度。积极宣传继续教育先进典型、改革成果和发展成就，营造有利于继续教育健康发展的社会环境和鼓励全民终身学习的舆论氛围，推进继续教育全面协调可持续发展。

2012年中国中小企业大事记

1月

5日　中国中小企业协会成立五周年联谊会在国宏宾馆隆重举行，协会顾问委员会、国家发展改革委、工业和信息化部、民政部、相关金融机构、北京市经信委等部门的有关领导及副会长企业代表共计131人参加。李子彬会长首先向大家介绍了协会五年来的工作情况，工业和信息化部朱宏任总工程师、国家发展改革委胡祖才副秘书长、副会长企业代表邓伟董事长分别进行了讲话和发言，对协会五年来的成绩和进步给予了极大的肯定，同时对协会建设和中小企业发展提出了宝贵的意见和建议。

9~10日　中国中小企业协会各部门主任进行2011年度工作述职，并进行了工作互评。

10日　工业和信息化部党组成员、总工程师兼国务院促进中小企业发展工作领导小组办公室主任朱宏任同志主持召开2012年国务院促进中小企业发展工作领导小组办公室第一次会议并讲话。

11~12日　工业和信息化部党组成员、总工程师朱宏任到辽宁省调研非公有制经济组织创先争优活动开展情况。工业和信息化部中小企业司司长郑昕等陪同调研。

13日　中国中小企业协会召开全体员工大会，总结2010年各部门绩效考评结果及优秀员工奖励，布置2012年协会与各部门签订目标责任书有关事项。

13日　中国中小企业协会2012年新春联欢会暨2011优秀员工表彰大会在中国科技会堂一层多功能厅举行。李子彬会长、金德本秘书长及协会全体员工参加了此次联欢会。李子彬会长、金德本秘书长一起为2011年优秀部门负责人及优秀员工颁奖。各部门员工热情投入，表演了精彩纷呈的歌舞、魔术、小品等节目。

16日　由工业和信息化部中小企业司组织召开的首批中小企业公共服务平台网络建设协调会在北京召开。中小企业司司长郑昕，副司长许科敏、王建翔，相关处室的工作人员和来自十个省市的首批中小企业公共服务平台建设分管部门的有关负责人出席了会议。

16日下午　中德中小企业合作推动工作小组（以下简称工作小组）第一次会议在北京召开。工业和信息化部党组成员、总工程师、工作小组组长朱宏任出席会议并讲话。

31日　中国中小企业协会正式对外发布2011年四季度中国中小企业发展指数。2011年四季度中国中小企业发展指数（SMEDI）为93.5，比三季度下降3.7点。在我国经济增长速度逐步回落的宏观形势下，处于市场经济弱势地位的中小企业发展的景气状况，与上季度相比，没有根本性的变化。

31日上午　工业和信息化部部长苗圩，副部长尚冰亲切看望慰问中小企业司干部职工。

2月

5~9日　工业和信息化部副部长苏波率队到山东省、浙江省就“加快转变经济发展方式”进行调研。

10日 第七届APEC中小企业技术交流暨展览会（以下简称“第七届技展会”）第一次联络员工作会议在四川省成都市召开。

10日上午 工业和信息化部中小企业司司长郑昕、工业和信息化部发展促进中心主任秦志辉、工业和信息化部中小企业司副调研员廉莉等一行在四川省经济和信息化委员会副主任张国斌、四川省经济和信息化委员会创新与服务体系处处长赵柳的陪同下视察了四川省中小企业发展中心和中国中小企业四川网。

10~13日 工业和信息化部党组成员、总工程师朱宏任赴重庆市，就有关中小企业发展情况、中小企业服务年活动安排、工业经济运行情况，以及汽车研发生产情况进行调研。

15日 中国中小企业协会金德本秘书长会见了波兰企业发展署安娜·乌鲁贝尔女士及波兰驻华大使馆一秘邓雷安一行。协会国际经济交流与合作中心负责人及相关工作人员参加了会见。双方在会谈中就两国中小企业的发展状况进行了交流，就各自的功能架构、服务特色，以及如何通过建立合作关系促进两国中小企业发展进行了深入探讨。通过会谈，双方表达了今后加强交流，达成合作的愿景。

22日 中国中小企业协会金德本秘书长与法国科麦思国际控股有限公司总裁Frederic Basset在《欧洲商贸会展中心（ITEC）与中国中小企业协会合作意向书》上签字，就双方商贸会展展开合作之旅。协会相关部门负责人及法国科麦思国际控股有限公司总裁何锐思等共同见证了此次签约仪式。

28日 中国中小企业协会张竞强常务副会长在协会会议室会见了俄罗斯En+集团总裁Artem Volynets先生、亚洲市场总监Karapetyan先生。双方在会谈中就各自情况行了简要介绍，并就合作事宜进行了探讨。协会相关部门负责人参与了会见。

3月

2日 中国中小企业协会金德本秘书长带领协会党团员前往副会长单位亿阳集团进行了考察调研，主要了解了亿阳集团生产经营情况，学习了企业文化，并就当前中小企业热点问题与企业管理人员进行了交流。此次考察加强了协会党团员深入调查研究和服务中小企业的意识，是协会增强凝聚力、改进工作的一次有益尝试。

11日 中国中小企业协会李子彬会长出席了天津市中小企业协会第一届理事会第二次会议，并作了《我国中小企业现状及发展趋势》的专题报告。在津期间，李子彬会长还会见了天津市李文喜副市长，参观考察了滨海高新区部分企业及和平区创新大厦。

16日 工业和信息化部与中国建设银行在京共同签署《中小企业金融服务战略合作协议》（以下简称《合作协议》）。工业和信息化部部长苗圩、中国建设银行股份有限公司董事长王洪章出席了签约仪式并致辞。工业和信息化部党组成员、总工程师朱宏任和中国建设银行行长张建国代表双方签署协议。

26日 中国中小企业协会李子彬会长赴银川出席了宁夏回族自治区中小企业协会成立大会，金德本秘书长及协会相关部门负责人一同前往。期间，李子彬会长还与自治区政协副主席、宁夏中小企业协会会长解孟林及区相关部门、宁夏五市负责人进行了洽谈。洽谈决定，6月底、7月初，中国中小企业协会组织国内外150至200家中小企业赴宁考察，与宁夏优势特色产业对接，开展深层次经贸合作。

28日 第八届中国国际中小企业博览会总结会和第九届中国国际中小企业博览会动员会在广东省深圳市召开。中博会组委会副主任、工业和信息化部党组成员、总工程师朱宏任，中博会组委会秘书长、广东省政府副秘书长林英，中博会组委会秘书处副主任、工业和信息化部中小企业司副司长田川，中博会组委会秘书处副主任、广东省中小企业局局长张文献出席会议并讲话。

30日 工业和信息化部、教育部联合举办的2012年全国中小企业网上百日招聘高校毕业生活动河北专场暨河北省第六届中小企业高校毕业生人才招聘会在河北省石家庄市举行。

4月

11~13日 中国中小企业协会李子彬会长、金德本秘书长率协会相关部门负责人赴义乌市对接第六届中国中小企业节事宜。在听取义乌市对本届中小企业节筹备工作情况汇报后，实地考察了举办开幕式及配套活动的场地和住宿接待酒店。

12日下午 前来合肥参加国家级两化融合试验区工作会议的工业和信息化部中小企业司许科敏副司长和中小企业司创新服务处陈滨调研员在安徽省经信委吴韦人副主任和中小企业局王十朋局长的陪同下，专程来到合肥市中小企业服务中心调研。

18日 2012中小企业服务年中小企业政策大讲堂全国巡讲启动仪式暨首讲式在北京举办。工业和信息化部党组成员、总工程师朱宏任和有关司局负责人出席仪式。

18日 中国中小企业协会与中国建设银行股份有限公司在北京香格里拉酒店签署了战略合作协议。中国中小企业协会会长李子彬、中国建设银行股份有限公司董事长王洪章、工业和信息化部中小企业司司长郑昕及中国人民银行、银监会等相关部门和部分合作城市领导出席了本次签约仪式，仪式由中国中小企业协会张竞强常务副会长主持。根据协议，建设银行将在两年内给予中国中小企业协会500亿元的授信，协会将通过与20个城市的紧密合作，将这部分授信转化为促进中小企业发展的助推剂。

20日 第六届全国中小企业协会联席会议在广东省清远市召开。中国中小企业协会会长李子彬、工业和信息化部中小企业司副司长王建翔、清远市市委书记葛长伟、中国中小企业协会秘书长金德本和副秘书长王远枝出席会议。来自全国26个省、市、自治区的中小企业主管部门领导和中小企业协会负责人共120多人参加了会议。会议探讨了在当前形势下如何发挥协会作用，促进中小企业持续健康发展。

24日 中国中小企业协会发布2012年第一季度中国中小企业发展指数。2012年一季度中国中小企业发展指数（SMEDI）为92.6，比上年四季度下降0.9点。在我国经济延续了稳中回落的态势下，中小企业发展指数处于较低位、较平稳的状态。自2010年四季度以来，中小企业发展指数每季的下降幅度超过2点，甚至达到3.9点，本季降幅明显收窄。

24日 工业和信息化部刘利华副部长在德国汉诺威中德中小企业合作论坛作了主题为“携手共创中德中小企业合作的美好明天”的致辞。

25日 在国家发改委统一组织及协会领导高度重视下，中国中小企业协会4名员工前往北京市血液中心，参与无偿献血。

27日 中国中小企业协会李子彬会长赴青岛出席2012年环渤海股权投资高峰论坛并就中小企业投融资现状做主旨演讲。国际经济交流与合作中心相关负责人陪同参加。

26日 工业和信息化部与德国联邦经济和技术部中小企业经营管理人员培训合作项目指导委员会第四次会议在德国策勒市召开。工业和信息化部中小企业司副司长田川与德国联邦经济和技术部副司长卡尔文德凌共同主持了本次会议。工业和信息化部国际合作司副司长崔志华、中国中小企业发展促进中心副主任郑红及中德双方政府官员、项目执行机构代表、学员代表共20人参加了会议。

5月

3~6日 全国非公有制企业党组织书记示范培训班在北京举办。工业和信息化部党组成员、总工程师朱宏任出席了开班式，并在5日上午做了《加大政策支持力度促进非公有制经济和中小企业发展》的专题辅导报告。

7日　为贯彻落实《国务院关于进一步支持小型微型企业健康发展的意见》（国发〔2012〕14号），研究讨论相关部门职责分工方案，2012年5月7日，国务院促进中小企业发展工作领导小组办公室第二次会议召开，来自发展改革委、科技部、财政部、人力资源社会保障部、农业部、商务部、人民银行、海关总署、税务总局、工商总局、质检总局、统计局、银监会、证监会、开发银行、全国工商联等领导小组办公室的负责同志参加了会议。工业和信息化部党组成员、总工程师、国务院促进中小企业发展工作领导小组办公室主任朱宏任主持了会议并讲话。会议围绕着贯彻落实国务院关于进一步支持小型微型企业健康发展意见部门分工方案进行了讨论，各成员单位提出了意见和建议。各成员单位表示制定国发14号文件的分工意见非常及时、必要，对贯彻落实国发14号文件具有重要意义，并将全力做好文件的贯彻落实工作。

8日下午　工业和信息化部党组成员、总工程师朱宏任在由中组部、国家行政学院和工业和信息化部共同举办的“省部级领导干部中小企业发展研讨班”上做“优化中小企业发展环境，促进中小企业健康发展”专题报告。来自国务院有关部门、省（直辖市、区）和计划单列市领导，以及部分城市和国有企业的代表34人参加了这期研讨班。

10～11日　为贯彻落实《国务院关于进一步支持小型微型企业健康发展的意见》（国发〔2012〕14号），推动中小企业服务年活动的开展，发挥管理咨询在促进中小企业特别是小型微型企业健康成长中的重要作用，中小企业管理咨询工作经验交流会在厦门市召开，来自各省、自治区、直辖市及计划单列市、新疆生产建设兵团的中小企业管理部门及相关服务机构的110多位代表参加了会议。工业和信息化部中小企业司副司长田川出席会议并讲话，厦门市人民政府副秘书长陈永茂、福建省经贸委副主任郑李亭到会并致辞。会议通过经验交流、专家授课、参观厦门中小企业服务博览会、座谈讨论等形式，提高了与会人员对管理咨询工作的认识，探讨了进一步做好中小企业管理咨询工作的有效途径和做法，收到良好效果。

11日　中国中小企业协会金德本秘书长出席在安徽省宁国市举行的“助航中小企业走出去计划”首场活动并致辞。活动由中国中小企业协会和宁国市人民政府共同主办，旨在通过“助航中小企业走出去计划”提升中小企业融入资本市场的意愿，帮助企业普及在资本市场融资的知识以及在海外并购、上市、投资、发债等方面的知识，并为广大中小企业创造各种与海外并购所涉中介机构直接见面的机会，实实在在帮助企业解决“走出去”过程中遇见的各种困难和问题。

17日　工业和信息化部在天津召开贯彻落实国务院支持小微企业发展意见工作座谈会。来自全国各省、自治区、直辖市及计划单列市、新疆生产建设兵团经济和信息化、中小企业主管部门主要负责同志，国办秘书局、国务院研究室及部内相关司局、直属事业单位、中央新闻媒体共150多人参加了会议。苗圩部长出席会议并讲话。朱宏任总工程师出席会议并作总结讲话。

23日　中国中小企业协会张竞强常务副会长出席首届中荷企业社会责任国际高层论坛并致辞。本届论坛由国家信息中心与全球报告倡议组织联合主办。论坛以“企业社会责任的发展：政府与供应链的作用”，旨在介绍发达国家企业社会责任的理论和政策，探讨适合中国国情的企业社会责任公共政策，分享国内外供应链企业社会责任管理的最佳实践。

29日上午　由中国工业和信息化部，瑞典企业、能源和交通部，瑞典驻中国大使馆，瑞典贸易委员会共同主办，工业和信息化部中小企业发展促进中心、中国瑞典商会承办的中瑞中小企业创新论坛在北京举行。工业和信息化部副部长刘利华，瑞典企业、能源和交通部工商大臣安妮·吕芙女士出席论坛并致辞。

6月

8日　由八部委主办，中国中小企业协会与青岛市人民政府共同承办的2012第二届中国国际循环经济成果交易博览会在山东省青岛市国际会展中心成功举办。李子彬会长出席博览会开幕式并发表重要讲话。博览会期间还举办了中德循环经济论坛、中日合作城市典型废弃物回收利用研讨会、中美能源合作项目工业节能研讨会等同期活动，各项活动主题突出，各具特色，具有权威性与高端性，兼备理论性与实务性，将促进观点交流、技术推广和交易合作。出席开幕式的领导和嘉宾还有国家发展改革委副主任解振华，中华环保基金理事会理事长曲格平，德国驻华大使施明贤，商务部部长助理李荣灿等。

21日　中国中小企业协会张竞强常务副会长在京接见了铁岭市人民政府吴野松市长一行。双方对接会谈后，正式签订《关于推进落实中国建设银行中小企业授信的战略合作协议》。中国建设银行总行小企业业务部周鑫泉副总经理出席签字仪式。协会相关部门负责人及铁岭市相关政府部门负责人参加了签字仪式。

22日上午　第四届APEC中小企业对话世界500强财富论坛在四川省成都市召开。全国人大常委会副委员长桑国卫，印尼地方代表理事会主席伊尔曼·古斯曼，四川省委书记刘奇葆，工业和信息化部部长苗圩，工业和信息化部党组成员、总工程师朱宏任等领导出席论坛。苗圩发表了主旨演讲。论坛由四川省人民政府副省长甘霖主持。

22日上午　第七届APEC中小企业技术交流暨展览会在成都开幕。全国人大常委会副委员长桑国卫、印尼地方代表理事会主席伊尔曼·古斯曼、四川省委书记刘奇葆等出席开幕式。工业和信息化部部长苗圩出席开幕式并致辞。他表示，中国愿继续同APEC各成员经济体一道，不断拓展合作领域，深化合作机制，提升合作水平，大力推动APEC地区中小企业共同、可持续发展。

23日　全国中小企业厅局长圆桌会议暨中小企业特色产业现场会在四川省成都市召开。本次会议旨在贯彻落实《国务院关于进一步支持小型微型企业健康发展的意见》精神和中小企业服务年活动的总体部署，积极帮助中小企业“走出去，引进来”，增强开拓市场的能力，扎实推进中小企业平稳较快发展。

27日　中国中小企业协会李子彬会长在协会会见了丹麦哥本哈根投资促进局局长Claus Lonborg一行。北京市经信委、天津市中小企业协会、13家会员企业代表及协会国际交流和会展部相关人员参加了会见。会谈期间，丹方重点介绍了丹麦哥本哈根投资促进局和清洁技术产业集群的情况，展示了哥本哈根大区在新材料、新能源、废弃物回收处理等领域的投资项目，并希望促进两国企业在投资和技术方面的合作。经会谈，双方初步达成促进两国中小企业合作，促进新能源、清洁技术等领域项目、技术及资本的对接的共识。

28~30日　工业和信息化部举办“信息化与工业化融合成果展览会”，以“携手同行，合作共赢”为主题的“中小企业信息化服务展区”精彩亮相，成为本次成果展令人关注的亮点之一。

6月28日~7月1日　全国中小企业宁夏行暨中国中小企业协会第二届常务理事会第一次会议在银川市成功举行。李子彬会长在全国中小企业宁夏行活动启动仪式上致辞，并在常务理事会上做了工作报告。全国中小企业宁夏行活动由宁夏回族自治区人民政府、中国中小企业协会、中国石油和化学工业联合会共同主办，旨在落实国家新一轮西部大开发战略，增进全国优势中小企业、民营企业对宁夏的了解，促进优质企业资本和资源助推宁夏优势特色产业发展。来自全国各地的200多家中小企业参加了活动。

7月

4日　中国中小企业协会李子彬会长应邀出席了在天津举办的第三届中国—西亚北非中小企业合作论坛开幕式并致辞。本届论坛由中共中央对外联络部和天津市政府联合主办。来自20多个国家的170多代表参加了此次论坛。

6日　中国中小企业协会李子彬会长应中联部的邀请在京与摩洛哥王国首相府管理与综合事务大臣穆罕默德·纳吉布·布里夫一行7人共进午餐。摩方高度评价李子彬会长在刚结束的中国与北非西亚中小企业论坛上的讲话，希望与协会建立更紧密的合作关系。

6日　工业和信息化部在南京召开全国部分地区中小企业信用担保工作座谈会。工信部党组成员、总工程师朱宏任出席会议并作重要讲话。中小企业司司长郑昕主持会议。

6日下午　工业和信息化部中小企业司在南京市举办“推动中小企业发展人大代表座谈会”，中小企业司司长郑昕与江苏省关心中小企业发展的部分全国人大代表举行了座谈。

16日　由中国民主建国会中央委员会、工业和信息化部、新疆维吾尔自治区人民政府共同主办的2012中国（新疆）非公有制经济发展论坛在乌鲁木齐市隆重开幕。全国人大常委会副委员长、民建中央主席陈昌智出席论坛并做主旨演讲。工业和信息化部党组成员、总工程师朱宏任出席开幕式并发表演讲。

23日　中国中小企业协会在辽宁省沈阳市成功举办中国中小企业协会辽宁地区副会长联谊会。李子彬会长、张竞强常务副会长、辽宁省中小企业厅赵连生厅长、辽宁省中小企业联合会马琳副会长，辽宁地区副会长企业家们约40人出席了本次活动。座谈会由张竞强常务副会长主持，李子彬会长首先对目前的世界宏观经济形势进行了解读和分析，之后详解介绍了协会目前的工作和相关服务内容；赵连生厅长介绍了辽宁在服务和扶持中小企业方面的相关政策和工作，部分副会长企业家也作了发言，详细介绍了现阶段的企业生存现状和遇到的发展瓶颈等问题，给协会的服务也提出了一些相关建议。

25日　2012年二季度中国中小企业发展指数（SMEDI）为90.3，比一季度下降2.3点，比上季度0.9点的降幅有所扩大。中小企业的总体状况与国民经济运行缓中趋稳的态势基本一致，但下行压力更大一些。

24日　第九届中国国际中小企业博览会新闻发布会在北京国际饭店举行。中博会组委会副主任、工业和信息化部总工程师朱宏任，中博会组委会副主任兼执行主任、广东省人民政府副省长刘志庚，中博会组委会秘书长、广东省人民政府副秘书长林英，越南驻华大使馆商务参赞裴辉黄先生，以及厄瓜多尔驻华大使莱昂纳多·阿里萨加先生共同出席并介绍了博览会相关筹备工作的进展情况。

20日　工业和信息化部党组成员、总工程师朱宏任在工业和信息化部中小企业司司长郑昕、中国中小企业发展促进中心主任秦志辉在河北省工信厅副厅长、河北省中小企业局局长孙际林的陪同下，到廊坊市中小企业公共服务平台考察调研。廊坊市中小企业公共服务平台已入驻融资服务、事务代理、人才培训、咨询管理、法律服务、信息咨询、创业辅导等社会中介机构26家，为中小企业提供了一站式服务，并列入河北省公共服务平台第一批窗口单位。

8月

3日　工业和信息化部党组成员、总工程师朱宏任出席第19次APEC中小企业部长会议，并作题为“大力扶持小型微型企业发展，进一步加强对创业和青年企业家支持”的发言。

4日 按照全国人大、工业和信息化部办理2012年度建议、提案工作的统一部署和要求，中小企业司副司长田川一行赴浙江省调研并在杭州市召开了“推动中小企业发展‘两会’代表委员座谈会”，邀请部分浙江省的全国人大代表、全国政协委员就推动中小企业发展建言献策。

7日 中国中小企业协会李子彬会长在协会接见了来访的马鞍山市张晓麟市长一行。经友好会谈，双方签订战略合作框架协议。根据协议，双方将在马鞍山传统产业转型升级、招商引资、项目建设、人才引进、共建“中国中小企业创新（马鞍山）产业园区”、设立中小企业（马鞍山）产业投资基金、举办活动等方面展开合作。

7日 中国中小企业协会张竞强常务副会长在协会会见了到访的东京证券交易所常务董事兼营业本部长土本清幸先生、东交所北京代表处首席代表逯家乡先生一行。双方在会谈中就中小企业融资及开展合作进行了深入探讨。

9日 工业和信息化部中小企业司许科敏副司长一行在陕西省中小企业局党红忠副局长、尤战存总经济师、发展规划处谷奕处长的陪同下，专程到陕西省中小企业服务平台调研指导工作。

10日 工业和信息化部党组成员、总工程师朱宏任在青岛市委常委、副市长牛俊宪，青岛市政府副秘书长陈勇，青岛市经信委副主任董德义和工信部中小企业司副司长田川等陪同下，专程到青岛市中小企业公共服务中心考察调研。

10日 工业和信息化部中小企业司副司长许科敏一行赴陕西省调研并在西安市召开了“推动中小企业发展‘两会’代表委员座谈会”，陕西省的部分全国人大代表、全国政协委员出席座谈会，陕西省中小企业促进局常务副局长党红忠主持会议。

13～14日 工业和信息化部中小企业司司长郑昕一行赴承德市丰宁县开展对口帮扶调研工作，并于8月13日下午在丰宁县召开了对口帮扶丰宁调研座谈会，中小企业司司长郑昕、副司长许科敏，承德市人民政府副市长陈继清，河北省中小企业局、承德市工信局以及丰宁县委、县政府相关负责同志等参加会议，会议由河北省工信厅副厅长、中小企业局局长孙际林主持。

17日 工业和信息化部中小企业司副司长许科敏、中国中小企业发展促进中心副主任郑红，在贵州省中小企业局民营经济处处长周航、副处长郭慷，贵州省中小企业服务中心主任刘川等领导的陪同下到都匀参加贵州黔南站“中小企业政策大讲堂全国巡讲”并讲话。

17日 2012年《中国中小企业年鉴》工作会议在贵州省中小企业总部基地召开。工业和信息化部中小企业司、中小企业发展促进中心领导和来自19个省市中小企业管理部门的年鉴编委、联络员30余人参加了会议。

20日 工业和信息化部启动全国减轻企业负担政策宣传周活动。工业和信息化部党组成员、总工程师朱宏任出席并讲话。国家发展改革委、财政部等国务院减轻企业负担部际联席会议成员单位及有关部门，各省、自治区、直辖市减轻企业负担领导小组（联席会议），有关行业协会、中小企业服务机构、专家及企业代表共120人参加。启动仪式后，有关方面专家对减轻企业负担政策进行了解读，对开展好减轻企业负担工作进行了研讨。

21日 由中华全国工商业联合会、吉林省人民政府共同主办的2012年中国民营经济发展（长白山）论坛在吉林省白山市抚松县举行。工业和信息化部党组成员、总工程师朱宏任出席开幕式并发表演讲。中央统战部副部长、全国工商联党组书记、第一副主席全哲洙，吉林省省长王儒林，全国工商联副主席、全国政协委员、万达集团董事长王健林分别在开幕式上致辞。

24日 中国中小企业协会张竞强常务副会长出席了深圳市中小企业发展促进会第五届第一次会员大

会暨第三届深圳市自主创新百强中小企业颁奖盛典，并发表重要讲话。工业和信息化部中小企业司郑昕司长，深圳市委、市人大、市政府、市政协的主要领导，政府有关部门负责人和社会各界嘉宾出席了会议。

24 日　中国中小企业协会李子彬会长应邀出席 2012 中国西安国际科学技术产业博览会暨第七届中国西安国际高新技术成果交易会，并在“战略性新兴产业发展高峰论坛”上发表了重要讲话。本届科博会由西安市人民政府执行主办，宁夏回族自治区人民政府，天津市人民政府，哈尔滨、长春、太原、合肥、昆明、兰州等多个省会城市人民政府联合主办，中国中小企业协会、中国能源环保产业协会等社会团体为支持单位。

27 ~ 31 日　工业和信息化部总经济师周子学带队赴山东、湖南就小型微型企业发展情况进行了专题调研。

30 日　工业和信息化部在广东省东莞市召开“推动中小企业发展全国人大代表座谈会（广东）”，部党组成员、总工程师朱宏任出席会议，并与广东省的部分全国人大代表进行了沟通交流。座谈会由中小企业司司长郑昕主持，来自全国人大常委会办公厅、全国人大财经委、教育部、公安部、国土资源部、质检总局、税务总局、知识产权局、人民银行、银监会等有关部门相关司局的同志参加了会议。

9 月

7 日　工业和信息化部党组成员、总工程师朱宏任率中小企业司、中小企业发展促进中心、中国中小企业信息网有关负责同志，参观考察用友软件园。

10 日　工业和信息化部党组成员、总工程师朱宏任一行在贵州召开部分中小企业座谈会。会上，贵州省经信委副主任、民营经济发展局（中小企业局）局长龙超亚介绍了 2012 年贵州省民营经济和中小企业发展情况。

10 日　工业和信息化部中小企业司副司长党秦一行莅临贵阳市中小企业服务中心，实地考察了贵阳市中小企业服务大厅建设运营情况，对贵阳市中小企业服务中心下一步工作重点提出了宝贵的意见。

17 日　中国中小企业协会金德本秘书长在协会会议室会见了西班牙中国经济特区访问团。来访团由西班牙帕拉奎罗市和托雷洪市政府市长及建于两市的西班牙中国经济特区企业界人士组成。来访团重点介绍了西班牙中国经济特区建设情况及两市软硬件环境，并希望中国企业到西班牙中国经济特区投资。金德本秘书长表示可与西班牙方建立沟通机制，同时希望西方能够为中国企业创造良好的投资环境，共同推动和促进中西两国经济的发展。

15 ~ 18 日　应第 37 届国际中小企业代表大会（ISBC）组委会的邀请，中国中小企业协会组团参加了于 2012 年在南非约翰内斯堡举行的第 37 届国际中小企业代表大会（ISBC）。这是我协会第一次组团参加中小企业领域的国际会议，参展团由来自各省市中小企业局、商（协）会以及企业的 35 名代表组成。李子彬会长在大会上作了专题演讲，介绍了中国中小企业发展现状及我国中小企业相关政策。协会申请独立展位，制作相关宣传图片和资料，集中展示了我国中小企业的发展现状。通过此次国际会议，协会和各国中小企业相关政府主管部门、商（会）会等机构建立了联系，扩大了交往层面，为进一步帮助我国中小企业走出去开拓了新的空间。来自世界各地的政府、企业、学术界、金融机构、行业商协会的近 500 名代表参加了此次会议。

21 日　全国非公有制经济组织创先争优活动总结大会在京召开。全国非公有制经济组织创先争优活动指导小组组长，中央统战部副部长，全国工商联党组书记全哲洙，工业和信息化部党组成员、总工程师、全国非公有制经济组织创先争优活动指导小组副组长朱宏任等出席了会议。会议全面总结非公有制经济组织创先争优活动的成就和经验，进一步推进创先争优常态化、长效化。

22日　工业和信息化部党组成员、总工程师朱宏任出席第九届中国国际中小企业博览会中国中小企业高峰论坛，并作了题为“服务企业、助力成长，营造健康发展环境”的主旨演讲。

23日　作为第九届中国国际中小企业博览会重要活动之一的“中小企业信息化应用推广活动暨中小企业信息化论坛”在广州隆重举行。本届论坛的主题是“携手同行合作共赢”。

24日　第四次中欧中小企业政策对话会议在广州举行。受朱宏任总工程师委托，会议由工业和信息化部中小企业司司长郑昕与欧盟企业和工业总司司长乔安娜·德瑞克共同主持。会上，双方分别介绍了中欧中小企业发展现状及最新政策。

24日　由中国工业和信息化部、欧盟委员会企业与工业总司共同主办，工业和信息化部中小企业发展促进中心、中欧世贸项目（二期）承办的中欧中小企业国际化发展论坛在广州举行。

27日　中国中小企业协会与中合中小企业担保股份有限公司签署合作协议。张竞强常务副会长与中合中小企业担保股份有限公司周纪安总经理出席签字仪式。根据协议，双方将在融资担保业务、债券类产品、产品创新、品牌宣传、培训等方面展开深度合作，共同解决中小企业融资难题，推进中小企业信用体系建设。

28日　中国低碳产品智商（产品信息化指数）测评筹备会议在北京召开，会议由张竞强常务副会长主持。中国中小企业协会会长李子彬、工业和信息化部信息化推进司司长徐愈到会祝贺并致辞。中国低碳产业界的企业家、专家、学者、及媒体代表出席了会议。

29日　科学技术部和工业和信息化部联合举行促进中小企业技术创新合作协议签字仪式。全国政协副主席、科技部部长万钢和工业和信息化部部长苗圩签署了《科学技术部工业和信息化部促进中小企业技术创新合作协议》并发表重要讲话。合作协议的签订，标志着两部门在共同推进中小企业创新发展方面迈上了一个新台阶，是贯彻落实全国科技创新大会精神、《中共中央国务院关于深化科技体制改革加快国家创新体系建设的意见（中发〔2012〕6号）》和《国务院关于进一步支持小型微型企业健康发展的意见（国发〔2012〕14号）》，深入实施《国家中长期科学和技术发展规划纲要（2006—2020年）》和《“十二五”中小企业成长规划》，加快建立以企业为主体、市场为导向、产学研相结合的技术创新体系的重要举措。

10月

12日　工业和信息化部党组成员、总工程师朱宏任莅临武汉中小企业公共服务平台考察调研。武汉市经信委主任余信国、总工程师王振陪同考察。湖北省中小企业处、市经信委中小企业处、市服务中心及相关部门参加了交流座谈。

15日　中国中小企业协会金德本秘书长在协会会议室会见了法国驻华大使馆商务处及法国勒阿弗尔市发展局总经理一行4人，双方共同探讨“第五届中欧投资贸易展览会”合作意向和合作方式，希望与协会建立起长效的联系和合作机制，并通过协会组织相关企业赴法参会。

18日　工业和信息化部中小企业司司长郑昕、副司长党秦，工业和信息化部中小企业发展促进中心主任秦志辉一行在湖北省经信委副主任胡树华的陪同下莅临武汉中小企业公共服务平台，参观考察服务平台的配套服务功能、创新服务模式以及运行情况。

19日　工业和信息化部党组成员、总工程师朱宏任在江苏省太仓市会见江苏省委常委、苏州市委书记蒋宏坤，苏州市副市长浦荣皋，江苏省经济和信息化委员会党组成员、中小企业局副局长陆元刚等，就促进江苏省、苏州市中小企业和工业、信息化发展进行了深入交流。之后，朱宏任和蒋宏坤、浦荣皋、陆元刚、德国驻沪总领事共同出席中德（太仓）中小企业合作示范区揭牌仪式，并为中德中小企业工业园奠基。

23 日　中国中小企业协会、义乌市人民政府在北京举行新闻发布会，宣布第六届中国中小企业节将于 2012 年 11 月 29 日至 30 日在义乌市举办。

23 日“中小企业经理人证书考试项目”正式启动新闻发布会在北京举行。工业和信息化部中小企业发展促进中心联合教育部考试中心，推出了中小企业经理人证书考试暨高等教育自学考试中小企业经营管理专业项目，并纳入到了国家中小企业银河培训工程。这一项目的推出与发展，必将对丰富和完善银河培训内容、促进中小企业发展发挥重要的作用。

25 日　全国中小企业公共服务平台网络建设工作交流会在杭州召开。工业和信息化部中小企业司司长郑昕、浙江省中小企业局局长高鹰忠出席会议并致辞，会议由工业和信息化部中小企业司副司长许科敏主持。来自全国各个省（市）中小企业公共服务平台网络建设建设单位，及相关主管单位的领导聚集一堂，就各地中小企业公共服务平台网络建设工作的开展情况、遇到的问题、取得的成绩等方面问题进行了交流讨论。下午各地市的主管部门、承建单位还就平台建设进行了分组讨论。

26 日　工业和信息化部党组成员、总工程师朱宏任在出席全国中小企业培训工作座谈会之后，赴陕西省中小企业服务平台调研工作。

26 日为贯彻落实《国务院关于进一步支持小型微型企业健康发展的意见》（国发〔2012〕14 号）和《国家中长期人才发展规划纲要》，积极推动中小企业管理能力提升，工业和信息化部在西安召开全国中小企业培训工作座谈会。来自全国各省、自治区、直辖市及计划单列市、新疆生产建设兵团中小企业主管部门负责同志、中央及地方国家中小企业银河培训工程授权机构负责同志及中小企业经营管理领军人才培训承担机构负责同志共 150 多人参加了会议。工业和信息化部党组成员、总工程师朱宏任出席会议并作了重要讲话。

29 日　中国中小企业协会发布 2012 年第三季度中小企业发展指数。2012 年三季度中国中小企业发展指数（SMEDI）为 87.5，比上季度下降 2.8 点。中小企业发展指数自 108.9 的高位持续下滑的局面尚未扭转，仍然存在下行压力。

11 月

1 日　中国中小企业协会“企业家讲企业大讲堂”走进马鞍山市。中国中小企业协会会长李子彬、常务副会长张竞强、马鞍山市市长张晓麟等政府工作人员以及众多当地优秀企业的高层领导，共计约 400 人参加了此次活动。

1 日　全国政协提案委员会办公室和经济委员会办公室联合举办“金融支持小微企业发展主题座谈会”。全国政协副主席李金华出席座谈会并讲话，部分全国政协委员、民主党派中央、国务院有关部委、专家学者和小微企业代表、新闻媒体等近 200 人参加了座谈会。工业和信息化部党组成员、总工程师朱宏任出席座谈会并做专题发言。

2 日　上海市促进中小企业发展领导小组召开上海市推进中小企业服务体系建设工作会议。工业和信息化部党组成员、总工程师朱宏任同志，上海市委常委、副市长艾宝俊同志出席会议并讲话。朱宏任同志在讲话中对上海市加强中小企业服务体系建设，促进中小企业发展取得的成果给予了充分肯定。同时，就贯彻落实《国务院关于进一步支持小型微型企业健康发展的意见》（国发〔2012〕14号文，以下简称国发14号文件）以及加强服务体系建设讲了三点意见。

5日 工业和信息化部中小企业司郑昕司长出席德国中小企业经营管理人员来华交流培训班并介绍中国中小企业发展情况和中国政府促进中小企业发展的政策和措施。中小企业司田川副司长，中国中小企业发展促进中心主任秦志辉、副主任郑红，以及德国驻华大使馆代表、德国国际合作机构GIZ和德国来华企业家共30余人参加。

18～19日 工业和信息化部党组成员、总工程师朱宏任同志赴江苏省常州市考察小企业创业基地和中小企业公共服务平台。考察期间，听取了江苏省常州市经济和信息化委员会蒋自平主任对常州市中小企业发展和运行情况的汇报，考察了常州市三晶信息技术小企业孵化基地、常州市中小企业发展促进中心、佰腾科技有限公司。

22日 为贯彻落实《国务院关于进一步支持小型微型企业健康发展的意见》（国发〔2012〕14号），加强对中小企业运行情况的监测分析，工业和信息化部中小企业司于2012年11月22日在山东省枣庄市召开了中小企业运行监测工作座谈会。工业和信息化部中小企业司司长郑昕出席座谈会并作重要讲话；工业和信息化部运行监测协调局副局长黄利斌介绍了宏观经济形势和工业经济运行情况以及对明年经济发展趋势的预判；山东、河北、内蒙古、浙江、四川和广东深圳中小企业主管部门运行监测工作负责同志做了大会经验交流。中小企业司副司长党蓁同志主持了座谈会。

29～30日 第六届中国中小企业节在浙江省义乌市隆重开幕。原全国人大常委会副委员长、中国中小企业协会名誉会长顾秀莲，原全国政协副主席李贵鲜，中国中小企业协会会长李子彬以及国家相关部委等领导和嘉宾出席开幕式。本届中小企业节，由中国中小企业协会和义乌市人民政府共同主办，得到了国家发展改革委、工业和信息化部、商务部、浙江省人民政府的大力支持。来自全国各省、市中小企业主管部门和协会负责人，有关行业协会和中小企业代表，社会各界人士以及海外机构代表，聚集一堂，以“服务企业·共克时艰”为主题，探讨中小企业的发展之路。本届中小企业节期间，举办了2012国际中小企业优秀服务商大会、中国国际诚信供应商大会以和义乌市场经贸论坛等一系列配套活动，发布了“2012年创新成长之星和中国企业创新成果”和《2012年中国中小企业蓝皮书》。

29日 中国中小企业协会第二届理事会第二次会议幸福湖国际会议中心召开。中国中小企业协会会长李子彬、常务副会长张竞强、秘书长金德本出席了此次会议，出席会议的还有以及协会各理事单位、会员单位领导。会议由中国中小企业协会秘书长金德本主持。李子彬会长在此次会议上做工作报告。回顾了2012年协会工作，并对2013年协会工作任务进行了说明。

30日 作为第六届中国中小企业节重头戏之一的义乌市场经贸论坛在义乌国际会议中心隆重举行。本次会议主题是挑战与机遇——基于平台力量的中小企业生态环境重构。出席本次论坛的领导有：中国中小企业协会会长李子彬、义乌市市委书记黄志平以及学界专家、行业专家和企业家代表。

30日 中国国际诚信供应商大会在义乌隆重举行。作为第六届中国中小企业节系列活动之一，本次会议以“中国与世界·诚信与发展”为主题。中国中小企业协会会长李子彬、诺贝尔奖获得者蒙代尔先生、商务部市场流通发展司副司长吴国华分别在会上作了专题发言。同时围绕主题，针对中小企业共同关注的问题展开了讨论。与会代表普遍认为受益匪浅，会议取得了圆满成功。

30日 工业和信息化部中小企业司司长郑昕、处长王岩琴在出席由全国总工会、工业和信息化部、国资委和全国工商联在武汉召开的全国企业班组建设工作会议后，就中小企业发展和中小企业公共服务窗口平台建设到湖北省鄂州市、黄石市考察调研。

12 月

1 日　工业和信息化部党组成员、总工程师朱宏任一行在厦门市经济发展局局长柯志敏、副局长邓建华等陪同下莅临厦门市中小企业服务中心、厦门中小在线，调研指导厦门市中小企业发展服务工作。

3 日　由国务院台湾事务办公室指导，大陆中小企业协会、武汉市人民政府、台湾中小企业总会、全国台湾同胞投资企业联谊会（简称“全国台企联”）主办，第二届海峡两岸中小企业论坛 12 月 3 日在武汉隆重开幕。旨在搭建两岸中小企业交流合作平台，帮助彼此了解两岸市场的发展趋势和变化，增进互信，建立两岸中小企业紧密联系的网络，促进两岸中小企业持续健康发展。李子彬会长出席了开幕式并致辞。湖北省副省长田承忠，国台办主任助理、海协会执行副会长兼秘书长李亚飞，中国国民党中评委主席徐立德，全国台企联会长郭山辉，台湾中小企业总会副理事长林慧瑛等两岸嘉宾 300 余人参加了开幕式。

10～16 日　为贯彻落实《国务院关于鼓励和引导民间投资健康发展的若干意见》（国发〔2010〕13 号，简称“新 36 条”）和国务院第 213 次常务会议精神，国务院第二督查组在工业和信息化部党组成员、总工程师朱宏任带领下，于 12 月 10 日至 16 日，分别对江苏、四川两省鼓励和引导民间投资发展情况进行督促检查。督查期间，督查组分别听取了江苏和四川省人民政府的工作汇报，赴南京、苏州市以及成都、眉山市进行督促检查，查阅有关资料，召开民营企业座谈会，听取对鼓励和引导民间投资工作的意见和建议，现场查看民间资本参与投资的重点项目，走访民营企业，了解有关政策措施落实情况。

11 日　第十三届全国中小企业信用担保再担保机构负责人联席会议在南京召开，工业和信息化部党组成员、总工程师朱宏任出席会议并作重要讲话。朱总工程师在讲话中充分肯定了多年来中小企业信用担保在帮助中小企业克服融资困难中发挥的不可或缺的重要作用，中小企业信用担保体系已成为中小企业融资服务体系的重要组成部分。

17 日　中国中小企业协会金德本秘书长出席由广东省清远市经济和信息化局、清远市中小企业协会联合举办的“第五届清远中小企业服务周暨清远中小企业电子商务对接会”。

19 日　全国中小企业公共服务平台网络建设工作研讨会在山东省中小企业局召开。会议主要讨论了《中小企业公共平台网络共享数据指标和接口规范（讨论稿）》和互联互通边界问题。与会代表根据各省的实际情况，提出了颇有见地的改进性意见和建议，并就平台网络的资源共享，管理运营、考核指标、持续发展等问题展开了热烈的讨论。工业和信息化部中小企业司叶定达处长主持会议、陈滨调研员参加了会议研讨，山东省局徐田军副局长出席会议并致辞。

25 日　中国中小企业协会与天津市滨海新区人民政府在天津市签署战略合作框架协议。中国中小企业协会会长李子彬，常务副会长张竞强，天津市市委副书记、滨海新区区委书记何立峰等领导和嘉宾出席了签约仪式。同日，中国中小企业协会与北塘经济区管委会、中国民生银行天津分行签署了三方战略合作协议。

参考文献

[1] 温家宝．政府工作报告．北京：人民出版社，2013

[2] 国家工商总局．统计资料，2013

[3] 蒋珩．浅谈我国中小企业融资难．金融与保险，2010（3）

[4] 张涛．中小企业信贷融资的基本特点和我国的现状．中国金融，2009（21）

[5] 中国融资担保门户．世界各国中小企业信用担保体系发展比较．2010 年 7 月 5 日

[6] 中国中小企业协会网站．http：//www. ca-sme. org/

[7] 人力资源和社会保障部专题组．研究报告三：财政、货币和产业政策与就业政策的协调．中国就业应对国际金融危机方略系列研究报告之三

[8] 搭建综合服务平台助力小微企业发展．青岛日报，2013 - 4 - 20

后　记

每年主持编写一本中国中小企业蓝皮书是中国中小企业协会“五个一品牌”活动之一。每年的蓝皮书都有一个主题，今年的主题是，进一步发挥中小企业促进社会就业增长的重要作用。中小企业作为社会稳定器，在促进就业增长中发挥着重要作用。蓝皮书分析了我国中小企业就业的总体状况、就业结构，通过模型验证了中小企业就业对经济增长的促进作用。同时，分析了国家促进中小企业就业的财税、金融、教育政策，并与发达国家的有关政策进行了比较。本书具有较强的针对性、资料性和参考性，如果广大中小企业、中小企业管理机构及相关研究人员开卷有益，我们将不胜荣幸。

本书由财政部财政科学研究所副所长白景明研究员负责总纂工作。具体参加本书编写人员有：第1、2章全国人大财经委经济室李命志、张雪松、石宝峰；第3~10章财政部财政科学研究所白景明、王志刚、张鹏、景婉博、华龙；附录中国中小企业协会董涛。董涛负责全书的协调和编校工作，并协助参与了具体组织工作，张少苹校阅了部分书稿。李鲁阳副秘书长主持了全书的策划和组织工作。李子彬会长审定了最后的书稿。

本书引用了来自相关方面的参考资料，尽管我们希望不要有遗漏，但也在所难免，在此向被忽略的著作权人表示谢意和歉意。

在编写过程中，编写组得到了有关方面和人士的大力支持，在此致以衷心感谢！

由于编写时间仓促，编著水平有限，本书错漏难免，恳请读者指正。

编写组

2013年9月

国家开发银行
China Development Bank

发挥开发性金融作用 积极支持中小企业发展
——国家开发银行中小企业融资业务简介

一、国家开发银行概况

作为我国中长期投融资领域的主力银行，国家开发银行以“增强国力、改善民生”为使命，在积极贯彻国家宏观经济政策，重点支持基础设施、基础产业、支柱产业以及高新技术等重大领域建设的同时，不断加大力度支持中小企业、新农村建设、低收入家庭住房、节能环保、医疗卫生、微贷款、助学贷款、应急贷款等与百姓生活息息相关的领域，促进社会主义和谐社会建设，在经济社会发展中发挥了重要而独特的作用。

二、中小企业贷款业务工作进展

国开行认真贯彻国务院关于促进中小企业发展的战略方针，形成了以“国开行融资推动、政府组织协调、企业主体承贷和协助管理、担保公司担保、信用协会等群众组织民主评议与监督、中小金融机构代理结算”为主要特色的批发融资模式。截至2012年末，国家开发银行累计发放中小企业贷款1.81万亿元，支持中小企业、个体经营户187万户，创造就业岗位487万个。通过批发融资机制累计发放单户额度3000万元以下贷款4223亿元，批发融资机制优势凸显。融资支持了制造业、农林牧渔业等近20个行业，惠及中小型企业、微型企业、个体工商户、创业青年、城市下岗职工及农村劳动妇女等各类社会群体。

三、中小企业贷款业务特色模式与服务创新

国开行积极开展金融创新，完善业务模式，推出了“抱团增信”、乡村妇女联保贷款等业务模式，探索以批发方式解决零售问题，满足不同类型、不同发展阶段的客户融资需求，致力建立多元化、个性化的金融产品体系。

在河北滦平，国开行与国务院扶贫办合作，采取“龙头企业＋合作机构＋农民信用促进会＋养殖农户”的运行模式，初步解决了农业产业链过长且信用缺失的问题。

在天津蓟县，国开行创新实践了农户小额贷款运行模式，将小额贷款直接发放给农户和农民专业合作社。该模式以“政府组织推动＋农民组织化＋融资推动”为主要特征，全面、系统地解决了县域和农村地区经济发展所需的技术、市场和管理等问题。

在内蒙古扎赉特旗和广西柳州，国开行充分发挥各级政府的组织优势和妇联统领优势，向当地妇女发放“巾帼致富星火工程”小额贷款，用于支持农业种植、牲畜养殖、商贸经营等微小生产经营活动，增加了农户的家庭收入。

在青海，国开行与共青团组织合作，向有一技之长、有创业梦想的撒拉族有志青年发放青年创业小额贷款。其中一批青年还将拉面馆开到了省外，被社会各界称为“拉面经济”。

在河南，国开行与劳动保障部门合作构建小额担保贷款服务网络，与省市各级小额贷款担保中心合作，为下岗再就业人员提供“小额担保贷款”，有效推动了以创业带动就业的多层次融资服务体系建设。

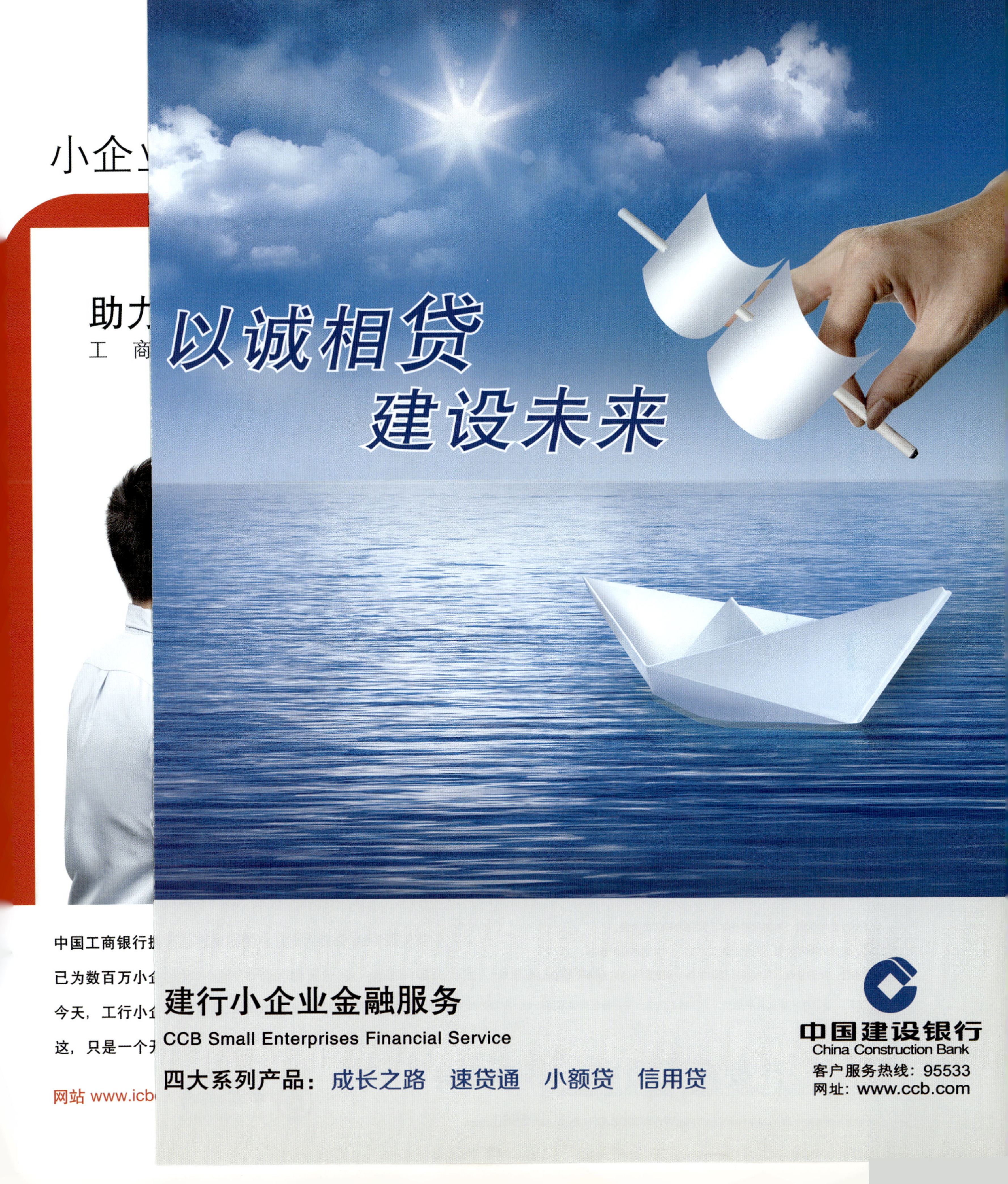
小企
助
工
中国工商银行
已为数百万小
今天，工行小
这，只是一个
网站 www.icb
以诚相贷
建设未来
建行小企业金融服务
CCB Small Enterprises Financial Service
四大系列产品：成长之路 速贷通 小额贷 信用贷
中国建设银行
China Construction Bank
客户服务热线：95533
网址：www.ccb.com

中国邮政储蓄银行
POSTAL SAVINGS BANK OF CHINA

小企业金融服务

服务入微 真诚至心

中国邮政储蓄银行真心理解您对金融服务的整体需求，竭诚为您提供本外币存款、结算、信贷等综合金融服务。伴您成长，助您腾飞！

无论您的需求是大是小 我们始终倾力而为

联合主办：CASME 中国中小企业协会 China Association of Small and Medium Enterprises 战略合作媒体：第一财经 CBN | 第一财经日报

从起步到每一步
你看到你的方向
我们激励你的步伐

华夏之星
挺你向前

华夏之星，助力小企业成长的公益平台。
小企业公益大讲堂、小企业菁英训练营，
火热招募中。

扫描二维码或登陆活动官方网站、新浪微博
更多了解“华夏之星前进计划”各项活动
欢迎登陆http://huaxiazhixing.cn

客户服务中心电话：95577 www.hxb.com.cn

中国中小企业服务平台是中国中小企业协会建立的面向全国中小企业的服务平台

平台依托协会强大的社会公信力，多方整合金融、信息化、专业服务的核心资源打造符合各类企业实际需求的专属服务产品。

通过平台网站及地方服务中心线上线下全方位服务体系，促成各地资金流、信息流、生意流的高效互通，为构建全国中小企业服务之家而努力。

服务热线：400-610-5959

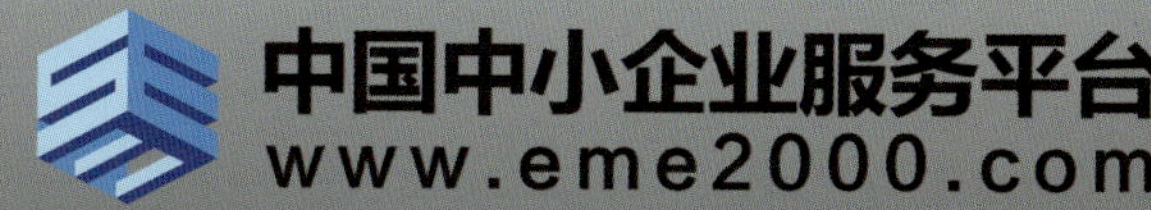

加入中国中小企业服务平台 ，您可以获得企业经营发展全方位立体化服务，包括：

1. 资金：1000亿元银行授信，100余家合作金融机构，以创新的融资产品为主，高效率、低成本，解决会员融资难题。

2. 人脉：强大的背景资源，对接政府官员，汇聚企业高管，多种渠道帮助会员建立政企高端人脉。

3. 生意：服务中心遍布全国，助力会员开拓异地市场，发展品牌和渠道，找到诚信可靠的生意伙伴。

4. 技术：3000多位各界顶尖技术专家，掌握尖端技术，共同探究技术创新，帮助会员顺利实现技术上的转型升级。

5. 管理：优秀的管理体系，信息化的管理手段，帮助会员从粗放的管理模式向精细化管理模式过渡，充分实现向管理要效益。

6. 培训：权威培训资源， 顶尖师资力量，跟踪式服务模式，助力打造学习型团队，真正建立会员的核心竞争力。

服务热线：400-610-5959

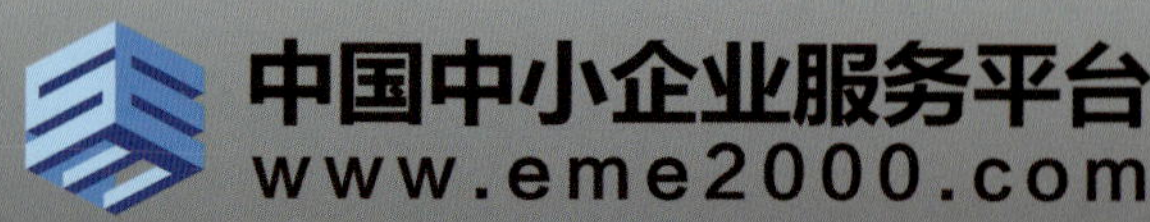